元　赵孟頫　东坡小像　行书赤壁二赋册　台北故宫博物院藏

这幅《东坡小像》是赵孟頫为明远所作《行书赤壁二赋册》所附带的一幅小画。

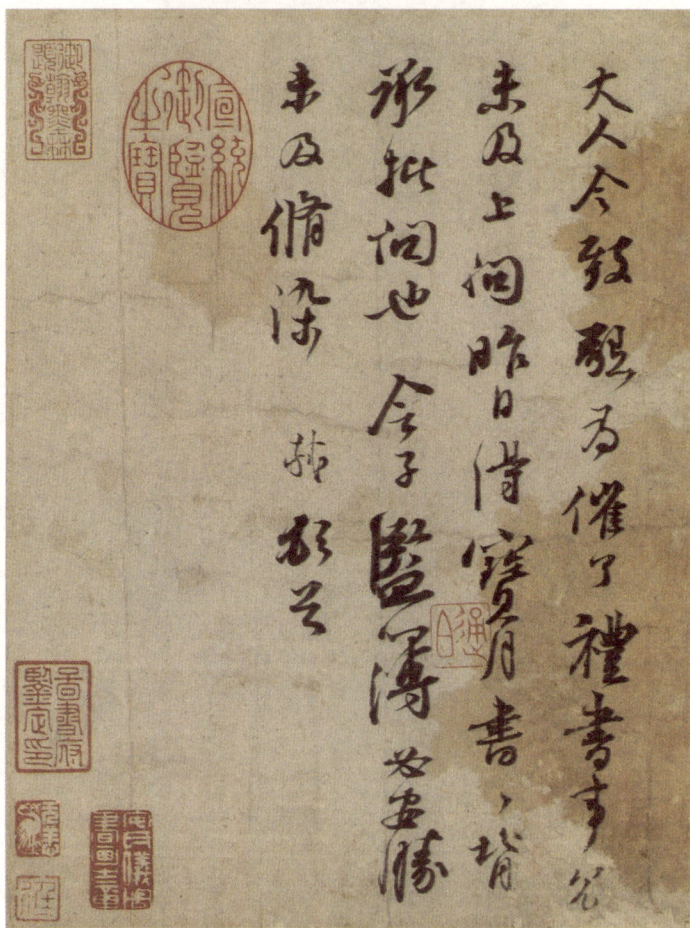

北宋 苏轼 宝月啜茶帖 台北故宫博物院藏

《宝月啜茶帖》书于治平二年（1065年），是苏轼写给杜叔元的信札，也是苏轼传世最早的墨迹。其中，"大人"指苏洵，"宝月"指苏轼族兄僧惟简。

北宋　苏轼　归去来兮辞（局部）　台北故宫博物院藏

《归去来兮辞》作于宋英宗治平二年（1065）十一月，此为《归去来兮辞序》。当时，苏轼从凤翔府签判回朝入判登闻馆院仅八十余日。

北宋　苏轼　治平帖（局部）　故宫博物院藏

《治平帖》是苏轼书写的信札，作于宋神宗熙宁二年（1069）。此帖为苏轼早年书法作品，赵孟頫在帖后题跋中称其"字划风流韵胜"。熙宁二年，王安石拜相实行新法，苏轼反对新法。

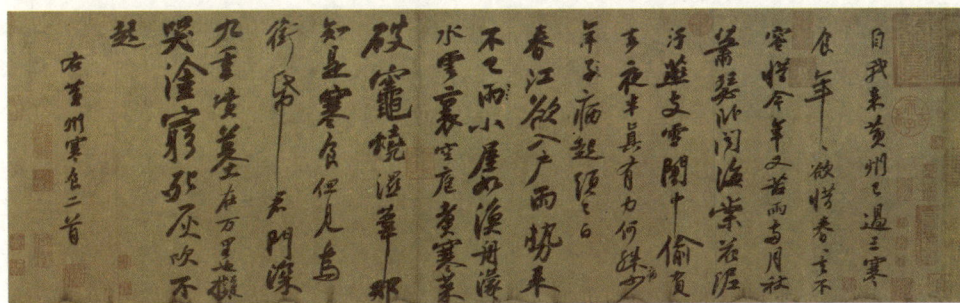

北宋　苏轼　黄州寒食帖　台北故宫博物院藏

《黄州寒食帖》又名《黄州寒食诗帖》，是苏轼于宋神宗元丰二年（1079）被贬黄州团练副使后的第三个寒食节所作。此帖是苏轼行书的代表作，被称为"天下第三行书"。

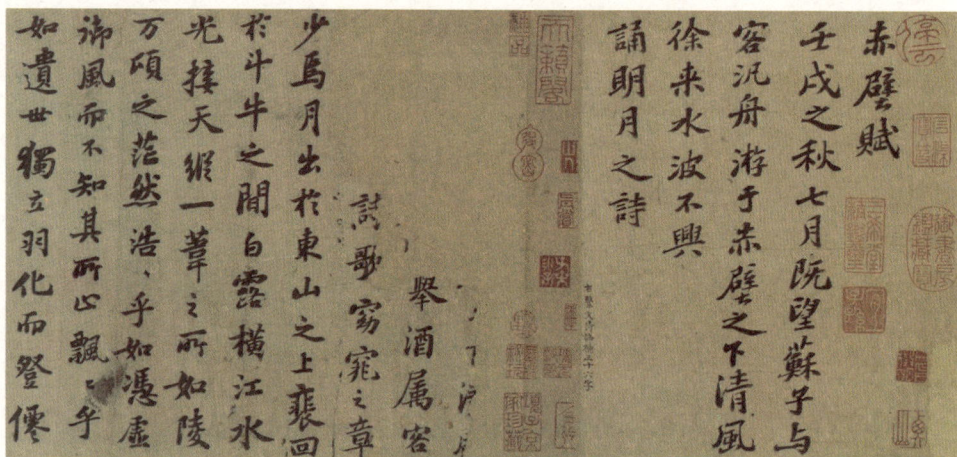

北宋 苏轼 前赤壁赋卷（局部） 台北故宫博物院藏

宋神宗元丰五年（1082），苏轼与友人乘舟游览黄州城外赤鼻矶，遥想三国时代的赤壁战场，遂作《赤壁赋》，是为《前赤壁赋》。同年十月重游，又作了一篇《后赤壁赋》。

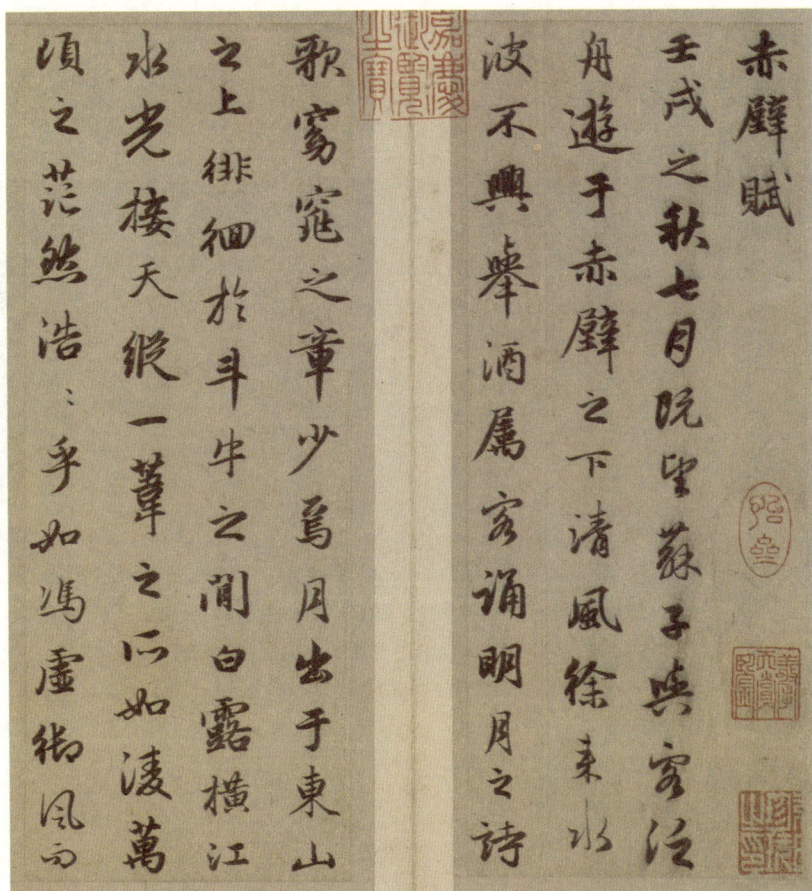

元　赵孟頫　行书赤壁二赋册（局部）台北故宫博物院藏

《行书赤壁二赋册》全帖共书八十一行，其中《赤壁赋》四十六行，《后赤壁赋》三十二行，署款三行，并有苏轼小像于帖首。此帖约书于元大德五年（1301），前后二赋同时所书，风格却略有不同。

北宋　李公麟　西园雅集图（局部）　台北故宫博物院藏

　　宋神宗元丰初年，驸马都尉王诜邀约苏轼、苏辙、黄庭坚、秦观、晁补之、米芾、蔡肇、李之仪、张耒、王钦臣、刘泾等集会于西园，李公麟以首创的白描手法将其创作为《西园雅集图》水墨纸本。后世士人颇为景仰而纷纷摹绘《西园雅集图》，诸如马远、刘松年、赵孟頫、钱舜举、唐寅、尤求、李士达、原济、丁观鹏等都曾画过《西园雅集图》。

北宋　苏轼　南轩梦语　台北故宫博物院藏

这幅《南轩梦语》作于宋哲宗元祐八年（1093）八月十一日，当时苏轼为年少的皇帝宋哲宗的侍读，官职为端明殿学士兼翰林侍读学士、左朝奉郎。

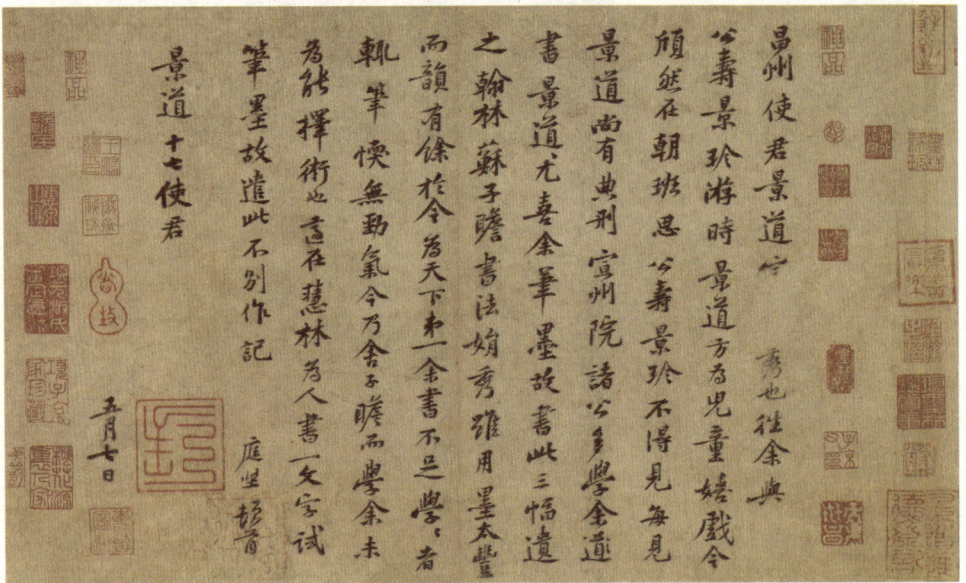

北宋 黄庭坚 致景道十七使君帖 台北故宫博物院藏

这是"苏门四学士"之一的黄庭坚写给大宋宗室李景道的信札，也是一篇论及苏轼书法的书论。黄庭坚在信中写道："翰林苏子瞻书法娟秀，虽用墨太丰，而韵有余，于今为天下第一。余书不足学，学者辄笔（懦）无劲气。今乃舍子瞻而学余，未能择术也。"黄庭坚在信中称苏轼书法为当时"天下第一"。

北宋　苏轼（传）墨竹图　大都会艺术博物馆藏

　　这幅《墨竹图》传为苏轼于宋哲宗绍圣元年（1094）所作。当时，苏轼贬英州，但还未至竟又再贬惠州。

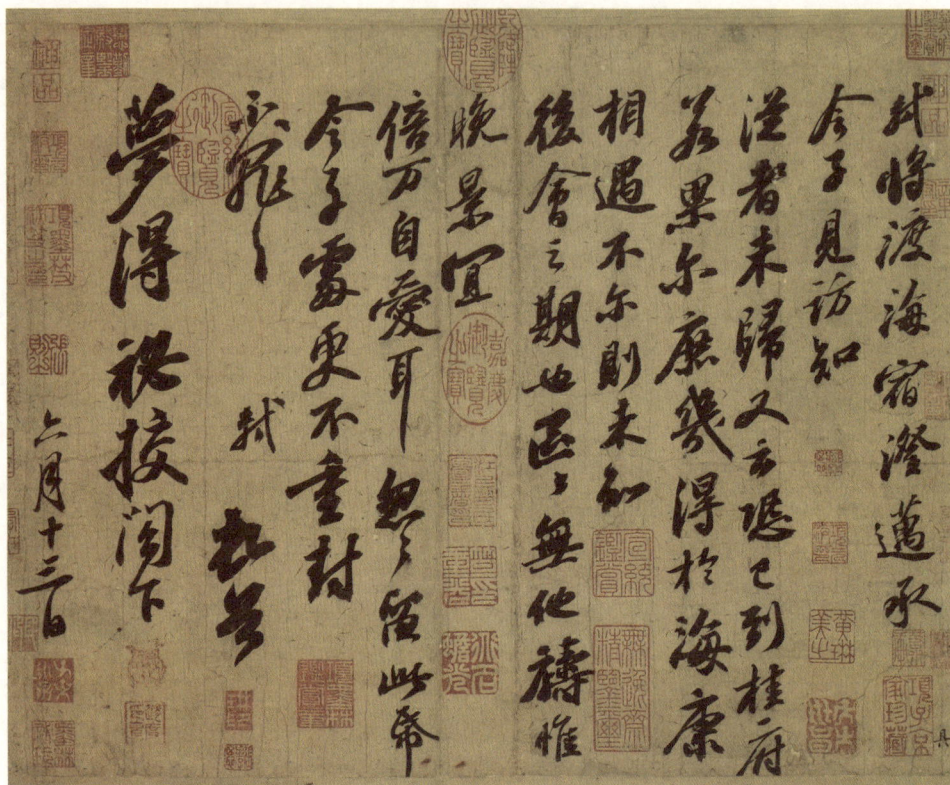

北宋　苏轼　渡海帖　台北故宫博物院藏

《渡海帖》，又名《致梦得秘校尺牍》。宋哲宗绍圣四年（1097），苏轼被宰相章惇由惠州再贬往儋州，即天涯海角蛮荒之地，时年苏轼已经六十岁。元符三年（1100），宋哲宗去世，宋徽宗即位并大赦天下，苏轼得以离开贬地儋州，移廉州。这幅《渡海帖》是苏轼北上渡海前途经澄迈时留给友人赵梦得的信札。

宋　佚名　宋仁宗像　历代帝后像　台北故宫博物院藏

宋仁宗嘉祐二年（1057），苏轼、苏辙兄弟进士及第，苏轼会试（礼部试）名列第二。其时，苏洵、苏轼、苏辙父子三人名震京师开封。宋仁宗在读过苏氏兄弟会试卷后大为赞赏，并对曹皇后言"今日为子孙得两宰相矣"。

宋　佚名　宋神宗像　历代帝后像　台北故宫博物院藏

　　宋神宗熙宁二年（1069），王安石拜相执政，启动新法，朝廷党争伊始。苏轼上书反对新法，论朝政得失，于熙宁四年（1071）外任杭州通判，后知密州、徐州。元丰二年（1079），苏轼在湖州知州任上"乌台诗案"发，入御使台监狱，十二月出狱后被贬黄州团练副使。元丰三年（1080），赴黄州，始有"东坡居士"。元丰八年（1085），宋神宗驾崩，宋哲宗即位，授朝奉郎、登州知州，被召还朝任礼部郎中，迁起居舍人。

宋　佚名　宋英宗后高滔滔像　历代帝后像　台北故宫博物院藏

宋哲宗元祐元年（1086），因宋哲宗年幼，宋英宗后高滔滔“垂帘听政”，再迁中书舍人。元祐四年
（1089），以龙图阁学士外任杭州知州。元祐六年（1091），被召回京，任翰林学士知制诰兼侍读，后知颍
州、扬州知州，于元祐七年（1092）八月以兵部尚书召回，十一月迁礼部尚书。

宋　佚名　宋哲宗像　历代帝后像　台北故宫博物院藏

　　元祐八年（1093），宋哲宗亲政，苏轼知定州。绍圣元年（1094），贬英州未至又贬惠州。绍圣四年（1097），再贬儋州。元符三年（1100），宋哲宗驾崩，宋徽宗即位，苏轼移廉州，北归。宋徽宗建中靖国元年（1101），苏轼卒于常州，终年六十六岁。

应是飞鸿

苏东坡的诗旅人生

远人——著

中国出版集团 现代出版社

图书在版编目（CIP）数据

应是飞鸿：苏东坡的诗旅人生 / 远人著 . — 北京：现代出版社，2023.3
ISBN 978-7-5231-0089-9

Ⅰ . ①应… Ⅱ. ①远… Ⅲ. ①苏东坡（1036—1101）–传记 Ⅳ . ① K825.4

中国版本图书馆 CIP 数据核字 (2022) 第 245025 号

应是飞鸿：苏东坡的诗旅人生

作 者：远 人
责任编辑：谢 惠
出版发行：现代出版社
通信地址：北京市安定门外安华里 504 号
邮政编码：100011
电 话：010-64267325 64245264（传真）
网 址：www.1980xd.com
印 刷：三河市国英印务有限公司

开 本：710mm×1000mm 1/16
印 张：25 字 数：279 千
版 次：2023 年 3 月第 1 版 印 次：2023 年 3 月第 1 次印刷
书 号：ISBN 978-7-5231-0089-9
定 价：68.00 元

目　录

引　言

在四川成都平原西南部的岷江中流之畔，有一座丘陵起伏名为眉山的城市。眉山的行政位置如何姑且不论，文化地位却令人有高山仰止之感。在距今近千年的宋仁宗景祐三年（1036）十二月十九日，眉山县纱线街上有一男婴出生了，其父苏洵将其取名为苏轼，字子瞻。

在历史上，大凡有影响的历史人物出世，史书上总有一些奇特的记载。北宋诗僧惠洪在《冷斋夜话》中载有一事，说苏辙被贬谪筠州（今江西省高安市）时，与洞山僧人云庵和圣寿寺聪禅师颇多往来。某日，云庵梦见自己与苏辙和聪禅师同迎五祖戒禅师，当他对苏辙和聪禅师说起后，居然发现"三人同梦"。其时，苏轼恰好来寺，三人遂出寺二十里相迎，果然迎得苏轼。回寺后说起梦时，苏轼说道："轼年八九岁时，尝梦其身是僧，往来陕右。又先妣方孕时，梦一僧来托宿，记其颀然而眇一目。"云庵听后大惊，屈指一算，"眇一目"的戒禅师恰好去世五十年，当年苏轼四十九岁，颇有戒禅师是苏轼前生之感。另外，金末太学生刘祁在《归潜志》中则说得更为离奇，"昔东坡生，一夕眉山草木尽死"。凡此种种，似暗喻苏轼出世时便有不同凡响的天地反应。

当然，戒禅师的投胎转世和一夕眉山草木尽死的离奇之说不能当真。苏轼出生后，其母程氏请刚刚哺育完三女苏八娘的乳母任采莲继续哺喂襁褓中的婴儿。对这位居苏门奉献三十五年人生的乳母，苏轼终生相敬。当她在元丰三年（1080）八月去世于黄州临皋亭后，苏轼亲笔为其写下墓志铭，其中"生有以养之，不必其子也。死有以葬之，不必其里也。我祭其从与享之，其魂气无不之也"句，能见出苏轼对乳母的情感之深和当时的内心之痛。至于苏轼出生时的苏门境况，可从日后苏辙的"我家初无负郭田，茅庐半破蜀江边"诗句可见，无论苏门祖上有过怎样的显赫，到苏洵为一家之主时恐怕连小康也算不上了。

关于苏轼的童年，值得记叙的有三件事。第一件事是苏轼四岁时即宋仁宗宝元二年（1039），弟弟苏辙出生。苏洵父子三人后虽同列"唐宋八大家"，但在苏辙眼里，苏轼始终是自己幼年开始就"志气虽同，以不逮惭"的兄长兼师友。后来，苏辙在散文《武昌九曲亭记》中对二人的童年生活有极为动人的描写，"昔余少年，从子瞻游，有山可登，有水可浮，子瞻未始不褰裳先之。有不得至，为之怅然移日，至其翩然独往，逍遥泉石之上，撷林卉，拾涧实，酌水而饮之，见者以为仙也。盖天下之乐无穷，而以适意为悦。方其得意，万物无以易之；及其既厌，未有不洒然自笑者也"。这段话表明苏轼的"适意"性格不无先天因素。苏辙自小就受苏轼性格吸引，兄弟虽为手足骨肉，但终究个体有异，以至于苏辙始终无法像苏轼那样在面对人生的打击时抱有天生的豁达态度。

第二件事是苏轼八岁时即庆历三年（1043）入眉山天庆观道士

张易简门下求学。在眉山，除了道士张易简，还有一个叫李伯祥的道士，因其身矮被称为"矮道士"，与张易简素有往来。李伯祥除了修道，还喜作诗。在张易简门下一众弟子中，李伯祥对苏轼特别另眼相看。原来，有人从京师来眉山拜访张易简时，赠送其一本石守道编撰的《庆历圣德颂》诗集。苏轼在旁窥看后，对里面的诗歌即能背诵，并问张易简道："所颂十一人者何人也？"张易简不以为意地说道："童子何用知之？"苏轼即刻回答："此天人也耶，则不敢知；若亦人耳，何为其不可？"张易简闻言吃惊，万没料到苏轼小小年纪竟语出惊人，当下便将书中的人物如韩琦、范仲淹、富弼、欧阳修等人尽数告之，还强调了一句"韩、范、富、欧阳此四人者，人杰也"。苏轼闻言，大为倾慕。当然，此时的苏轼还不知道，若干年后，除了范仲淹，他会与其他三人有极为深厚的交往，尤其欧阳修对其一生将产生决定性的影响。是以，当时李伯祥见苏轼禀赋非凡，便对张易简称赞说道："此郎君贵人也。"

第三件事是苏轼入天庆观读书翌年，五岁的苏辙也到了张易简门下。苏轼兄弟二人遂开始了"游戏图书，寤寐其中"的尽兴生活，与他们一同游玩的还有母亲程氏家族的表弟程之元。程之元有个哥哥叫程之才，后来成为苏轼三姐苏八娘的丈夫，不料苏八娘在程家备受虐待致死，导致苏、程两家结怨。直到苏轼花甲之年被贬惠州后，才与程之才冰释前嫌，此为后话。当苏辙到眉山求学一年后，父亲苏洵开始负笈东游，苏轼兄弟遂从天庆观返家，由母亲程氏"亲授以书"。

在苏轼一生中，母亲堪为第一个对他产生至深影响之人。程氏还是改变苏洵毕生命运的人。站在今天来看，能步入"唐宋八大家"行列的苏洵自是文学天赋奇高，但他偏偏自幼不喜读书。成婚后，出身富裕名门的程氏"上事姑翁，下教子女"，面对苏门衰落的窘境，不惜亲自与"婢子熨帛"，为的是免去丈夫的后顾之忧，盼其能感悟奋起。当苏洵逐渐体会妻子"忧我泯没"的苦心后，终于在二十七岁时"发愤为学"，数年后学问终成，竟至"士大夫争传之，一时学者竞效苏氏为文章"。

苏洵自己既知发愤，自不会让儿子荒废时日，所以才将苏轼兄弟送至张易简门下求学。当苏轼兄弟返家后，程氏一边为母，一边充当起教诲儿子的师长角色。从程氏能"闻古今成败，辄能语其要"来看，程氏实为饱读诗书之人。《宋史》特地记载了一个故事，说某日程氏读东汉《范滂传》，慨然太息，苏轼请曰："轼若为滂，母许之否乎？"程氏曰："汝能为滂，吾顾不能为滂母邪？"

故事中的范滂是东汉名臣，因当时大将军窦武欲诛宦官，不料谋划事泄，窦武兵败后自杀身亡。当宦官们在起事名单中发现有范滂的名字后，即命汝南督邮吴导前往缉捕。颇有良知的吴导不忍将有清廉之名的范滂下狱，竟手抱诏书，伏床痛哭。范滂不想连累他人，即往县府投案。时任县令的郭揖心感范滂为人正直，竟想挂印弃官，与范滂一起亡命天涯。范滂当即拒绝。当范母赶来与儿子诀别，范滂劝母亲能"割不可忍之恩，勿增感戚"时，范母的回答是"汝今得与李、杜齐名，死亦何恨！既有令名，复求寿考，可兼得乎"。意思是你求仁得仁，能与李膺、杜密这样的旷世忠臣齐名，死也没有可遗憾的。人生在世，不可能既得名，又得寿。当日程氏对苏轼能作此回答，足见程氏对儿子的殷殷期望，也见出程氏能以气节来勉励苏轼的巾帼大义。

一年年过去，在母亲程氏的教导下，苏轼渐有当世之志，尤其对书画笔砚格外喜爱，用其日后自己的话说，"凡物之可喜，足以悦人而不足以移人者，莫若书与画……始吾少时，尝好此二者"。因为喜好，苏轼开始手抄经书，仅《汉书》就抄了三遍之多。另外，苏轼还学会种松、接花果、读医药书、习琴等，似乎没有他不感兴趣的领域。到十八岁成年之时，苏轼对眉山之外的世界虽不甚了了，却"独好观前世盛衰之迹与其一时风俗之变。自三代以来，颇能论著"。这表明步入成年的苏轼好读史、论史，这也是他终得以纵横文坛的绝对前提。

第一章 京师之路

—— 浩浩长江赴沧海，纷纷过客似浮萍

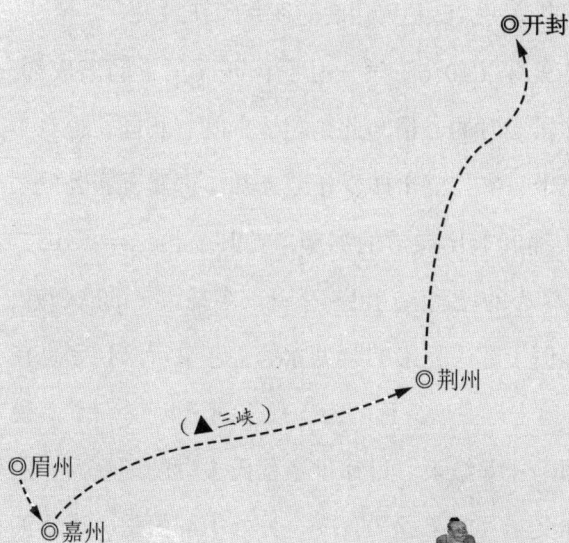

◎开封

◎荆州

（▲三峡）

◎眉州

◎嘉州

一

作为长江上游的重要支流，发源于四川松潘县岷山南麓的岷江从北向南，经茂县、汶川、都江堰、新津、彭山、眉山、青神、乐山、犍为、宜宾，贯穿整个四川中部，到宜宾汇入激流汹涌的长江后，便一路浩浩荡荡开始东流向海之程。宋仁宗嘉祐四年（1059）十月初，二十四岁的苏轼正是从故乡眉州（今四川省眉山市）舟发岷江，南至宜宾，再东入长江，经十一郡、三十六县，行六十日行程后在湖北荆州上岸，再取陆路北上京师开封。

与青年苏轼同行的，除了妻子王弗，还有五十岁的父亲苏洵和刚及弱冠的弟弟苏辙一家。

对苏氏父子三人来说，这已是第二次前往京师开封。

四年前，即嘉祐元年（1056）闰三月底，苏氏父子同离成都，往京师开封赴考。苏轼当时的心情与此刻相比，既有相同，也有不同。说相同，毕竟二十一岁与二十四岁相差无几，都属青春勃发之龄，面对前途会使人涌起非比寻常的渴望，尤其嘉祐二年（1057）金榜题名后，迎接其雄心的仕途大门已然敞开。名播天下的欧阳修、梅尧臣等考官无不震惊于苏氏兄弟的罕见才华，连皇帝宋仁宗也在阅过考卷后惊喜万分地告诉皇后，称"为子孙得到了两个宰相"。说不同，是此刻苏轼刚刚守孝结束。得知母亲程氏去世的噩耗后，刚刚及第的苏轼当即和父亲、弟弟返蜀奔丧。另外不同的是，当年苏氏父子赴京走的是险峻陆路，此次选行水路，也是开阔视野和心胸的最佳选择。

此刻身在岷江舟中，苏轼既想起了故去的母亲，也想起了四年前的点滴往事。

为求得第一次赴京赶考的支持，苏洵特地带上苏轼、苏辙二子，前往雅州（今四川省雅安市）拜见当地知州雷简夫。雷简夫在今日鲜为人知，在当时却极负盛誉，与欧阳修奉旨同修《新唐书》、以"红杏枝头春意闹"名传海内的工部尚书宋祁特意写过一首《赠雷简夫》的五绝，称其"大言满千牍，高气横九州"，其中既见雷简夫的当时声望，也见他平日所交人物。"人以群分，物以类聚"的意思是只有自己不凡，才能交上不凡之友。苏洵彼时虽为布衣，名声却已不小。当雷简夫读过苏洵呈上的《六经》《洪范论》等文论后，震惊之余，大起相见恨晚之感。从这里也能看出，在大宋一朝，文人间的惺惺相惜并不受彼此身份限制，有才华的人自会得到在朝在野的各类同行的赏识。苏洵心怀感激，当即命两个儿子对雷简夫行拜师之礼。

颇为有趣的是，今天读者翻阅苏轼兄弟的诗文集时，会发现竟"无一字及简夫，似绝不知其人者"。原因是后来有个叫范伟的长安巨富，谎称自己是武功县令范祚的孙子。范伟若只是吹吹牛皮倒也无伤大雅，想不到的是他竟然花重金请人从墓中盗来范祚尸首与其祖母合葬，范家竟由此被免除五十年徭役。雷简夫明知实情，却在收受范伟贿赂后亲题墓碑，为之张目。长安人人悉此恶事，却知范伟背后有雷简夫撑腰，乃至无人敢言。苏轼兄弟虽嫉恶如仇，但若提笔揭露，又会想起自己父子当年接受过他的帮助，就索性一字不书了。

雷简夫当时对苏氏父子的重要帮助是，他当即给时任益州知州不足三年的礼部侍郎张方平、翰林学士欧阳修、中书门下平章事韩琦分别去信。在给张方平的信中,雷简夫直接称苏洵负"王佐之才……岂唯西南之秀,乃天下之奇才尔"。在给欧阳修的信中,雷简夫生怕对方不了解其人,在又一次称苏洵具有"王佐之才"后,还着重说到他"寡言笑,淳谨好礼,不妄交流"的性格。在给韩琦的信中,雷简夫则赞苏洵"皇皇有忧天下心",并告知苏洵父子将往京师开封,"谋就秋试"。

从一州之官到朝廷宰相,雷简夫三封信一人不漏,足见他对苏洵的由衷钦敬。

果然,当苏洵准备完赴京事宜,带两个儿子苏轼、苏辙先去成都拜见张方平时,后者竟立以"国士待之",并急不可待地上奏朝廷,举荐年纪不轻的苏洵为成都学官。理所当然的是,张方平绝非因雷简夫来函才如此,而是苏洵父子才学令其大为赞赏。当苏洵问儿子苏轼、苏辙兄弟是否可参加乡举时,张方平的回答是,"从乡举,乘骐骥而驰闾巷也。六科所以擢英俊,君二子从此选,犹不足骋其逸力尔"。意思是他们参加乡举,就好比千里马在小巷奔驰——大材小用了,哪怕金榜题名,也恐怕释放不出二人的全部才华。临行前,张方平不仅给他们置办行装、派人陪送,还不假思索地给关系已然交恶的欧阳修写下一函极力举荐苏洵父子。

张方平能不假思索地给自己的政敌欧阳修去信,是他知道无论欧阳修与自己有何芥蒂,也绝不会忽视自己对人才的举荐。面对苏氏父子的才华,张方平对欧阳修的识才眼光的信任,就如同他对自己眼光的信任。所以,张方平坚信欧阳修绝不会以为自己是在做徇私之举。今人读史至此难免感慨,宋时官场文人即便双方不睦,一旦发现人才，便能立抛个人成见，行唯才是举之事。从深处看，张方平的行为最为恰当地为后人展示了那个时代的文人风度，从侧面解释了为什么宋朝能涌现如此多的文学巨匠，也解释了在"唐宋八大家"中宋人为什么能占六席，更解释了后人眼里的"弱宋"为什么会出现如苏轼这样彪炳千秋的首席文人，这就因为真正坦荡的时代胸襟在宋朝已到巅峰，后世再也未能企及。

二

到京师开封后的苏氏父子，没有辜负张方平、雷简夫二人的期望。抵京后翌年，即嘉祐二年（1057）正月，苏轼在省试中以一篇《刑赏忠厚之至论》的考卷令点检试卷官梅尧臣大为称赞，以为文章"词语甚朴，无所藻饰"，当即呈给了主考官欧阳修。欧阳修读过后也惊喜异常，本想列为榜首，转念又恐该文出自自己得意门生曾巩之手，为避嫌疑，将其列为第二。待揭榜之后，欧阳修才知此文乃眉州考生苏轼所作。

当时还发生一事，杨万里的《诚斋诗话》和陆游的《老学庵笔记》都有记叙，因二人文字稍有出入，此处综合记述。事情是欧阳修阅卷后，问梅尧臣试卷中写到的"当尧之时，皋陶为士。将杀人，皋陶曰'杀之三'，尧曰'宥之三'"之事出自什么典故，胸藏万卷的梅尧臣竟只能以"何须出处"四字作答。欧阳修也感迷惑，总觉此处必有典故，只怪自己怎么也想不起来。等苏轼登门致谢时，欧阳修忍不住亲问苏轼，苏轼说典故出自《三国志·孔融传注》。欧阳修一查之下，未见书中有载。过几日，欧阳修再见苏轼，又旧话重提。苏轼回答说，"曹操灭袁绍时，将袁绍次子袁熙的妻子甄氏赐给曹丕。孔融说了句，昔日周武王伐纣后，以妲己赐周公。曹操忙问此事见于哪部经书。孔融的回答是，以今天的事情来看，意思相同。所以，自己考试时写皋陶三次欲杀一罪犯，尧赦其三次之事，也不过是同一个意思——'想当然耳'"。欧阳修闻言震惊，回去后对他人说道，"此人可谓善读书，善用书，他日文章，必独步天下"。

到三月五日，宋仁宗亲至崇政殿主持殿试，此时的苏轼早已在礼部考试中以一篇《〈春秋〉对义》跃为第一。待宋仁宗殿试后，朝廷发榜，登科及第的有十六人，苏轼居第六位，苏辙居第十五位。同时上榜的，还有苏轼不会想到在日后将左右自己命运的吕惠卿、章惇等人。发榜后，苏轼依例写了篇《谢欧阳内翰启》的致谢文。欧阳修读后，对梅尧臣说了句同样彰显宋人风度的名言："读轼书，不觉汗出，快哉！快哉！老夫当避路，放他出一头地也。可喜，可喜！"欧阳修还对三子欧阳棐说道，"汝记吾言，三十年后，世上人更不道著我也"。以欧阳修当时的文坛领袖身份，能对初出茅庐的苏轼作此评价，令人不仅钦服欧阳修的眼光，更钦服其胸襟和对后学的热忱提携。

金榜题名，赴琼林苑宴，无论是谁都会觉得自己已推开实现人生抱负的大门。苏轼也一样，尤其还有文坛领袖欧阳修的大力推荐，苏氏父子"隐然名动京师……文章遂擅天下"。不料，刚上云端的苏轼得到母亲程氏于四月七日亡故的噩耗，父子三人连欧阳修也来不及面辞即离京返蜀奔丧，将程氏安葬在眉州武阳安镇乡可龙里老翁泉侧。

守孝时长，回头补充几句和苏洵有关的话。当日携苏轼、苏辙二子到开封后，苏洵即执张方平和雷简夫的信函拜见欧阳修。事情果如张、雷二人所料，欧阳修读过苏洵文论后，惊其才华可比汉代贾谊和刘尚，遂给朝廷上了封《荐布衣苏洵状》的奏折乞赐甄录，结果只给了个试衔初等官的职位。当苏轼和苏辙同科及第后，苏洵不无感触地说了句，"莫道登科易，老夫如登天；莫道登科难，小儿如拾芥"。

虽无功名，苏洵的大名也因欧阳修赞赏而传遍京师。等苏洵回乡第二年时，即嘉祐三年（1058）十月中旬，从雷简夫来函中得知朝廷将诏令自己入京，"试策论舍人院"。苏洵颇为不快，当他十一月收到命其赴京的诏令后，即于十二月一日给宋仁宗上书，以"臣不幸有负薪之疾，不能奔走道路"为由请辞。不过，苏洵的真实想法在给勉励自己出仕的梅尧臣的信中说得明白，一方面觉得"苟朝廷以为其言之可信，则何所事试"，另一方面又觉得"今乃以五十衰病之身，奔走万里以就试，不亦为士林之士所轻笑哉"。意思是自尊心不能接受。半年后，已至嘉祐四年（1059）六月，朝廷又诏令苏洵赴京。没作犹豫的苏洵继续请辞，同时给欧阳修去信，不无苍凉地以为"洵已老矣，而不能为矣"。

苏洵虽觉自己"不能为"，却不等于两个儿子不能为。尤其是苏轼，回乡葬母后，对打开在自己前面的世界充满了向往和信心，从其"平生负壮气，岂可遂尔休"的诗句看，希望自己有用于世的渴望与激情已跃然纸上。

到十月时，苏轼兄弟丁忧期满，作为新科进士该赴京办理注官手续了。当时，苏轼已娶妻王弗，苏辙也娶妻史氏。时王弗虽有孕在身，却和史氏一样都愿随夫赴京。苏洵拒诏令归拒诏令，但见二子都携家而出，自不想孤老家乡，决心"由荆楚走大梁，然后访吴越、适燕赵，徜徉于四方以忘其老"，便与苏轼兄弟全家——包括苏轼兄弟的儿时乳母任采莲和杨氏，同舟而出，前往京师。

三

十月秋高气爽。此时苏轼正值意气风发之时，何况今日此番入京将是仕途的全面打开，四下看去只觉天宽地阔，似乎无处不能任己翱翔。最重要的是，在舟上同行的都是自己至亲至爱之人，而且父子三人两年前在京师不都是被公认的才子吗？对苏轼来说，只觉前途如眼前江流般开阔。今人读到此，不禁会想起前人李白写过的"乘风破浪会有时，直挂云帆济沧海"，诗句固然豪迈，却终究是失意时的自我暗示。所谓"暗示"，也就是未能实现的愿望不肯消散，能不能最后实现，终还是未知之数。今天的苏轼却完全可以实现连李白也未能实现的理想，他不需要暗示自己"乘风破浪会有时"，眼前不正是乘风破浪的时刻吗？

大河滚滚，舟行如箭。从眉州南行两天后，至一百二十里外的嘉州（今四川省乐山市）系舟上岸。因岷江、青衣江、大渡河三江于乐山交汇，商贾游人自是不少，历代名胜也多，最为天下扬名的是建于唐朝的乐山大佛，其头、身、足三部，分别由乌尤山、凌云山和龟城山三山相连而成。一行人游兴大起，登凌云山观大佛，游龙岩和凌云寺。从后世宋徽宗年间邵博笔下"天下山水之观在蜀，蜀之胜曰嘉州，州之胜在凌云寺，寺之南山，又其胜也。嘉祐中，东坡字其亭曰清音，又南山之胜也"的句子可见，当日苏轼在游寺之时，除了题诗外还兴致勃勃地将寺内能"俯江干，平视三峨，极旷望之致"的亭子题名为"清音亭"。这也是有史可考的苏轼第一次为亭题名。

理所当然的是，出门所遇，不仅有事，还有人。苏洵曾负笈八方，识人甚多，此刻想起嘉州相识，便携二子出城十里，前去拜见隐居于此的老友程公望。程公望住在九顶山南麓，该处有三洞，洞名颇富道家色彩，分别为"白云""朝霞""清风"，合称"白崖三洞"。程公望居于"朝霞洞"，专心致志地注解《易经》。因此，后人又将"朝霞洞"称为"治易洞"。行程中能遇奇人异事，苏轼自大为振奋，更何况他幼年的开蒙之师张易简便是道士。此时苏轼对道学和《易经》虽还谈不上有多深的研究，却也并非完全陌生，与程公望相谈甚欢。

返城后已到黄昏，在渡口见一大汉瘦马傍身，端坐江边远望，神情漠然。苏氏父子虽是文人，却性格豪迈，觉其颇有异人之姿，遂上前攀谈。得知对方名叫郭纶，是嘉州一个监税小官。交谈中，知郭纶自幼习武，尤以弓箭见长，曾投军河西，在与西夏交战中固守三川寨立下战功，却没见多少封赏；后在黎州（今四川省汉源县）做过一段时间都监官，因无钱不能归乡，遂流落嘉州栖身。世间不平事从来随处可见，对苏轼来说还是初次亲闻，感慨之下动笔为郭纶写下以"河西猛士无人识，日暮津亭阅过船"为起句的诗歌相赠，苏辙也为其赠诗，令郭纶大起知己之感。

旅途间的逢人遇事，都是眼界得以开阔之举。当一行人于十三日登舟继续南行时，苏轼对嘉州几日见闻既感慨倍生，又交织起对前途的展望。舟行不久，一首《初发嘉州》的诗歌在苏轼、苏辙兄弟二人笔下同题涌出。苏辙的有三十六行，苏轼的只有十二行，但后者令人更为过目难忘：

> 朝发鼓阗阗，西风猎画旗。
>
> 故乡飘已远，往意浩无边。
>
> 锦水细不见，蛮江清更鲜。
>
> 奔腾过佛脚，旷荡造平川。
>
> 野市有禅客，钓台寻暮烟。
>
> 相期定先到，久立水潺潺。

这首诗与苏轼后期诗歌相比，说不上老辣，却自有一股扑面而来的青春之气。当然，说其不老辣，不等于说它不成熟。今天重温此诗，能发现苏轼的创作风格在起步之时，既不像李白那样以想象取胜，也不像杜甫那样以忧患为先，而是以自己对情感和事物的垂直挖掘为重心，至于能挖到多深，取决于才力和最后的思想深度。对当时二十出头的苏轼来说，他还不会知道自己踏上的这条创作之路，将等同于自己的人生之路。人生到不了极处，这种写作也到不了极处，二者相辅相成。

舟往南行，嘉州远去。岷江宽阔，水远云高，对在故乡待得太久的人来说，都会渴望故乡外的天空。离开眉州的苏轼，还需一些时日才能离开四川。

四

嘉州南下的下一站是犍为，路程远近与眉州到嘉州无异，也是整整一百二十里。这就意味着一行人至少须舟行两日。当船只靠岸后，苏氏父子游览过山水旁的子云亭后，特意出县北百里，寻访书楼山。身为读书人，苏氏父子早知山上有座颇为闻名的"王氏书楼"。不料，寻至楼前方见书楼已凋零为陈迹，昔人已去，散书蒙尘。苏轼落笔而下《犍为王氏书楼》一诗，发出了"云是昔人藏书处，磊落万卷今生尘"的感叹。当时，苏轼无论如何也不会想到，眼前的书楼虽倾，王氏后人仍在。整整二十一年后，当苏轼因"乌台诗案"贬至黄州（今湖北省黄冈市）时，第一个闻讯前来拜见的便是这座书楼的主人王齐愈和王齐万兄弟。这是人生的奇妙之处，该认识的迟早会在某个时刻随缘分而来。人也只在事后才知，命运的种种安排，似无意总有意。苏轼与迁住武昌的王氏兄弟被安排在二十一年后相识，大概就是命运为了增加苏轼对岁月沧桑的无尽感慨了。

离开犍为，船取东南，数日后到达宜宾。该地为川、滇交界处，素有"长江第一城"之誉，也是自古以来的南丝绸之路的重要驿站。遥想先人由此离川入滇，一路经盐津、昭通、东川、永仁、大理、保山、怒江、瑞丽等地，直入缅甸，不知路上有过多少汗水与泪水；也正是在这里，金沙江、岷江汇合成滚滚东去的长江。因此，到达宜宾就意味着旅途将由南往东，此后的行程将更为开阔、更为艰险，也更为漫长。

人生有些路，总与人擦肩而过，成为永远的未走之路。当时，苏氏父子站立船头，朝西南远望崇山峻岭的云南，却不可能就此转向而去。对他们来说，这里不仅是地理上的交界地，更是历史与长河的交汇处。苏轼按捺不住复杂的心情，在舟中挥毫写下《过宜宾见夷中乱山》一诗。从该诗"岂无避世士，高隐炼精魄。谁能从之游，路有豺虎迹"的结句来看，能见出苏轼对山危路险的云南有种艰辛难涉的感受，同时还见出他将仕途的不祥预感和大自然丛林法则进行类比，这些一言难尽的复杂心理似乎在某个瞬间聚集为涌至心头的避世之想。需即刻交代一句，这不是苏轼第一次有避世之想，两年前在京师赴琼林苑宴时，他就与坐在身边的蒋之奇相约，日后到阳羡（今江苏省宜兴市）卜居。很难想象，刚刚抵达首座人生高峰、还未领教仕途甘苦的人会有退身之意，唯一能解释的是苏轼早年接受的道家出世思想在他的内心总时不时冒出，不可忽略地成为苏轼日后面临逆境终能超脱的性格元素。

像要强化苏轼心中的避世想法一样，当苏氏父子一行抵达下一站牛口时，正值"日落红雾生"的黄昏。系舟投宿后已夜幕降临，时时都在观察的苏轼面对"居民偶相聚，三四依古柳"的生活场景，再次难以置信地涌上"人生本无事，苦为世味诱。富贵耀吾前，贫贱独难守。谁知深山子，甘与麋鹿友"的思想起伏，以至发出"今予独何者，汲汲强奔走"的追问。苏轼明明青春正盛、前途在望，换作他人，几乎不可能有"甘与麋鹿友"的想法，在他这里偏偏出现了，这就足以说明在苏轼内心对身入仕途还是身入大自然的矛盾已然出现。作为正统的儒家思想总教导人应"修身齐家治国平天下"，但修习过道家思想的人，又总是摆不脱"自然无为"的左右。当然，儒道两种思想谈不上对错，人做出什么样的选择，就会走向什么样的人生。这也无怪苏轼当夜辗转难眠，索性披衣走至窗前，在新月朗照间又写了一首《牛口见月》，其中"幽怀耿不寐，四顾独彷徨"令后世如读苏轼的当时心境。越是思绪深沉的人，才越会有独自看向自己内心的举动。"认识你自己"不仅是古希腊的箴言，还是古今中外所有思想者从未回避过的自我追寻。人在青春时很难彻底认识自己，苏轼能在似锦前程的起点感到"彷徨"，已是常人难达的境界了。

幸好，正因为是在前程起点，能左右人的终究会是青春激情。当一行人翌日行至戎州时，眼前秋风抚江、明月攀崖，千年前秦军破滇、汉武通夷的历历往事唤起了苏轼心中难以抑制的激情，一首直截了当的《戎州》自笔端飞泻，其中"往时边有警，征马去无还"的慷慨诗句能使读者感受到一股扑面而来的迫人气势。历史总令人情难自已，就因为活着的人到不了千年前的过去，过去却能在今人心里唤起"恨不彼时生"的追怀之感。

此时，岂止苏轼激情难抑，连年至半百的苏洵也在"往事越千年"的激情涌动下，在舟中抚出一曲激昂琴声。声声入耳间，苏轼心中涌起更壮阔的情感激流，当即又写下一首《舟中听大人弹琴》，从"江空月出人响绝，夜阑更请弹文王"的结句能看出此时的苏轼已不再"彷徨"：一路舟行所见无不锦绣江山，连父亲都有如此激情，自己青春正盛，又如何能辜负父母和圣人之书的谆谆教诲？尤其父亲已谈不上仕途理想，自己若还纠缠于入世和出世，岂不有负父母期望？还记得母亲曾说过"汝能为滂，吾顾不能为滂母邪"，这是毕生难忘的刻骨之言啊！

在现实生活中，人的心境常常与天气挂钩一处，深感历史苍凉的苏轼恰到好处地迎来了连绵不断的秋雨。当舟至南井口（今四川省江安县）时，苏轼眼中所见已无处不"深榛烟雨埋"。在这里任平泉令的是一个叫任孜的眉州人，与苏氏父子既是名副其实的同乡，也是与苏洵交往多年的老友，其学问、气节都名闻乡间。听闻苏氏父子到此，任孜冒雨乘马急匆匆赶至江边相见。从苏轼"江湖涉浩渺，安得与之偕"的句子看，任孜既是为老友苏洵送行，同时也是对苏轼、苏辙兄弟赠以匡时济世的良劝。其时，任孜正督治水患，公务缠身，抽暇见友后还得赶回公署，因此苏氏父子没有在此处过夜。临到出发时，任孜颇为不舍，互道珍重后告别，并邀苏氏父子几人能再来南井口相聚。

亲见任孜为官一方、与民除患的行事，苏轼内心感佩而震动，深感以儒家为修为才能以天下为己任。当再过泸州合江县安乐山时，苏轼望着对岸的满山秋叶，又若有所思地写下了"天师化去知何在，玉印相传世共珍。故国子孙今尚死，满山秋叶岂能神"的绝句。此诗颇能反映苏轼当时的内心，诗歌落笔写到的"天师"是汉代五斗米教的创始人张天师。传闻张天师修道成仙，安乐山上的树叶布满其写下的符箓，被人信奉至今。就安乐山本身来说，也颇富传奇色彩。据说安乐山方成之时，一夜大风将其拔去，后被人在容子山发现，乃至众口相传"山是神仙所迁"；又说有张天师符箓的树叶都是荔枝叶，比其他地方的荔枝叶长得多。苏轼那句"满山秋叶岂能神"已表明，对道学所谓出世成仙说心生反感，乃至以诗讥讽。由此可见，在途中经过一些思想交锋之后，苏轼已逐渐确立了自己对儒家入世的肯定。这是仕途要求的肯定，也是天下士人集团的肯定。

五

舟行不停，一行人再经渝州（今重庆市），过涪州（今重庆市涪陵区），经明月峡后，入丰都县靠岸停舟。在丰都，当地一姓李的知县赶来相陪，一起登县内最高峰平都山览胜。说是最高峰，就平都山本身而言，海拔不足三百米，"山不在高，有仙则名"，平都山确有仙名。宋真宗朝的张君房在《云笈七签》中说得明白，平都山乃"道教七十二福地"中的第四十五福地，山上有一道观，名"仙都观"。传闻，古时有个叫阴长生的道士潜心修道，活到一百七十岁时仍面如童颜，最后白日成仙，其成仙地点就在仙都观中。据说，阴长生还是汉光武帝刘秀的阴皇后的曾祖。越久远的事越易令人深信不疑，不仅平常游客来此游览，就连士大夫路过此地也无不上山一观。

一行人刚刚走到仙都观前，早有道士出外相迎，料是李知县提前通知。几人至观内游看，道士在一块名为"金丹诀"的石刻前停步，对苏氏父子介绍说石上文字乃阴长生亲刻。李知县大约想获得新科进士认同，便问苏轼石刻是否为真迹，苏轼只简单答了句"不知也"，又顺笔写了首《留题仙都观》，从结句"泠然乘风驾浮云，超世无有我独存"中能充分看出，他此刻的心理已彻底转化为对真实或现实人生的直面和肯定。

离观后，李知县将苏轼父子请至县衙。苏洵这才想起自己刚到，李知县如何便已得知？李知县回答得神秘莫测，称自己数日前便知苏氏父子将至。苏洵颇为奇怪，再问之。李知县告知，此处仙都山有只老鹿，无论野兽还是猎人都无法将其捕获，当有远客前来时便在夜里鸣叫，自己连夜听到鹿鸣，便知是有远客来临了。苏轼听得大为惊异，这些沿途异事无不唤起其诗兴，也是见闻的增长。

当一行人再次登舟东去时，时令已至小寒。当夜下起大雪，雪助诗兴，苏氏父子拟以《江上值雪》为题各写一诗。动笔前，三人谈到欧阳修有一说法，诗人若写雪，必得避开前人已然用滥的"盐""玉""鹤""鹭鸶""飞絮""蝶舞"等陈旧意象。苏轼索性提出，不仅这些意象不能用，还得剔除如"皓白""洁素"一类的陈词滥调。实际上，这是苏轼对语言展开的一种自我训练。今人读苏轼作品，很少觉其语言陈旧，就说明苏轼对语言的实践和认识到了至高之境。彼时的苏轼诗歌，虽不能和他日后到达巅峰期的作品相提并论，但青年时的非凡意识决定了他延续终生的攀越。这是所有真正的诗人的必走之路——进入语言，但也必然会发现——说语言古老，就因为语言原本是历史的一部分。

岁晚天寒，当苏轼一行至忠州（今重庆市忠县）时，果然就面对了历史。

在苏轼沿途写就的四十六首诗作中，最令我读来震动的就是他写在忠州的《屈原塔》一诗。对后人来说，是否熟悉屈原并不重要，重要的是能体会屈原传承千载的士大夫气节，气节是历史观得以塑造的先决条件。对当时赴京师更是赴仕途的苏轼来说，"屈原"二字所代表的气节对其感染至深。从苏轼《屈原塔》诗中"名声实无穷，富贵亦暂热。大夫知此理，所以持死节"来看，青年苏轼的历史观已一步到位，从此再也没有更改过。当时写下这些句子的苏轼还不能预料，屈原的命运就是从古至今全部诗人的命运起点和缩影。从当时的现实来看，历史是苏轼必然遇见的生活现实；就生活本质而言，历史相当于现实，所以面对历史就是面对自己已经或尚未涉足的现实。

过忠州后，面对的史迹更多，尤其经万州武宁县（今重庆市武陵镇）西时，眼前出现的木枥山有着渺不可追的历史身影。据说，大禹治水时曾路过此处，见周围群山尽为水没，唯独此山木枥不动，惊异之下遂将其命名为木枥山。木枥山上有寺，名白鹤寺；有观，名白鹤观。据孔凡礼先生考证，苏轼写在此处的诗虽名为《过木枥观》，实为白鹤观。从《过木枥观》一诗"石壁高千尺，微踪远欲无"的落笔来看，苏氏父子三人均未登山，但都被远古情怀所萦绕。天地苍茫间，苏氏三人不约而同作诗，为眼前缓缓横过又飘然远去的旷古幽怀感染。可惜的是，当年苏轼笔下出现的"木枥观"早已在后世（也是历史）风云中毁灭。晚清进士刘贞安（1870—1934）曾将苏轼《过木枥观》诗镂为石刻存观，今早已移至重庆市奉节县白帝城内。今人登木枥山，除了一口与观同修的千年古井外，一切都不可复见，唯千年前苏氏父子的咏叹恍然在满山树叶声中听闻。

舟行不停，数日后已到夔州（今重庆市奉节县）。一行人下船休歇，在安顿好女眷后，苏氏父子三人结伴访白帝庙、永安宫这些闻名天下的三国遗迹。当苏氏父子行至江边，千年前的八阵图遗迹赫然在目。当时苏轼所见与陆游后来在《入蜀记》中的记载几无差别，即"碎石行列如引绳，每岁江涨，碛上水数十丈，比退，阵石如故"。早在过木枥山时就心怀"斩蛟如猛烈，提剑想崎岖"的苏轼，面对眼中的鱼腹平沙、旷古江天禁不住思连千古，并写下《八阵碛》一诗。苏轼从"平沙何茫茫，仿佛见石蕝"起笔后，思绪便如千回百转之潮，三十行诗句一气呵成，既有"英雄不相下，祸难久连结"的忧愤，又有"孔明最后起，意欲扫群孽"的渴盼，更有"志大遂成迂，岁月去如瞥"的流年惆怅。今人很少提及苏轼早期之作，但只要翻开，就很容易发现青年苏轼的激情与沉思，有着与当时年龄极不相称的成熟。这些早期诗歌虽涉典故，却与"掉书袋"无关。没有亲临其境，也无从产生对浩渺时空的感慨，更无从使自己内心生发"千古壮夔峡"的丈夫豪情。

翌日，舟从夔州东出。此时，眼前所见，就是天下扬名的长江三峡了。

六

三峡第一峡为瞿塘峡。两崖对峙，中贯一江，瞿塘峡则为三峡之门。

眼前所见，碧浪滔滔，直下千里。对苏轼等人来说，第一次面对如此宽阔大江，只觉视野纵横、胸襟大开，眼前果然"两岸连山，略无阙处。重岩叠嶂，隐天蔽日"，偶然还能看见悬崖山路中的樵夫身影。苏轼思绪悠长，笔下的诗句也变得绵长，一首六十行的长诗《入峡》从笔下喷涌而出。瞿塘景色，尽在其中，"坠崖鸣窣窣，垂蔓绿毵毵。冷翠多崖竹，孤生有石楠。飞泉飘乱雪，怪石走惊骖"，同时深觉樵渔艰辛，悲悯之情笔端难抑，"伐薪常冒险，得米不盈甔。叹息生何陋，劬劳不自惭"，各种情感起伏终于凝聚成对自我的心中俯望，"振翮游霄汉，无心顾雀鹌。尘劳世方病，局促我何堪。尽解林泉好，多为富贵酣。试看飞鸟乐，高遁此心甘"。

这里的"高遁此心甘"绝非当初的出世之想，而是苏轼面对无尽江天时发现，能让身心获得彻底自由的去处便在眼前的天地之间。人与自然，从来就无法分开，不论儒家、道家还是佛家，思想虽各异，却没有任何人会对大自然作舍弃。苏轼笔下的"高遁"，无非是与大自然融为一体的渴望。古往今来的诗人，面对大自然容颜尽露时鲜有出世之想，投身自然，永远是丰富心灵的最佳方式。

对苏轼等人来说，身在目难穷尽的三峡水路，恍如行走于"天上人间"。瞿塘峡过后，便是烟飞云渺的神女巫峡和西陵峡，所谓"高山寻云，怒湍流水"说的就是遮天蔽日的巫峡。苏轼紧接着写下诗句更长的《巫山》，一泻而下的七十八行诗句将自己的所见、所思、所想、所盼书写得淋漓尽致，其中既有"苍崖忽相逼，绝壁凛可悸"的险峻，也有"去随猿猱上，反以绳索试"的生活艰辛，更有"贫贱尔何爱，弃去如脱屣"的心灵超脱。此外，还有奇情异景令人觉得不可思议——这座正对巫山的庙前，日日都栖有数百只乌鸦。当客舟将至，鸦群便遮天蔽日迎于数里之外；当客舟远去，鸦群还会送出数里。当地土人将其称为神鸦，没有人敢去相害。苏轼也不无惊异地写下"江上饥鸟无足怪，野鹰何事亦频频"之句。

三峡未已，已至巴东。巴东县今属湖北，这就说明苏轼等人已离开蜀地，故乡已到了何止千里之外的身后。大约风光无限，船只未停巴东，继续东行。近归州（今湖北省秭归县）时，一座仍连巫峡的村落扑入眼帘，这就是令人大起历史感伤之情的"昭君村"。汉代昭君出塞，乃千百年来无人不悉的哀婉往事。苏轼远望村影，思古之幽情固然难免，在其笔下出乎意料地出现"古来人事尽如此，反覆纵横安可知"（《昭君村》）之句。此句无论何时来读，我们都能感受到彼时苏轼经历现实和历史的心灵磨砺后，思绪已跳出了一般文人难以跳出的事件局限，获得了一种古今相接的时空跨越之感。

历史起伏，江流也起伏。进入西陵峡后航道曲折，怪石林立、滩多水急，为三峡中最为凶险的一段行程。出归州三十五里后，已至谈虎色变的新滩。此处南岸为官漕，北岸为龙门，水流湍急，为三峡至险之处。新滩以前叫"新崩滩"，据说是山崩石裂而成，暗礁密布，舟毁人亡之事频频发生，而此处又偏偏是"西陵古郡，南国上游。巴蜀恃为咽喉，荆楚倚为根柢"的要害之地。宋仁宗年间，因发生在新崩滩的舟难太多，乃至朝廷下令在十月至十二月间禁止行舟。当时，每任官员均想治理新崩滩，但都无功而返。直到皇祐三年（1051）时，归州知州赵诚在此悉心疏导，用"堆柴烧石"之法治滩驯水，凿去碍航礁石，才使滩害减少，禁舟令始被撤除。当苏轼一行乘舟至新滩时，笔下诗句仍是提心吊胆的"扁舟转山曲，未至已先惊"，并细致入微地描写出"大鱼不能上，暴鬣滩下横。小鱼散复合，瀺灂如遭烹"的险恶之况。好在一路有惊无险，除因大雪在滩下被迫停留三日外，余路皆顺利。等船只再过黄牛峡和扇子峡后，众人终于如经历一次人生般走出了既气象万千又惊心动魄的七百里三峡。

七

出峡之后，前面便是刘备征吴时遭遇火烧连营之败的夷陵县（今湖北省宜昌市）了。行程虽然疲惫，苏氏父子等人还是兴致勃勃，停舟后先往峡州上二十里北峰下的三游洞游览。"三游洞"的洞名得于唐宪宗元和十三年（818）间，时任江州司马的白居易升为忠州刺史，携弟白行简同行赴任时，在此与代理通州（今四川省达州市）刺史元稹意外相遇，三人酒后游山时发现一天然溶洞。元稹当即说道："吾人难相逢，斯境不易得，请各赋古调诗二十韵，书于石壁。"白氏兄弟俱赞此议。果然，白居易不仅在洞中石壁上留下古体诗二十韵《三游洞》，还在日后为诗集撰序时补有"水石相薄，磷磷凿凿，跳珠溅玉，惊动耳目"的动人描写，并在序尾写有"以吾三人始游，故目为三游洞"，竟至天下皆知。今苏氏父子身既至此，岂能不观前人笔迹？当下兴致勃勃，入洞而行。

当日，陪苏氏父子同游的是当地一亭吏。亭吏对自己能亲见名动京华的苏氏父子，难抑兴奋之情，于是一边游洞一边向三人乞诗。从这里可见，宋时文风极盛，文人乃天下人眼里最值倾慕之人。神游古人的苏轼提笔在石壁上写下了三首绝句。到翌晨舟发之时，已得三苏诗的亭吏又急匆匆赶来，称自己将诗品味再三却意犹未足，想请三人再多题几首。苏轼当即铺开纸笔，又写下一首二十四行的五言诗相赠。亭吏收后，大喜拜别。

因苏轼妻子王弗身怀六甲，分娩时日将近，一行人也放慢了速度，缓舟至六十五里外的远安县。县内有清溪寺，据说是战国时鬼谷子故居。几人游清溪寺题诗后再往临江山上的甘泉寺，而甘泉寺是东汉以孝闻名天下的姜诗故居。此时冬风萧瑟，几人在庙前朝南岸望去，名为姜诗溪的泉流仍自奔涌不息。面对古迹遗风，苏轼不由得发出"古人飘何之，惟有风竹闹"的感慨。今人总问远行的意义何在，从苏轼这里来看，所谓远行，便是与途中的历史相遇，与自己的情感相遇，与塑造内心的种种感受相遇。人要真正地成为自己，远行的见闻是必不可少的构成要素。

待几人尽兴登舟，终入夷陵后，不觉感慨有之，感激更有之。说感慨，是因秦朝白起和三国陆逊都曾在夷陵火攻破敌，立下不朽功名。此时，苏氏父子面对四处遗迹，自然感慨不虚此行。说感激，是因夷陵乃欧阳修景祐三年（1036）被贬为夷陵令时的谪居之地，欧阳修对苏氏父子不遗余力的举荐，确是无日或忘。

今人翻开《古文观止》，能见欧阳修名垂不朽的《醉翁亭记》，而未收其内的《至喜堂记》其实并不逊色于前者。至喜堂是欧阳修二十二年前在谪居地夷陵的居所。时为夷陵长官的是尚书虞部郎中朱再治，与欧阳修有旧，心里不忿欧阳修无辜被贬，遂将县舍厅事东面的堂屋修为欧阳修住宅，待堂屋落成又邀集宾客为贺，使欧阳修感慨夷陵的贬谪生涯委实"既至而后喜也"，索性便将其命名为"至喜堂"了。住下之后，欧阳修发现地属僻远的夷陵绝少有官员愿意前来，即便委任于此也很难住满一年。但恰恰正因为如此，夷陵这个少有官吏横行之地才保存了淳朴民风，只觉此处"江山美秀，而邑居缮完，无不可爱"。

苏氏父子三人在缓步游堂时自然不能预料，苏轼日后的仕途生涯将一次次重复欧阳修的命运，甚至与欧阳修被贬后的心境也一并继承了下来。当时，苏轼所想还只是三年前在京师开封见到的欧阳修音容，对帮助过自己的人，小人自是恩将仇报，君子则会饮水思源。在《夷陵县欧阳永叔至喜堂》一诗中，苏轼对欧阳修的感激之情流露得淋漓尽致：

> 夷陵虽小邑，自古控荆吴。
>
> 形胜今无用，英雄久已无。
>
> 谁知有文伯，远谪自王都。
>
> 人去年年改，堂倾岁岁扶。
>
> 追思犹咎吕，感叹亦怜朱。

旧种孤楠老，新霜一橘枯。

清篇留峡洞，醉墨写邦图。

故老问行客，长官今白须。

著书多念虑，许国减欢娱。

寄语公知否，还须数倒壶。

　　这首诗无论何时读来都能见出诗中纵横交织的历史感叹和彼时目睹，以及苏轼对欧阳修的真挚感怀。苏氏父子得欧阳修大力举荐——不仅在当时，还将在日后——今日父子恰能经过欧阳修昔日住堂，令人觉得似有一种冥冥中的命运安排。这首诗也是苏轼自故乡行舟至此，经一千六百八十余里水路，再至江陵（今湖北省荆州市）舍舟登陆前写下的最后一首诗。苏轼用它结束了一段非凡之旅，这也表明他自己的另一段人生将自然而然地展开。

八

　　当整整六十日水路在江陵终结时，已至十二月深冬。

　　一行人终是疲倦，尤其王弗已临盆在即，苏氏父子决定在江陵暂歇，待年后再启程。

　　当地知州王璋对苏氏父子来此颇为兴奋，为其安排了食宿。

　　终于得闲了。苏氏父子遂将沿途诗文进行整理，打算结个集子刊行。在后人眼里，这部被命名为《南行集》的诗集包含苏轼初试锋芒的第一批作品，内收苏轼诗文四十六首、苏辙诗二十六首，苏洵诗为整数刚刚十首，共计八十二首。这部诗集是对沿途所写诗文的总结，也是对一段人生旅途的总结，同时还是一次对语言的总结。苏轼为诗集撰序时落笔便称，"夫昔之为文者，非能为之为工，乃不能不为之为工也。山川之有云雾，草木之有华实，充满勃郁，而见于外，夫虽欲无有，其可得耶！自少闻家君之论文。以为古之圣人有所不能自已而作者。故轼与弟辙为文至多，而未尝敢有作文之意"。这段话虽出自苏轼青年时的手笔，却委实能对应暮年欧阳修为梅尧臣诗集撰序时所确认的"非诗之能穷人，殆穷者而后工也"之言，令人赞叹。

除了整理诗集，还有一件大事发生。到江陵后不久，苏轼的身份不再只是儿子、兄长和丈夫，还成为父亲。妻子王弗生下一子，取名为苏迈。

休息将近一个月，到翌年正月五日，一行人再次登程，先取陆路过荆门军（治所今湖北省荆门市），又发浰阳（又名丽阳，今属湖北省钟祥市胡集镇境）、渡汉水，至襄阳后越岘山和万山，特意去隆中拜访诸葛亮故居，然后入河南境内，过唐州（今河南省唐河县）和昆阳（今河南省平顶山市），至许州（今河南省许昌市）结识了时任签判许州的范仲淹次子范纯仁。在苏轼心里，此时的最大遗憾是未能在范仲淹生前亲聆教诲，能与其子结交也算是完成了一桩心愿。

终于，陆行一个多月后，众人于嘉祐五年（1060）二月十五日到达京师开封。

虽是第二次进入京师开封，若与第一次相比，差别不小：嘉祐元年（1056）入京时，苏轼、苏辙是无人知晓的考生；此次入京，已为名满京华的进士，前程将展，心情自是更为开阔，可以好整以暇地看看这座金碧辉煌的都城了。

对于北宋京师开封，在晚至苏轼身故后才诞生的两件作品对其进行了精美绝伦的描画，其中第一件是张择端画笔下的《清明上河图》，第二件是孟元老所著的《东京梦华录》。张择端的画卷读来直观，孟元老的回忆（《东京梦华录序》）笔触则令人更为感慨万千："太平日久，人物繁阜，垂髫之童，但习鼓舞；斑白之老，不识干戈。时节相次，各有观赏：灯宵月夕，雪际花时，乞巧登高，教池游苑。举目则青楼画阁，绣户珠帘。雕车竞驻于天街，宝马争驰于御路。金翠耀目，罗绮飘香。新声巧笑于柳陌花衢，按管调弦于茶坊酒肆。八荒争凑，万国咸通……"

北宋京城开封之所以令后人向往，不仅是使人"莫知厌足"，更令人在盛世繁华中感受到生活的安定与随性而行。苏轼生活在如此繁华都市又如何会无激情，尤其是他自己的人生将从这座京城得到真正展开，即使进京两个月不到的四月八日有恩于他的梅尧臣仙逝，一时的感伤仍让位给了海阔天空的明日期待。这次，欧阳修和杨畋等人分别再次举荐了苏轼兄弟，开封知府、书法大家蔡襄更与苏轼窗前论书。到嘉祐六年（1061）七月，苏洵经有"铁面御史"之称的赵抃举荐为秘书省试校书郎刚近一年，又被任命为河北霸州文安县主簿，与项城令姚辟修纂《礼书》。是年八月二十五日，宋仁宗再次亲御崇政殿制策取士，考官为胡宿、沈邈、范镇、司马光、蔡襄五人，结果苏轼入三等、苏辙入四等。大宋自太祖赵匡胤开国百年以来，以制策入三等的只有吴育和苏轼二人。欧阳修难抑兴奋之情，给时为殿丞的焦千之去信写道："苏氏昆仲，连名并中，自前未有，盛事！盛事！"

朝廷诏令下达，苏轼为大理评事、签书凤翔府节度判官厅公事，苏辙为商州军事推官。

这是苏轼漫长人生中的第一个官职。当苏轼于十一月辞别父亲苏洵，与送己赴任的弟弟苏辙离开开封城门时，才算真正结束了自己的京师之旅。兄弟长途并辔，虽时入深冬，却是名副其实的青春做伴。在二人心头，除时不时被将临的离愁别绪侵扰外，更多的是面对人生梦想的召唤。即便诗书饱读、历史横胸，身前身后落叶飘飞，苏轼也不可能料到，此时此刻的自己，与其说正投入前程，不如说正投入广阔无边的命运。到许多年以后，苏轼才能亲身体会，命运的最大特征，就像他走过的浩荡长江处处布满激流暗礁，明天的漩涡究竟会在何处没有人能提前获知。从古至今，活在人间的每个人，无不在这样的命运笼罩之下前行。

第二章 凤翔初仕

——御风归汗漫，阅世似蜉蝣

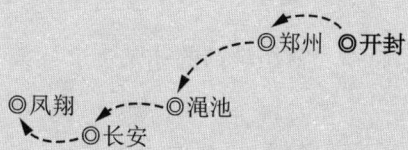

◎郑州 ◎开封

◎凤翔 ◎渑池

◎长安

一

嘉祐六年（1061）十一月十九日，寒风萧瑟，冬雨连绵。这一天，对苏轼来说，是心头弥漫感伤之日。赴任凤翔，是苏轼自己第一次远赴他乡，也是第一次离开父亲苏洵和弟弟苏辙。当时，苏辙虽在相送，但二人走到距京师开封一百四十里外的郑州西门后，也就应了古人那句"送君千里，终须一别"的老话——苏轼携眷继续西行，苏辙则返回开封侍奉父亲。

至此二十六年的人生中，苏轼与弟弟苏辙从未分开过一天，即便去年二月从四川入京师后，苏轼兄弟二人也同寓于丽景门汴河南岸的怀远驿，形影不离。历史上，不无以文学声名并驾齐驱的兄弟如曹丕和曹植，却似乎找不到如苏轼和苏辙这样既以诗文同垂不朽，同时情感也深厚至极的兄弟了。苏辙自幼随兄长苏轼读书，其父苏洵还曾直接"命辙以轼为师"，这些都使苏辙在情感上对苏轼极为依恋。在怀远驿的某个雨夜，当苏辙读到韦应物的"宁知风雨夜，复此对床眠"（《示全真元常》）诗句后大起感伤之情，遂与苏轼约定，日后早退官场，以求兄弟一起团聚闲居，便是最大的人生快意之事了。

在郑州西门，苏轼兄弟俩洒泪而别。感伤难抑的苏轼转过马头登上一高坡回望弟弟的背影，见苏辙正策马远去，最后能见到的只有他忽隐忽现的帽子。于是，"郑西分马涕垂膺"的苏轼忍不住取纸笔写下一首《辛丑十一月十九日，既与子由别于郑州西门外，马上赋诗一篇寄之》的诗，其中既有"归人犹自念庭闱，今我何以慰寂寞"的惆怅，又有"君知此意不可忘，慎勿苦爱高官职"的承诺提醒。

当苏辙的身影离开苏轼的视野后，苏轼终于在"童仆怪我苦凄恻"的目光中转马向西，取道凤翔而去。

数日后，苏轼到达距郑州三百四十里外的渑池（今河南省三门峡市）。渑池是令苏轼百感交集之地，不仅其是战国时秦赵会盟、蔺相如逼迫秦王击缶的著名历史之地，还因嘉祐元年（1056）闰三月底时苏轼兄弟随父亲苏洵首次前往京师赴考途中曾宿于该地。如今已转眼六年过去，六年时间说长不长、说短不短，但人事的改变已足够令人心生感慨。当年苏氏父子三人出成都，过剑门，经凤翔、扶风、长安，出关中后到达渑池，并在一寺庙投宿，而当日接待他们的是一个法号叫奉闲的老僧。此时旧地重临，苏轼想起当年父子三人结伴，今日却是自己独自西行，不免心有戚然，遂寻当日寺庙以怀旧情。进去后方知，奉闲老僧早已圆寂，在寺庙破损不堪的墙壁上，当年父子所题诗句还依稀可见。苏轼不由得再次展读路上收到苏辙写下的《怀渑池寄子瞻兄》一诗，不禁备觉感伤，于是写下了一首《和子由渑池怀旧》的七律。这是苏轼青年期写下的一首不朽之作：

> 人生到处知何似？应似飞鸿踏雪泥。
>
> 泥上偶然留指爪，鸿飞那复计东西。
>
> 老僧已死成新塔，坏壁无由见旧题。
>
> 往日崎岖还记否，路长人困蹇驴嘶。

这首诗在今天读来也很难想象它出自一位二十六岁的青年手笔，但诗中的感慨又只有具苏轼这样的才华和经历之人才能写出。字里行间足以令人体会，这首诗充满苏轼内心的情感波澜和对人生变幻莫测的感叹，也难怪清代大学士纪晓岚毫不吝惜地盛赞此诗"意境恣逸，则东坡之本色"，可见当时苏轼的才华已然成熟和爆发。

从渑池到凤翔还有八百里路程，沿途较顺，事情不多。史书载录的只有苏轼到长安（今陕西省西安市）拜见京兆府刘敞一事。嘉祐五年（1060）入京师开封后，苏氏父子与刘敞均有交往，苏辙更在宋仁宗亲策于廷的制科考试前（嘉祐六年）上书后者，称其"高亮刚果，士之进于前者，莫不振栗而自失……辙愿执事有以少下之，使天下乐进于前而无恐"。可惜，上书不久，刘敞就出任永兴军路安抚使，人至长安了。身为庆历六年（1046）进士、廷试第一的刘敞博学正常，意外的是他还特别好古——长安原为周、秦、汉、晋、西魏、后周、隋、唐故都，时不时有古器出土，大多都被刘敞悉数购藏。绝非附庸风雅的证明刘敞不仅从古物中考据出与先儒所说不同的三代制度，还提笔撰有《先秦古器记》一书。苏轼登门拜见刘敞后，刘敞与其颇为投缘，留苏轼"剧饮数日"。游石林亭时，二人一唱一和，各撰二十四行诗歌一首，年近半百的刘敞对苏轼的评价是"有可敬之处"。

告辞刘敞后，孤独之情更甚的苏轼携妻子童仆继续西行三百一十里路，终于在大雪纷飞的十二月十四日到达凤翔。此时，距他和苏辙分别，刚近一个月。

二

凤翔位于陕西西部，与甘肃接界，距京师开封一千一百七十里。

大禹所设的"九州"之一的雍州便是凤翔，先秦有二十位王公曾立此为都，秦始皇二十二岁时在此加冕，甚至秦二世三年（前207）冬项羽又在此地封章邯为雍王。凤翔汉时为右扶风，唐高祖武德元年（618）时改为岐州，到唐肃宗至德元年（756）时又更名为凤翔郡，两年后由郡改府，下辖天兴县、岐山县、扶风县、盩厔县、郿县、宝鸡县、虢县、麟游县、普润县、好畤县等十县。苏轼赴任时，凤翔府知州为宋选，他八月时到任，比苏轼只早来数月。赴凤翔之前，宋选与司马光、韩宗彦、沈迈为三司僚属，为人宽厚好客，有"四方之至者如归其家"之名。

从苏轼若干年后写给宋选之子宋子房信中"某初仕即佐先公，蒙顾遇之厚，何时可忘"句可知，宋选对才华横溢的苏轼极为礼遇。与宋选同在凤翔的两个弟弟宋道和宋迪，虽年长苏轼甚多，也均喜苏轼之才，与之频相交往。

除宋选兄弟外，与苏轼比邻而居的凤翔监军王彭也与其一见如故。王彭的曾祖父就是"率三万士卒破剑门、驻魏城，以短短六十六日使后蜀皇帝孟昶投降"的宋初名将王全斌，其父王凯也数败西夏开国皇帝李元昊，立有边功。王彭曾随父西征，军功不少，对奏功不赏之事毫不为意，因其兴趣不在军事而在佛学。苏轼到凤翔后，大喜过望的王彭每日都与苏轼谈佛论经。此时苏轼文名虽盛，对佛学却无涉猎，自结识王彭后也对佛学抱以兴趣。十九年后的元丰三年（1080），苏轼被贬黄州时，在给毕仲举的信中谈到"佛书旧亦尝看，但闇（暗）塞不能通其妙，独时取其粗浅假说以自洗濯，若农夫之去草，旋去旋生，虽若无益，然终愈于不去也"。这句话有几层意思，第一层是明言自己曾读佛书，也就是指在凤翔接受过王彭的影响；第二层是自己对佛学终究未窥堂奥，也未能打下较厚的研习基础；第三层是说自己虽对佛学不精，却也隐约知其效应。至于佛老思想在苏轼那里占据全盘上风，还是在苏轼被贬惠州之时，那已是三十三年后的事情了。

王彭与苏轼每日交往，一是喜欢苏轼随意挥洒的性格，二是着实喜爱苏轼诗歌。王彭每见苏轼新作都会"拊掌欢然终日"，彼时无论如何也看不出他是一位曾横戈上阵、斩将夺旗的武夫。苏轼与王彭交往，除了没哪个诗人不喜有人欣赏自己的作品之外，也深感内心辞别父亲苏洵和弟弟辙后的孤单得到了慰藉。

另外，还有两人也与苏轼日渐交厚：一个是凤翔户曹参军张琥，另一个是凤翔府天兴县令胡允文。张琥是滁州全椒人，与苏轼同科及第，有同科之谊的人总易走近，但张琥的性格颇为封闭。后来，苏轼在张琥调职回京的嘉祐八年（1063）十一月时曾撰《稼说送张琥》一文，其中特意写有"子归，过京师而问焉，有曰辙，子由者，吾弟也"之句，似是张琥竟不知与自己同科及第的苏辙即苏轼的弟弟。当年苏氏父子名震京师，再封闭的人也不可能完全没有耳闻，从苏轼的性格看，这大约是他给张琥开的一个玩笑了。至于胡允文，早年曾追随苏洵求学，算是与苏轼同辈的苏门弟子。胡允文随苏洵求学时，也正是随其游学八方之时，因此胡允文与苏轼在四川从未见过。因凤翔府恰恰设在天兴县（今陕西省凤翔县），身为县令的胡允文没料到能在此地与苏轼相识，二人一见遂留下了"相从之欢，倾盖百年"之谊。

从苏轼初到凤翔的人际交往判断，他与父亲苏洵、弟弟苏辙的分别之苦已逐渐消解，虽怀念之情不减，却不一定会沦于难以自拔的感伤境地。另外，苏轼发现自己与弟弟苏辙相互所作之诗，不需多久就能收读，"诗成十日到，谁谓千里隔。一月寄一篇，忧愁何足掷"。需要说明的是，这诗中的"一月"在《东坡先生外集》中为"一日"。不论"一月"还是"一日"，都说明苏轼、苏辙兄弟间诗来诗往频繁，从彼此的诗行和墨迹中能感受到心意相通的慰藉。

苏轼身为签书判官，也就是"任签署一局，兼掌五曹文书"，需自己亲自动手之事不多。于是，苏轼利用闲暇，或独自或与王彭、张琥等人四处漫游。

三

文人多好古迹，凤翔恰是古迹繁多之地。苏轼饱读诗书，他自然知道县南孔子庙内有十尊来历成谜的石鼓。唐人韦应物认为石鼓是周文王之物，到宣王时期凿刻；韩愈则认为它们原本就是宣王之鼓。不论石鼓初属文王还是宣王，都是历史久远之物。岁月沧桑，朝代更迭，十尊石鼓随千年起伏的兵燹离乱而散弃于陈仓等地。到唐德宗年间，宰相郑余庆历千辛万苦收得九鼓，后置于孔子庙。到宋仁宗皇祐四年（1052），即苏轼十七岁时，一个叫向传师的人在民间觅得第十尊石鼓，才使鼓数重又齐全。石鼓上镂刻的文字远自秦襄公时期，尚非完全篆体，经千年岁月侵蚀后字迹已漫漶不清。苏轼对石鼓之名早有耳闻，当人到凤翔后，自是急不可待卸下行囊，完成公事交割后数日便去庙内观看。

石鼓果然令人震撼。历史的非凡之处，就在于经历不知多少岁月流逝，也能在一个小小的物件上得以体现，令后人面对时，徒有千言却难吐一字。苏轼手抚石鼓，首先涌动的念头便是"韩愈曾对其感叹横生，恨不生于石鼓成型之初"，如今自己站在鼓前距韩愈又隔了百年之久，人事代谢，哪怕石头也不能完整如初。石鼓上原刻有四百六十五字，如今已有一半字迹被时光磨损得无法辨识，另有三分之一的字虽留有残痕却只能隐约猜测，至于究是何意，纵是韩愈之辈也不能肯定。

苏轼在凤翔写的第一首重要诗作就是长达六十行的《石鼓歌》。在苏轼笔下，石鼓不再是单纯的石鼓，而是穿越时空而来的"神物"。岁月倏忽，人生短暂，苏轼的感慨也令读者感慨，"兴亡百变物自闲，富贵一朝名不朽。细思物理坐叹息，人生安得如汝寿"。从这些诗句来比照苏轼的日后生涯，会发现苏轼因历史缥缈而时不时感到生命虚无。被虚无侵染的人，往往会更真实地服从内心，对名缰利锁反而有种超脱。所以，人有什么经历，有什么感慨，最后都归结为人有什么性格和思想。当时，苏轼年纪虽轻，毕竟诗书饱读，学问深研，自然比常人的思想深邃得多。

游过孔子庙后，苏轼步入的第二个寺庙为城北的开元寺。顾名思义，该寺建于唐开元年间，因其匾额为八角，寺内正殿也为八角，故又有"八角寺"一称。寺东数十步是历千年风雨剥蚀的秦穆公之墓，一股思古之幽情使苏轼写下了《诅楚文》一诗，"旧筑扫成空，古碑埋不烂"的感叹与《石鼓歌》一脉相承。苏轼游开元寺最觉兴奋的是，他在寺中亲眼见到了王维与吴道子的画作真迹。王维的竹画在寺外东塔，吴道子的"佛灭度"像则画在寺内九间大殿的后壁上。所谓"灭度"，即涅槃之意。王彭每日与苏轼谈佛，苏轼对画作中的喻义并不陌生。从寺外到寺内，苏轼一边观看一边赞叹不已，吴道子和王维生前便已享大名。苏轼见王维笔下的竹子"两丛交柯，乱叶飞动若舞"，生动无比。他原本以为"摩诘本诗老，佩芷袭芳荪"，不料却"今观此壁画，亦若其诗清且敦"，禁不住感叹"吾观二子皆神俊，又于维也敛衽无间言"。

苏轼因心仪王维之竹也开始画竹，其起步之地便是在凤翔开元寺观王维画作之后。

凤翔的前人遗作不只开元寺可循，县东北处的天柱寺同样有别样艺术。天柱寺吸引苏轼的是蠹于该寺的一尊"维摩像"，其塑像出自唐朝杨惠之之手。后人对杨惠之生平不甚了了，只知他年轻时与吴道子为画友，二人俱以南北朝时的梁朝张僧繇笔法为师。当吴道子名播四海后，不甘人下的杨惠之竟焚笔弃砚发愤为雕塑，日后作品终名震海内，其肖像画也可和吴道子一争雌雄。苏轼面对杨惠之留下的塑像，再次发出"见之使人每自失，谁能与诘无言师"的感叹。不论前人留下的艺术臻至何种境地，终究也在等待后人超越。在苏轼这里，他毕生自觉不自觉所为的就是以自己的全力以赴完成对一个个前人的超越，也将艺术的创作标准提高到后人望尘莫及的高度。

除了这些古迹之地，苏轼最感欣喜的是凤翔东门外有一方圆里许的东湖，东湖系雍、渭二水溢出而成，自北向南，绕城而流。据说，东湖即上古饮凤池，这也是凤翔一名的来由。陕西原本黄土高原之地，泥坚水少，此处竟有面大块出尘的清湖，令苏轼漫步于此时总想起"吾家蜀江上，江水清如蓝"。当然，东湖自比不得蜀地之水，但对身在他乡的游子来说，能有一排遣乡愁之所已是冥冥中的天意相待了。

除上面几处外，苏轼的漫游步履还包括普门寺、真兴寺阁、李氏园等地。当今人细读苏轼因"士大夫之所朝夕往来此八观者，又皆跬步可至，而好事者有不能遍观焉，故作诗以告欲观而不知者"所写的组诗《凤翔八观》后，大约能判定他反复去得最多的地方必然是能慰其乡愁的东湖，今人到此，也仿佛能见其留在亭中饮酒的寂寞身影。

苏轼明知自己身为文官，将依"三年一迁"的朝廷之规，自不会长居凤翔，还是动手在自己的住宅院落北面开池四方种树，最后落成了一个"身闲酒美"的江南庭院，杏花窈窕，池中游鱼，终能"坐看花光照水光"。苏轼不无喜悦和感慨，顺手写下两首《新葺小园》，第二首较第一首复杂，兹录如下：

> 三年辄去岂无乡，种树穿池亦漫忙。
> 暂赏不须心汲汲，再来惟恐鬓苍苍。
> 应成庾信吟枯柳，谁记山公醉夕阳。
> 去后莫忧人剪伐，西邻幸许庇甘棠。

说一首诗歌复杂，是因为诗歌蕴含的情感复杂。面对这首七律，能发现苏轼对仕途的清醒认识，也能体会他对自己亲建园林的明日预想。"再来惟恐鬓苍苍"确乃辛酸之句，也是对世事茫茫的一种预感：很多地方，你只能留下足迹，然后永远离开。此时，苏轼还未领教政治的残酷实质，他体会的仍是比政治更为真切的情感实质。从诗歌结句看，苏轼倒并不担心自己离去后的园林，作为"西邻"的宋选会任他手种的"甘棠"荒芜。

现实无情。苏轼用不了多久就会发现，当自己离开凤翔后，这里的一切将不复存在，因"西邻"不再是对自己顾遇深厚的宋选了。这是他应该想到而没有想到的事——既然自己会离开，那么宋选也会离开，而且还会比自己离开得更早。新任凤翔知州的陈希亮与宋选完全不同，在其身上苏轼也将会第一次看到政治的"神秘"面目。当然，无论从哪个角度看，苏轼既入仕途就必将遭遇各种不同之人，也必将遭遇各种不同之事，二者暗中所起的连锁反应将不可思议地贯穿苏轼一生。

四

对此时作为凤翔府节度判官的苏轼来说，虽有"西邻"宋选的厚待，有王彭等友人的交往，有妻子王弗的陪伴，还有十县风景远地的漫游，却仍比不上内心对弟弟苏辙的思念和期待。正是从凤翔开始，"怀子由"或"寄子由"三字就未间断地成为苏轼笔下的标题或副标题。

到凤翔第二年重阳节那天，"每逢佳节倍思亲"的苏轼谢绝了宋选安排的府会，独自走到普门寺僧阁，写下了"忆弟泪如云不散，望乡心与雁南飞"的感伤诗句。苏轼想念弟弟苏辙固然是一方面，另一方面他原本以为苏辙将很快到陕西，自己便可与弟弟相聚了。当时，朝廷已经敕封苏辙为"商州军事推官"了，而商州与凤翔都属陕西，相距只数百里，很容易便可相见。时间过了大半年，苏辙一直没有赴任。

在苏辙那里，未能赴任，既有表面原因，也有内在原因。

表面原因是能公开的原因，大多作为托辞而非真实原因。当时，京师开封无人不知奉旨修纂《礼书》的苏洵年过半百，妻子程氏已故，长子苏轼外任凤翔，留在身边的只有次子苏辙。所以，苏辙上奏的原因也是以父亲苏洵"傍无侍子，乃奏乞养亲三年"为由，暂不赴任。

内在原因不能公开，不能公开的又往往才是真实原因。苏辙未能赴任，与时为知制诰的王安石不无关系。后人虽将王安石与苏氏父子同列"唐宋八大家"，但在当时王安石与苏氏父子的关系颇为恶劣。首先，王安石对苏氏父子文中纵横捭阖的《战国策》余风颇为不喜，曾对吕公著明言"自己若为考官，决不会录取苏轼兄弟"。这不是苏轼兄弟文章质量问题，而是王安石和苏轼兄弟政见对立的问题。"学而优则仕"固然不错，但如何为仕，取决于认可何学。其次，苏洵与项城令姚辟一同修纂《礼书》，后者恰恰出自王安石门下，苏洵对王安石的言论自然容易传入王安石耳中。退一步说，即便姚辟不喜论人是非，但愿意捕风捉影的告密者有多少，无论哪朝哪代都无法统计出一个数字来。至于苏洵对王安石的态度，后来苏轼任杭州知州时结识的友人方勺在《泊宅编》中有载，说是在王安石抵京后，素喜人才的欧阳修即劝苏洵与王安石交往，不料苏洵见过王安石后非但不与其交往，还写了篇攻击性十足的《辨奸论》——不论近代梁启超等人如何论证其为伪作，该文的言辞犀利令人读来心惊肉跳——"今有人，口诵孔、老之言，身履夷、齐之行，收召好名之士、不得志之人，相与造作言语，私立名字，以为颜渊、孟轲复出，而阴贼险狠，与人异趣，是王衍、卢杞合而为一人也，其祸岂可胜言哉"。

《辨奸论》文中提到的王衍是晋末重臣，颇有时名。嵇康的朋友山巨源看王衍一眼后说道,"误天下苍生者,必此人也"。果不其然的是,"八王之乱"爆发后,王衍送东海王司马越灵柩回东海时,被南掠华土的羯人石勒俘获,王衍不仅无大义,竟劝石勒称帝,反被鄙其为人的石勒活埋。卢杞则是唐德宗时期宰相,奸诈权谋。郭子仪对卢杞的评价是,"此人得志,吾子孙无遗类矣"。

今苏洵将王安石比作王衍、卢杞二人,如何不令王安石怒火填膺,何况文中还直言其"阴贼险狠"。更令王安石耿耿于怀的是,苏洵写该文前恰逢王安石丧母,众官皆去吊唁,唯苏洵不仅不去还写下该文,就连苏氏兄弟读后也发出"其甚矣"的叹息。自此,王安石与苏洵交恶。

苏辙若赴任商州,必得由知制诰的王安石撰辞同意不可。但王安石因苏洵而衔怒于心,不肯动笔,苏辙的赴任之事就这样耽搁下来。对苏辙来说,未及弱冠便金榜题名,又被宋仁宗亲策于廷并列为四等,本当前程无量,却被王安石卡住喉咙动弹不得,一年蹉跎下来只觉意气消磨。苏轼自是又怜又痛,却只能在一筹莫展之下写诗相劝弟弟苏辙,有名的"惟有王城最堪隐,万人如海一身藏"便是于九月病中写给弟弟的诗句。

这次病中提笔共有三首,总题为《病中闻子由得告不赴商州三首》,上述两句出自第一首,而第二首提到一人——章惇。对苏轼来说,此时他根本不可能想到,章惇将会直接决定自己不无凄怆的晚年命运。

先看这首诗:

近从章子闻渠说,苦道商人望汝来。

说客有灵惭直道，逋翁久没厌凡才。

夷音仅可通名姓，瘿俗无由辨颈腮。

答策不堪宜落此，上书求免亦何哉。

这首诗第一行所写的"章子"，即当时的商州县令章惇。章惇比苏轼年长两岁，与苏氏兄弟为同科进士。当苏轼至凤翔为官时，章惇也往商州为令，二人书来信往不少，尤其苏辙被任商州军事推官已有一年却迟迟未能赴任事。章惇不明究竟，一次次"望汝来"的期待直接成为苏轼这首诗的第二行，从中也可见章惇当时对苏轼兄弟抱有的由衷情谊。

不过，苏轼即便与章惇同科及第，却到嘉祐八年（1063）秋天才彼此见面，地点是长安。

依朝廷之例，礼部每两年进行一次解试。所谓"解试"，也就是宋朝"解试""省试""殿试"三级考试制中的第一级，到明、清时更名为"乡试"。宋仁宗嘉祐二年（1057）、四年（1059）、六年（1061）、八年（1063）秋，均有解试考试。南宋曾慥在《高斋漫录》中说得清楚，"苏子瞻任凤翔府节度判官，章子厚为商州令，同试永兴军进士"。就是说，当年苏轼和章惇都往长安为考官，主考官则是苏轼赴任途中在长安见到的刘敞。刘敞对苏轼和章惇二位青年才俊，"皆以国士遇之"。苏轼、章惇二人书信早频，自是一见如故，立成莫逆之交。

当时发生一事，很能见出苏轼、章惇二人的不同性格。

因差试官开院，苏轼、章惇二人同途前往，路过一山寺时见四处秋景怡人，决定小饮片刻。正喝得尽兴，有人来报说前面出现一只老虎，苏、章二人不惊反喜，趁酒兴乘马迎去。距老虎数十步时，苏、章二人虽不惧，马匹却惊得不敢再往前一步。苏轼说了句"马犹如此，著甚来由"，便转过马头想走。章惇却是不惧，继续鞭马上前。到老虎身旁时，章惇取出一面铜沙锣猛敲，老虎竟受惊而逃。章惇得意扬扬地回转后，对苏轼说道："子定不如我。"这是章惇的自负，苏轼也承认"子厚奇伟绝世，自是一代异人，至于功名将相，乃其余事"。意思是像章惇这样的人，日后出将入相，必如探囊取物。事情也确是如此，在整整三十年后，章惇于宋哲宗元祐八年（1093）出任尚书左仆射兼门下侍郎，成为百官之首。苏轼此时能预见章惇来日，却预见不到章惇为相后的第一件事就是将年已五十九岁的自己贬往惠州，此为后话。

不过，苏轼绝非因章惇不怕老虎就以为他将日后拜相，而是在交往中对章惇的了解日深后的认识。这一点从《道山清话》载录的另一件事中可见。某日章惇正坦腹而卧，见苏轼进来，手抚肚腹问道："公道此中何所有？"苏轼半开玩笑地答道："都是谋反底家事。"章惇闻言大笑，说："谋反当然不可能。"苏轼的意思是章惇满腹机谋，也是称他为"一代异人"的另一种说法。彼时，苏轼、章惇二人都还年轻，无伤大雅的话只会增加亲密之感，谁也不可能想到二人日后将成为势不两立的政治对手。但从当时事也可预见，若二人政坛交锋，苏轼还真不是章惇对手。

除了去长安为考官结识章惇外，该年还有两件事对苏轼造成了深远的影响。

五

事情发生在苏轼为考官之前。第一件事是，嘉祐八年（1063）
三月二十九日，在位四十二年的宋仁宗驾崩，时年五十四岁。苏轼
历经四朝天子，宋仁宗是唯一对其由衷赞赏之君。十六年后，即元
丰二年（1079），"乌台诗案"爆发，押入开封的苏轼命悬一线，幸
好当时的太皇太后告知宋神宗，说苏轼当年中举时宋仁宗回宫后极
为兴奋，对时为皇后的曹氏说自己年老，新得的两个青年才俊可留
给子孙做宰相——他嘴里的青年才俊便是苏氏兄弟——今若对苏轼
因言治罪，如何对得起先帝之言？太皇太后固然是为苏轼求情，却
也说明当年宋仁宗对苏轼的喜爱达到了非比寻常的地步。设想一下，
假如宋仁宗再多十年之寿，不仅宋朝乃至中国的后世历史将变，苏
轼的仕途也将免去日后的不少坎坷和波折；王安石的仕途也将改变，
其雷厉风行的变法或将推迟，或将不复存在。但历史从来没有假设，
宋仁宗在苏轼刚刚踏入仕途的第一站便驾崩，就客观上决定了苏轼
往后命运的难以预料。

第二件事与当时的苏轼密切相关。嘉祐八年（1063）正月，宋
选被罢凤翔知州，时隔半年一个叫陈希亮的眉州青神县人于六月到
任。《宋史》称陈希亮"目光如冰，平生不假人以色，自王公贵人，
皆严惮之"，刻画了一幅不近人情的肖像。陈希亮上任后，岂止不近
人情，还架子十足。按规制，因新官初履，僚属们自当前去谒见。
当苏轼与王彭同去谒见陈希亮时，陈希亮命人传言，要苏、彭二人
在外等候。不料，苏、彭二人等得昏昏欲睡也不见陈希亮来召，竟

是见不能见、走不能走。王彭究竟是武将出身，连胡须间都喷出了怒火。苏轼也终于按捺不住，提笔写下《客位假寐》一诗来直接发泄：

> 谒入不得去，兀坐如枯株。
>
> 岂惟主忘客，今我亦忘吾。
>
> 同僚不解事，愠色见髯须。
>
> 虽无性命忧，且复忍须史。

这首诗在苏轼作品中算不得上品，却将官场等级勾勒得活灵活现。不过，估计平素读到苏轼诗必"拊掌欢然终日"的王彭拿到手上后，不仅无欢悦，还得无可奈何地苦笑。苏轼虽写有"无性命忧"，反令人惊诧他怎么有此一想？大约当时的空气紧张到使人觉得有"性命忧"，苏轼才作此自我安慰之句。

令人难解的是，陈希亮到凤翔后的不少行为都毫不掩饰地针对苏轼。当时，凤翔府差役们都喜欢苏轼洒脱的性格，感觉其做人行事无不令人钦佩，习惯称苏轼为"苏贤良"。该称呼在前任知州宋选听来恰如其分，在现任知州陈希亮耳中就是另一回事了。某日，一差役给陈希亮汇报州务，提到苏轼时仍以"苏贤良"相称，陈希亮立刻勃然大怒，喝道："府判官何贤良也！"意思是一个府内的小小判官，如何当得上"贤良"二字？陈希亮生气也就罢了，竟命人将差役拖下去狠狠打了一顿板子。皮肉之苦虽是差役受了，但人人看得明白，陈希亮无非打鸡骂狗，一腔不满完全冲着苏轼而来。

苏轼自不知陈希亮对自己态度恶劣是何缘故，却因此对官场的种种莫测有了亲身体会。在陈希亮之前，遇到苏轼之人，无论官职大小，都敬其品、慕其才，唯独陈希亮对苏轼的才学漠然视之。更令苏轼难堪的是，他眼下虽因年轻只能做个"掌五曹文书"的判官，自己倒没什么抱怨之辞，毕竟仕途路长得一步一步去走，但为府内做些应景小品和公务杂言自是绰绰有余。以往宋选为州府时，对苏轼文字欣赏不已；现在陈希亮为州府，每次拿到苏轼呈上的公文没哪篇不提笔涂改，然后才将墨迹斑斑的纸函交还苏轼，重写也就罢了，重写的稿子居然又被陈希亮再次涂改，如此反复再三才算满意。

对文人来说，没有比这更大的羞辱了，更兼苏轼年少气盛，与陈希亮发生多次争执。陈希亮究竟为一州之长，二人的争论结果无不以苏轼既委屈又愤怒却终究不得不服从为结束。常人看官场人物，只见其志得意满的一面，殊不知入官场之人必尝官场之苦辣，尤其他人难见的内心伤害更是难免。这也是苏轼在书本之外，必然要上的现实一课。

六

与陈希亮关系难处，回避自然是最好的选择。机会很快来了。因七月一直大旱，苏轼提出欲往礌溪求雨，陈希亮当即批准。苏轼遂于七月二十四日离开天兴县，先到虢县住得一晚后，于次日渡渭水。当夜在一僧舍投宿，就寝后心头郁闷，睡到半夜也没睡着，起来后听得外面深谷留风，抬头又见乱山衔月，索性在庙内游走。在一壁上见到虢县的前任县令赵荐的留名，顿起"故人渐远无消息，古寺空来看姓名"的感慨。对这时的苏轼来说，久离父亲和弟弟，仕途备感压抑，赵荐是与自己关系亲密的故友如今也调离他处。此刻，苏轼的心情与初来凤翔时的踌躇满志相比落差太大，哪里还睡得着，看看时间已到五更，干脆命随从起身连夜赶路。

天还没亮时，磻溪已至。迎面山影蒙蒙，感觉竟像是进入峡谷一般，随从们的火把更是惊得猿声大起。其时，山头明月未逝，石上露水冷肤，倒很是吻合苏轼此刻的寥落心情。

天亮后，随从都惊讶于苏轼并未在此下令求雨，而是继续往山谷西北的阳平镇出发，一直走到麻田青峰禅寺中一个叫翠麓亭的下院才歇脚。苏轼在寺门外抬头看天，只见万里无云、烈日如炙，不由得发出"安得云如盖，能令雨倾盆"的感慨。此前，嘉祐七年（1062）也是天旱已久，时任凤翔知州宋选于三月十九日亲率千骑前往真兴寺阁求雨，当日果然便"云阴黯黯将嘘遍，雨意昏昏欲酝成"，从黄昏开始微雨变大雨，竟一连下了三日方停。苏轼兴奋不已，写下《真兴寺阁祷雨》一诗。苏轼至今对"今年秋熟君知否，应向江南饱食粳"的诗句记忆犹新，此时自己率人求雨，不知能否也如愿以偿。

对苏轼来说，此行既是求雨，也有一隐秘心愿。因此，苏轼求雨之地不是在宋选求过的真兴寺阁，也不是他对陈希亮说过的磻溪，而是一处比一处更远的内心计划之地。众人在翠麓亭休息一天后，翌日从阳平镇前往斜谷。斜谷属郿县，县西南三十里处便是天下闻名的道教名山终南山了。另外，郿县又叫斜城，因城南有条一百七十里长的斜谷而得名。从苏轼"骑马夜入南山谷"的诗句可见，一行人到斜谷时天色已晚，遂在山中的蟠龙寺中休息。翌日，苏轼率人北出斜谷，到下马碛休歇于北山僧舍。僧舍内有一阁，名为怀贤阁。所谓"怀贤"，便是怀念诸葛亮。下马碛为三国时重要基地，而怀贤阁西便是诸葛亮病逝的五丈原。

其实，古往今来，没有哪个文人躲得开抚今追昔的情感波动。《太平寰宇记》将诸葛亮事迹写得明白，"青龙二年，诸葛亮出斜谷，郭淮策其必登积石原，遂先据之。亮至，果不得上，因屯渭南。司马懿谓诸将曰：'亮若出武功，依山东转者，是其勇也。若西上五丈原，诸君无事矣。'亮果屯此原。"后面的事就无人不知了，诸葛亮病逝五丈原，为后人留下千年不息的慨叹。

至此能够看出，苏轼所走之路便是八百多年前的诸葛亮所走之路。苏轼到斜谷既是求雨，也是追寻诸葛亮的历史遗踪。千百年来的文人墨客，面对诸葛亮的心中所感，无不饱含杜甫笔下"出师未捷身先死，长使英雄泪满襟"（《蜀相》）的痛惜之情。追怀诸葛亮更是一代代负有奇志的文臣的梦想，毕竟读过那么多圣贤之书，如何会没有"修身齐家治国平天下"的渴望？当一个步入仕途的文臣郁郁不得志时，几乎没有谁不会想起诸葛亮，甚至暗中自比诸葛亮者：他们或者渴望有明君对自己效仿一次三顾茅庐，或者觉得诸葛亮身上寄托了自己的生平之志，或者觉得自己也有资格"宗臣遗像肃清高"（杜甫《咏怀古迹五首·其五》），当经受现实打击后更会在诸葛亮"功盖三分国"（杜甫《八阵图》）的业绩中渴盼找回重整旗鼓的自信和自负。

当苏轼站在千年前的诸葛亮出师之地，他内心的涌动必千回百转，挥毫而就的诗歌也吐尽了当时的心头块垒：

南望斜谷口，三山如犬牙。

西观五丈原，郁屈如长蛇。

有怀诸葛公，万骑出汉巴。

吏士寂如水，萧萧闻马楇。

公才与曹丕，岂止十倍加。

顾瞻三辅间，势若风卷沙。

一朝长星坠，竟使蜀妇髽。

山僧岂知此，一室老烟霞。

往事逐云散，故山依渭斜。

客来空吊古，清泪落悲笳。

　　从诗末可见，当时的苏轼毕竟年轻，些许挫折便难以自遣。当然，这也是初入仕途的人遭受打击后的内心起伏，官场的核心本质就是随着时日慢慢消磨一个人的棱角。具体到苏轼，就是不想被官场改变自己，但不想改变，就必将付出一定的代价。在以后的人生中，苏轼将一再品尝这不得不品尝的滋味。

　　苏轼此次求雨是否成功，史书未载。有记录的是，苏轼返回凤翔后，没有预料到自己会毫无征兆地被罚铜八斤。原来出发前正逢中元节，苏轼没有按常例将此事报到知府厅，于是"人不敢欺"的陈希亮恼怒之下将此事上奏朝廷。当苏轼从斜谷回来后，朝廷的处罚也到了。事情表明，苏轼与陈希亮的不合之事，连刚刚登基不久的宋英宗也知道了。当然，朝廷知道归知道，地方官之间有摩擦也属正常，宋英宗自不会多问。但奇妙的是，没过多久，苏轼与陈希亮的关系却缓和了下来。

七

从苏轼日后所写的《方山子传》来看，他与陈希亮的和解时间大约是从斜谷返回后不久。某日，苏轼骑马出门，到岐山脚下时，忽见一青年催马而出，身后跟着两名随从，三人各自张弓夹箭：那两名随从见到前有喜鹊，发箭射去，俱是不中；那青年纵马而出，张弓一箭，便将喜鹊射将下来。苏轼见那青年英姿勃发，箭法高超，立时喝彩。那青年见苏轼器宇不凡，当即上前，二人于马上交谈。令苏轼意外的是，对方竟是陈希亮的第四子陈慥。

苏轼与陈希亮关系紧张，却和陈慥一见如故。前文说过，王安石不喜苏氏父子文章，是觉得他们的文章不无战国时的策士气息。这点王安石没有看错，苏洵的《几策》和《权书》等作品读来如闻战国苏秦、张仪的雄辩之舌，极具蛊惑性，所以苏氏父子虽以文名传世，内心却不无兵家思想。在"重文轻武"的宋朝，欧阳修欣赏苏氏父子的文采与激情，但王安石嗅到的则是文字中的火药味和三寸不烂之舌的狂妄感。王安石反感苏氏父子文章的策士气息，不等于其他人也反感。陈慥自幼不喜文，最为仰慕汉代朱家、郭解等游侠之士，嗜酒好剑，挥金如土，对兵法了然于胸，其年纪虽轻，却以"一世豪士"自诩。此时，陈慥和苏轼在马上谈到各家兵法和天下成败兴奋不已，二人俱起知己之感。从这件事可见，苏轼性格里喜交朋友，绝不因自己和陈希亮有隙就对其子也生反感。陈慥的言行和性格颇合苏轼喜好，自然就与其频繁交往，陈慥也成苏轼终生之友。十九年后的元丰三年（1080），苏轼被贬黄州，当时迁居岐亭

（今湖北省麻城市）的陈慥将苏轼请入家中做客五日，后又七赴两百里外的黄州拜访苏轼，足见二人情谊深厚。此为后话。

数月后，陈希亮拟在凤翔府衙署后园修建一座"凌虚台"，以便公事疲累时远观终南山解乏。古人修台建阁，少不了刻文立碑。陈希亮虽喜涂改苏轼文字，却知苏轼才学无人可比，遂命苏轼为"凌虚台"作记。接得任务后，苏轼不无报复性地先说陈希亮对自己"求文以为记"，然后一盆冷水浇下——语气尖刻地写道："夫台犹不足恃以长久，而况于人事之得丧，忽往而忽来者欤！而或者欲以夸世而自足，则过矣。盖世有足恃者，而不在乎台之存亡也。"这几句话的意思明显，没有任何凭证能说一座高台会长久，何况一些人事的得失都不过在时间里来去匆匆，若有人想以高台来夸耀自己会进入不朽乃好笑之事。世间确有永恒之物，却不是一座高台能左右的。

苏轼将这篇讥讽味十足的《凌虚台记》呈上后，料想陈希亮必雷霆震怒，意外的是，这次陈希亮大反常态在读后一字未改，命人全文刻石。事情不只苏轼意外，凤翔府的其他官员也觉得意外。有人忍不住问陈希亮缘故，陈希亮哈哈一笑，说道："吾视苏明允犹子也，某犹孙子也，平日故不以辞色假之者，以其年少暴得大名，惧夫满而不胜也，乃不吾乐耶！"这句话的意思是，我一直将苏洵视为儿子，将苏轼视为孙辈，平时对他严格，是担心他年纪轻轻暴得大名，一旦骄傲自满，岂不自毁前程。

苏轼至此方知，陈希亮既为自己前辈又是自己同乡，如何一直针对自己，原来有此苦心在内，不禁大为感动。以陈希亮此言观之，确见陈希亮被《宋史》称"以乡里长老自视"真还不假。陈希亮比苏洵只年长五岁，居然视其为子，若苏洵听到此言，恐怕也只能苦笑。

到第二年即治平元年（1064）十一月仲冬，下起雪来，陈希亮雅兴骤起，招手下官员们到凌虚台饮酒赏雪，饮至酒酣耳热时，台前忽然有雁飞过，陈恺弯弓劲射。苏轼眼见暮色苍茫，耳闻雁鸣弓响，内心豪气陡涨，情不自禁写下一诗，但其中再无任何讥讽之句，也可见他与陈希亮二人已亲近到不受任何拘束：

> 才高多感激，道直无往还。
> 不如此台上，举酒邀青山。
> 青山虽云远，似亦识公颜。
> 崩腾赴幽赏，披豁露天悭。
> 落日衔翠壁，暮云点烟鬟。
> 浩歌清兴发，放意末礼删。
> 是时岁云暮，微雪洒袍斑。
> 吏退迹如扫，宾来勇跻攀。
> 台前飞雁过，台上雕弓弯。
> 联翩向空坠，一笑惊尘寰。

暂时撇开诗中与陈希亮尽释前嫌之意，从整首诗展现的意境看，奠定苏轼日后豪放诗风的种子已不知不觉地播下。还让人看到的一点是，苏轼不是身在官场就一定得服从官场规矩，无论何时何地他始终只服从自己的性格，该悲伤时就悲伤，该欢喜时就欢喜，该怀念时就怀念，该交游时就交游。苏轼在凤翔识人不少，唯独对"为政严而不残"的陈希亮充满敬佩之情。陈希亮于翌年即治平二年（1065）四月去世，直到十六年后的元丰四年（1081），贬谪至黄州已达一年的苏轼应陈憷之请为陈希亮撰传，文中写有自己当初因"年少气盛，愚不更事，屡与公争议，形于言色，已而悔之"句。当时，苏轼刚刚经历九死一生的"乌台诗案"，回顾当年初仕意气，自是感慨万千。今天再读此句，还能体会苏轼写下"悔之"二字的另外一个原因——当他与陈希亮的关系云开雾散之日，也恰恰到了自己离开凤翔之时。

八

早在宋仁宗庆历三年（1043）九月，范仲淹在陈述其新政纲领的《答手诏条陈十事》中解释过一个名词："今文资三年一迁，武职五年一迁，谓之磨勘。"苏轼于嘉祐六年（1061）十二月到任，今已治平元年（1064）十二月，不多不少恰好三年。十二月十七日，苏轼结束了签书凤翔府节度判官厅公事一职，奉诏"自凤翔解官归京师"。

苏轼手捧"自凤翔解官"的诏书百感交集，人总是在离开时才觉时光如电。苏轼想起自己在凤翔三载恍如一梦，此刻千言万语，竟不知从何说起。不过，苏轼自己都有些惊异的是，在凤翔所写诗歌已达到了一百二十五首之多，其中一半为想念弟弟苏辙而作，其他则为耳闻目见而写。就创作而言，这是苏轼继《南行集》后风格渐成的第一座高峰；就仕途而言，三年收获不小，所遇奇事也多，譬如开元寺僧人对其赠送不可思议的"烧金方"，据言按此经方即可炼出黄金，苏轼临走时将其送给了陈希亮。还令苏轼特别有感触的是妻子王弗，后者"常以慎于行事与交游为戒"，弥补了他自己的性格所缺，从此更为相敬。另外，于公事之外，苏轼还曾在终南山得古器，张舜民随其从游，至于登骊山、游楼观等风景之地更是数不胜数，这些人生足迹都在诗歌中留下了。

终于要离开凤翔了，苏轼再次携带家眷前往京师。苏轼告辞陈希亮父子取道开封，赴长安时拜见了有"草圣三昧"之称的当世书法大家石苍舒。石苍舒邀其作诗，苏轼遂以《石苍舒醉墨堂》为题，写下了以"人生识字忧患始"为起句的千古传诵之诗。对苏轼来说，不论是始觉"忧患"也好，还是始觉仕途的千般奥秘也好，最为兴奋之事是不久便可见到父亲苏洵和弟弟苏辙了。

辞别石苍舒，苏轼从长安至东北向两百多里的华阴县后便大雪不止，只得暂停行程。当苏轼想起三年前弟弟苏辙送自己至郑州西时冬雨连绵，四处积雪未化，再也抑制不住似箭的归心，写下一首《华阴寄子由》的七律：

> 三年无日不思归，梦里还家旋觉非。
> 腊酒送寒催去国，东风吹雪满征衣。
> 三峰已过天浮翠，四扇行看日照扉。
> 里堠消磨不禁尽，速携家饷劳骖騑。

在苏轼任职凤翔三年间写给弟弟苏辙的全部诗歌中，这首读来令人格外动情，毕竟这是近在眼前的明日期待，但大雪封路，明日却迟迟未至。此刻，在苏轼的行囊中，除了给父亲苏洵准备的一幅吴道子《四菩萨》画作为礼物外，给弟弟苏辙的就是一首首为其而写的诗歌了。当然，不管苏轼如何觉得"人生识字忧患始"，他的内心最确信的是弟弟苏辙会始终陪伴自己的种种情感，也将陪伴自己的种种经历。三年下来，苏轼承认自己是"御风归汗漫，阅世似蜉蝣"。东汉高诱注《吕氏春秋》时曾解释："汗漫，不可知之也。"认识到人世的不可知之，才是对人世的真正认识。苏轼体会到这一点，也就是体会到了人世广大，而"明日"给他自己的将是更为深入的"阅世"。所以，苏轼将在一个个来临的"明日"中，体会更多的"阅世"之事。与之相应的是，阅世越多之人，越易被世事成就，也越易被世事毁灭。

第三章 开封沉浮

——翁今自憔悴，子去亦宜然

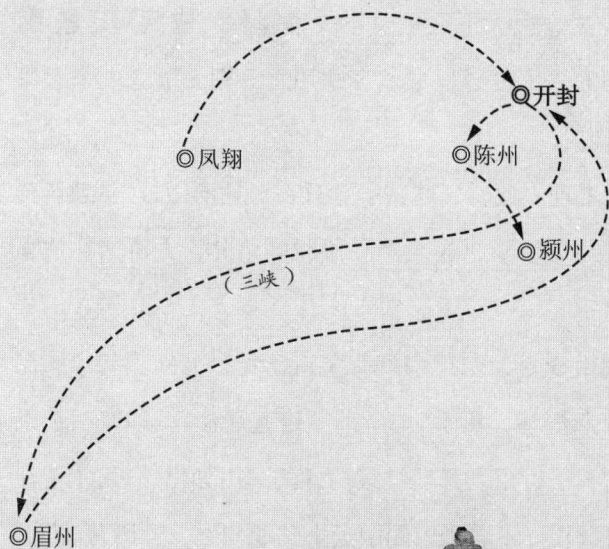

◎凤翔

◎开封

◎陈州

◎颖州

（三峡）

◎眉州

一

终于回到京师时，已到春暖花开的治平二年（1065）二月，正值而立之年的苏轼被除判登闻鼓院，行呈递表疏之事——该职位对苏轼来说显然大材小用。到五月时，龙图阁直学士吕公著举荐苏轼学士院试策。宋英宗做太子时就久闻苏轼其名，打算将苏轼直接越级升迁召入翰林，授起草诏令的知制诰一职。

在宋英宗眼里，一般人要经过考试才知有没有能力和究竟适合什么职位，但苏轼是无所不能之人，自可破格擢用。不料，平素对苏轼赞赏有加的宰相韩琦这次却坚决反对。面对宋英宗亲询，韩琦的回答有自己的深思熟虑，"轼之才，远大器也，他日自当为天下用，要在朝廷培养之，使天下之士莫不畏慕降伏，皆欲朝廷进用，然后取而用之，则人人无复异辞矣。今骤用之，则天下之士未必以为然，适足以累之也"。

韩琦的话不无道理。此时，苏轼毕竟只在凤翔府做过三年判官，虽才学惊人，资历终究不够，还须经一段时间培养，方可堵住他人之口，为朝廷重用。

见韩琦反对理由充足，宋英宗没有坚持己见，又问了句"知制诰既未可，且与修起居注，可乎"。所谓"修起居注"，即专门记录皇帝的言行，堪为天子近臣。韩琦继续劝谏的理由如出一辙，"记注与制诰为邻，未可遽授。不若于馆阁中近上贴职与之，且请召试"。

在今天来看，宋英宗与韩琦的这段对话对苏轼仕途影响颇大，使之未能步入更高一层的官职。由此可见，改变人命运的，往往是瞬间之事或他人的三言两语。在很多时候，人提前身入不一样的位置，会为未来埋下不一样的种子。现在这颗种子被播入另外的土壤，宋英宗诏令苏轼为直史馆，该职位得经一两年锻炼，才能担起如知制诰那样的重任。

随后发生了一件小事，倒让人看到了苏轼的性格。当一众执政官中有人将韩琦与宋英宗的对话告知苏轼时，苏轼说道："公所以于某之意，乃古之所谓君子爱人以德者欤！"这件事透露出两个信息：一是朝廷没有任何可称隐私的事件，哪怕皇帝与臣子的单独交谈，也总有神秘莫测的渠道将之流传于外；二是苏轼胸襟坦荡，韩琦同样无个人私见，但他们并不能保证大宋这艘船只上的其他水手们也将勠力同心。当两年后宋神宗即位，王安石拉开"熙宁变法"的序幕，司马光、范镇、苏轼等人都因反对新法而或主动或被动地先后离京，那时无人预见大宋明日将遭遇怎样的险风恶浪。当大宋这艘船只最终沉没海底时，这些名震当时的人物都已作古，但若追根溯源，曾经制定朝廷决策之人，谁又真正脱得开干系？苏轼以为阻拦自己进翰林的韩琦有古人君子之风，却不等于自己的人生也将被君子之风庇护。接下来一年不到，苏轼就猝不及防地遭遇了两次重大家庭变故的打击。

二

第一次打击是韩琦与宋英宗对话不久后的五月二十八日，苏轼二十七岁的妻子王弗病故。王弗嫁给苏轼时，尚值十六岁的碧玉年华，苏轼也才十九岁。苏轼、王弗二人少年结发，情深意笃。在苏轼翌年为妻子王弗撰写的墓志铭中，有两段话能见出二人的深厚感情和王弗的过人见识。

第一段话是苏轼回忆二人新婚燕尔时，"其始，未尝自言其知书也。见轼读书，则终日不去，亦不知其能通也。其后，轼有所忘，君辄能记之。问其他书，则皆略知之，由是始知其敏而静也"。意思是苏轼与王弗结婚时并不知妻子幼读诗书，王弗也从来不提，只是当苏轼念书时，王弗总终日相伴，似不觉书本枯燥。当苏轼忘记一些书中之言时，王弗都能随口说出。惊讶之余，苏轼再问妻子其他书，王弗无不应答如流。苏轼对妻子的才思和安静性格极为喜爱。

第二段话是关于苏轼初入官场时，"从轼官于凤翔。轼有所为于外，君未尝不问知其详。曰：'子去亲远，不可以不慎。'日以先君之所以戒轼者相语也。轼与客言于外，君立屏间听之，退必反覆其言，曰：'某人也，言辄持两端，惟子意之所向，子何用与是人言。'有来求与轼亲厚甚者，君曰：'恐不能久，其与人锐，其去人必速。'已而果然。"这句话是说，苏轼在凤翔时，每次办事回来，王弗都会仔细询问所办事情的来龙去脉，并时时提醒丈夫，在初来乍到的陌生之地为人做事必得谨慎。另外，每当苏轼在家中会客时，王弗总立于屏风后倾听，待客人走后，王弗会帮助丈夫分析他与客人间的对话，并以自己的判断给丈夫建议，什么人可交，什么人不可交，事后往往证明王弗的话无不正确。所以，王弗的去世，对苏轼来说不仅失去了一位贤妻，还失去了一位贤内助。《亡妻王氏墓志铭》中有"余永无所依怙"六字，可见苏轼当时痛苦之深。就连苏洵也不无感伤地说道："妇从汝于艰难，不可忘也。他日，汝必葬诸其姑之侧。"

苏轼接受父命，但因初回京师一时无法返回巴蜀，便将妻子王弗待葬于京城之西。不料，一年未满，即治平三年（1066）四月二十五日，时年五十八岁的苏洵也病逝于京师。无论从哪方面看，苏洵都是对苏轼产生决定影响的第一人。当苏轼八岁入天庆观道士张易简门下就读之前，苏洵已对其亲做学问发蒙。最令苏轼无日或忘的，是父亲苏洵带着自己和弟弟千里跋涉赴开封应考。当苏轼与弟弟苏辙金榜题名后，父亲苏洵只被赵抃举荐为秘书省试校书郎，后为河北霸州文安县主簿，与项城令姚辟修纂《礼书》。苏轼兄弟自然知道，父亲苏洵修纂《礼书》虽一丝不苟，笔下重心却始终是废寝忘食地撰写《易传》，今因一场"风气不和"的小疾未加留意，竟骤然加重到药石难医的地步。

面对未酬心愿，苏洵临终前交代苏轼，命他将自己未修完的《易传》完成。"泣受命"的苏轼还无从预料，当他终于完成父亲遗命时自己已年过花甲，人也被贬至天涯海角的海南儋州了。此为后话。

苏洵虽未有进士之身，其才学却早得欧阳修由衷赞赏。若以官位论，苏洵的文安县主簿是微不足道的九品小官，与高居庙堂的欧阳修、司马光等人不可同日而语，但在后者眼里苏洵的才学令人敬慕。在苏洵卧病期间，欧阳修一连写来三封致候信函；当其去世，司马光不仅亲来吊唁，还在苏辙请求下为去世八年的苏洵之妻程氏撰写墓志铭。苏洵的墓志铭则由欧阳修亲撰，为其"盖棺论定"。当苏轼将父亡之事上奏朝廷，宋英宗也"闻而哀之"，于六月九日赠故去的苏洵为"光禄寺丞"，同时还赐双丝细绢和白银二百两用于安葬开支，苏轼兄弟二人谢恩却未受细绢白银。

辞别京师，苏轼、苏辙兄弟舟载苏洵和王弗的灵柩返蜀。

万国咸通的开封，在苏轼眼中又一次变得遥远和不可见了。

三

四川位于开封西南，因棺需舟载，苏轼、苏辙兄弟选走水路，船只就难免有些南辕北辙——先取东南而行，至泗州（今江苏省盱眙县东北）后，再东行至洪泽（今江苏省淮安市），然后逆长江下游，取西南向穿过安徽，进樊口（今湖北省鄂州市西部）。此时的苏轼当然无法预料二十八年后自己被贬惠州时，将以一模一样的水路穿过安徽全境，万千感慨自是难免。所谓感慨，就是世事沧桑了。

从苏轼和苏辙当时的年龄看，兄弟俩分别为三十一岁和二十八岁，都值激情鼎盛之年，却遭遇父母双亡之痛，尤其苏轼连妻子也躺在身边的棺椁里，心头自是凄楚，不免有"世事无常，人生多变"之叹。料不到的是，大宋一朝的变化也在降临。当兄弟俩船入三峡，还未进入险要的夔州云安下岩时，时间已是治平四年（1067）正月初八，朝廷变化横生，尚值三十六岁壮年的宋英宗因病驾崩，太子赵顼即位，是为对赵宋王朝将产生绝大影响的宋神宗。

不论苏轼对政治敏感与否，毕竟未入翰林，无权参与机要，他只在给明日状元许安世的一封回信中以"虽喜车旌之召，旋兴弓剑之悲"句，表达了自己对宋英宗驾崩、宋神宗登基的臣子心理。

四个月后，苏轼兄弟终于将父亲苏洵和王弗的棺椁护送到眉州故乡。

时光委实如电，自嘉祐四年（1059）十月初离开故里，已弹指八年光阴。眼前父丧妻亡，物是人非，不能不令人感到苏门不幸。难道是祖上不庇护后人吗？一日，苏轼兄弟在家中整理旧书时，发现父亲苏洵给祖父苏序撰有几页事迹残稿，苏轼心知，此乃父亲欲留祖父言行于后世而为，遂撰写了纪念祖父的《苏廷评行状》一文。完稿后，苏轼又于翌年春天给曾巩去信，函请其为祖父苏序撰写墓志铭。从曾巩《赠职方员外郎苏君墓志铭》中"故轼之先人尝疏其事，盖将属铭于子，而不幸不得就其志，轼何敢废焉，子其为我铭之"句可见，苏洵生前就有意请曾巩为父亲苏序撰写墓志铭，以了父亲遗愿。

到十月时，苏轼兄弟终于将父亲苏洵与母亲程氏合葬于眉州彭山安镇可龙里，墓边是苏轼兄弟亲手种下的密密青松。从苏轼当时写给眉州通判贾讷的"老翁山下玉渊回，手植青松三万栽"来看，苏轼兄弟为营建父母坟茔付出的精力和心血难以想象，虽"三万"棵青松非确数，却也绝非三五天就能种完。这大概也是苏轼兄弟四月扶柩回乡，十月才正式将父亲苏洵下葬的原因。

依苏洵生前之言，王弗也葬在苏洵夫妇墓地西北侧。

第二年，即宋神宗熙宁元年（1068）七月，苏轼兄弟守丧结束，但他们到除服四个月后的初冬十月才动身返京，其间缘由是苏轼续娶了王弗的堂妹王闰之。待苏轼婚后，兄弟二人将父母坟墓的照管事宜委托给堂兄苏不危及好友杨济甫，这才第三次踏上了从故乡往京师的长途。

翌年，即熙宁二年（1069）二月，苏轼兄弟风尘仆仆，再抵开封。恰在此时——具体日期是二月三日，宋神宗任命四十九岁的王安石为右谏议大夫、参知政事，使之正式步入大权在握的宰执行列，一场将影响大宋未来命运的"熙宁变法"终于拉开了序幕。苏轼也理所当然，将在天下震荡的变法激流中，劈面遇见自己从未预见过的人生剧变。

四

作为一个名词，"王安石变法"早进入中学历史教科书。但教科书终究缺失将事情来龙去脉说清楚的篇幅和必要，这里有两点不能不谈。

一是赵匡胤从后周的孤儿寡母手上夺得皇位后，心知掌兵权的武将一旦心生异志，势必再引天下动荡。于是，赵匡胤一方面"杯酒释兵权"，一方面定下"与士大夫治天下"的国策。赵匡胤或许能察觉却又无法消除的隐患是，"重文轻武"的策略定下后，始终对中原虎视眈眈的辽国与西夏武力方遒，自己的后世子孙有没有能力对付就得打上一个问号。到了宋太宗时，为一劳永逸地解决难题，宋太宗不惜两次御驾亲征，北上征辽，结果不仅军事失败，自己臀部还挨了两箭，伤势年年复发，不得不收住"削平天下之志"。到宋真宗即位后，辽国入侵，同样御驾亲征的宋真宗畏惧辽人兵势，在军势未落下风的情况下不顾寇准之谏，与辽国签订了"澶渊之盟"，以每年"银十万两，绢二十万匹"的岁币支付换来了宋辽间的马放南山。当知人善用的宋仁宗登基后，以"庆历和议"再息大宋与西夏兵戈，国家得到彻底的休养生息，经济发展至顶峰。但为进一步加强中央集权，宋仁宗奉行"恩逮于百官唯恐其不足"的笼络政策，导致官员贪权恋位，淬砺奋进之心渐失。面对土地兼并、庆历增币、兵变相继、贫弱已成的不安局面，时为参知政事的范仲淹于庆历三年（1043）九月上书《答手诏条陈十事》，明确提出"明黜陟、抑侥幸、精贡举、择长官、均公田、厚农桑、修武备、减徭役、推恩信、重命令"的主张，以达节省钱财的改革目的。宋仁宗准奏，诏令范仲淹、富弼、韩琦为三执政，欧阳修、蔡襄、王素、余靖为四谏官，主导实施新政。但仅过一年，新政触犯官僚利益，范仲淹、韩琦、富弼、欧阳修等人先后被排斥出朝廷，新政以彻底失败告终。

二是宋神宗即位后，先朝未能根除的问题愈加严重。日益加剧的财政亏空、饥民暴动，尤其每年供给辽国和西夏的岁币虽换来和平，却不等于强悍异族会真的任刀枪生锈——当西夏李元昊称帝，与宋爆发战争后，辽兴宗乘机大兵压境，迫使宋每年对辽再增岁币十万两。

是时，宋神宗心知"政事之先，理财为急"，遂涌起了改除弊政之意。善窥圣意的礼部尚书曾公亮将韩琦排挤为永兴军兼陕府西路经略安抚使后，向宋神宗举荐素有"矫世变俗之志"的王安石为相。韩琦离京时，虽以"安石为翰林学士则有余，处辅弼之地则不可"的诤言劝谏宋神宗，但王安石以一篇《本朝百年无事札子》对宋神宗亲问"祖宗守天下，能百年无大变，粗致太平，以何道也"的问题做出了"颇得天子之心"的回答。王安石在文中称赞过几位先皇的仁德后，痛感今日"精神之运，有所不加；名实之间，有所不察；君子非不见贵，然小人亦得厕其间"，导致"监司无检察之人，守将非选择之吏……虽有能者在职，亦无异于庸人"，最后总结大宋百年无事的原因是"虽曰人事，亦天助也"，力谏宋神宗"知天助之不可常恃，知人事之不可怠终，则大有为之时，正在今日"。

王安石的上书，既挠到了宋神宗痒处，也的确说到了点子上。亟盼富国强兵的神宗字字读完后，对王安石竟立有"李世民得魏征、刘备得诸葛亮"的振奋之感。该事发生在熙宁元年（1068）四月，苏轼尚在眉州守孝。当苏轼与苏辙翌年返京时，变法的雷声已在天边隐约作响，朝中人人皆知，自己的命运将在变法带来的狂风暴雨中改变。

苏轼和苏辙兄弟算是首先做出反应的一批人。

五

就变法目的而言，王安石是为扭转国家积弱积贫的现状，谈不上个人私欲；但穷究"变法"，乃从根本上进行权力洗牌。王安石虽从二十多年前的"庆历新政"失败中汲取了不少教训，但是因过于急切和自视太高，尤其在不无类似乌托邦理想的驱动下，不惜以"虽有能者在职，亦无异于庸人"的桀骜之言，将朝廷百官置于自己的对立面。以范纯仁一针见血的话来说，王安石简单粗暴地将朝廷大臣分为"弃公论为流俗，异己者为不肖，合意者为贤人"三类。这是王安石刚愎独断的性格体现，其后果既为派系提供了倾轧工具，也为宋廷从此陷入党争泥沼埋下悲剧的伏笔。

熙宁二年（1069）二月回京后，苏轼以殿中丞、直史馆之位再被授以判官告院兼尚书祠部的闲职，苏辙则在三月十六日被任命为制置三司条例司检详文字。所谓"制置三司条例司",乃王安石特地于二月请设,负责国家经济筹划,制定并颁布新法,为实施新政的最高权力机构,其主管人为王安石和知枢密院事陈升之。苏辙得入该司,倒不是王安石觉其才适其位而举荐,而是苏轼兄弟返京后自然要面对朝廷步入变法前的激烈气氛。三月九日,苏辙上书宋神宗,"臣所谓丰财者,非求财而益之也,去事之所以害财者而已矣。事之害财者三,一曰冗吏,二曰冗兵,三曰冗费"。

苏辙看到的"害财者三"并不新鲜,其也是当年"庆历新政"想解决的核心难题之一。苏辙今日再提,无非宋仁宗朝和宋英宗朝的积弊之事,到宋神宗朝时愈加凸显而已。从宋神宗亲批"颇得其要"四字来看,苏辙点出了朝廷最为尖锐的国库空虚问题。

当日御览苏辙奏疏后,宋神宗即将苏辙召至延和殿亲询,也就有了七天后命苏辙为制置三司条例司检详文字的诏令。

苏轼见弟弟苏辙身为王安石下属,内心颇感不安:一是王安石性格原本"狷狭少容",没把哪个大臣放在眼里;二是苏洵生前与王安石芥蒂颇深,苏轼兄弟自也与其不睦。所以,苏轼能预见,在王安石手下履职的弟弟苏辙的日子不会好过。当苏辙入司刚过十日,苏轼就忧心忡忡地给堂兄苏不疑去信写道:"诸事措置,虽在王安石、陈升之二公,然检详官不可不协力讲求也。"

当然,即便苏辙愿意"协力",王安石也不会对"素与己异"的人抱以信任。朝中官员既看不上,王安石就从新人入手。其时,一个叫吕惠卿的真州(今江苏省仪征市)推官正期满返京,经王安石器重的曾巩之弟曾布推荐入制置三司条例司。顺便说一句,吕惠卿与苏轼兄弟同为嘉祐二年(1057)进士,算"师出同门"。与吕惠卿交谈后，王安石极为振奋地认为"惠卿之贤，岂特今人，虽前世儒者未易比也。学先王之道而能用者，独惠卿而已"。

冷眼旁观的苏辙却看得清楚，"惠卿怀张汤之辨诈，有卢杞之奸邪，诡变多端，敢行非度"。但在苦寻人才的王安石那里，立视吕惠卿为第一心腹，事无大小必与相商，至于建请章奏，无不出自后者手笔。苏辙痛感自己"虽日夜勉强，而才性朴拙，议论迂疏，每于本司商量公事，动皆不合"，到后来不得不自请离职。此事稍后再述。

王安石堪称大刀阔斧的变法进行不到三个月，朝廷已震荡不止。其中，御史中丞吕诲和知谏院范纯仁都因王安石"将败国事"的谏言而被迫外任知州，苏轼与王安石的冲突也终于在五月间爆发了出来。

六

王安石的变法内容覆盖了政治、经济、军事、社会、文化等各个领域，名目繁多，主要划分为"富国""强兵""取士"三大部分。当年四月，"取士之法"揭幕，宋神宗下诏议更学校贡举之法，限令两制、两省、待制以上、御史台、三司、三馆处的臣僚在一个月内出具议状闻奏。在王安石看来，大宋百年来以诗赋、明经诸科为核心的取士之法应改为以经义与论策为主的取士之法，目的是选拔出具有经纶济世和有真才实学的人才。

宋仁宗朝时，苏轼就反对因循苟且，力主改革，但前提是求稳勿乱和缓进渐变。如今，王安石的新法推进堪称雷厉风行，不仅苏轼，就连最初并不完全反对变法的司马光也受不了，于翌年上书宋神宗要求取消"青苗法"。时王安石正得宋神宗专宠，以一篇措辞强硬的《答司马谏议书》作答，事情自然未果。

面对各机构臣僚都觉新法可行的赞同声，苏轼在"限令一月"后的五月呈上《议学校贡举状》疏议，认为"今之学校，特可因循旧制，使先王之旧物，不废于吾世足矣。至于贡举之法，行之百年，治乱盛衰，初不由此。陛下视祖宗之世，贡举之法，与今为孰精？言语文章，与今为孰优？所得人才，与今为孰多？天下之事，与今为孰办？较此四者之长短，其议决矣"。

宋神宗阅后，醍醐灌顶般说了句"吾固疑此，得轼议，意释然矣"。当日，宋神宗便召苏轼，开门见山地问道："方今政令得失安在？虽朕过失，指陈可也。"意思是你觉得当今政令有哪些不足？哪怕是我的过失，也直言无妨。苏轼的回答堪称一语中的，"陛下生知之性，天纵文武，不患不明，不患不勤，不患不断，但患求治太急，听言太广，进人太锐"。

宋神宗听得悚然一惊，点头说道："卿三言，朕当熟思之。"

听闻宋神宗召见苏轼，王安石心中惊疑不定。过得几天，宋神宗召见王安石，问"轼为人如何"。王安石担心神宗会重用苏轼，忍不住反问"陛下何以召见轼"。宋神宗回答得极为痛快，说苏轼是唯一与群臣意见相左之人，所以特地召询。王安石如何受得了苏轼受宠于宋神宗和反对自己，哪怕受宠还只是一个信号苗头也必须立刻扑灭，当即肃容说道："陛下如此错矣！"其理由冠冕堂皇，认为做臣子的都以被皇帝召见为荣，宋神宗在还不知"轼为人如何"的前提下就因一封上书而立刻召见，恐怕其他臣子会依样画葫芦，以获进身之利。

宋神宗倒认为自己的天子身份与朝臣距离太远，"后或无状，不能始终，此说何如"。王安石却以为，皇帝与官员间"患不考实，虽与何害"。随后，君臣商定，对苏轼"当以事试之"。宋神宗的想法是"欲用轼修中书条例"，但王安石哪里肯让如此重要之职落入苏轼之手，当即称苏轼所学与自己推崇的王道政治截然不同，苏轼若得其位修出的条例必与新法冲突，可用其他事"试之"，最后说道："今陛下但见轼之言，其言又未见可用，恐不宜轻用。"

就这样，王安石将苏轼排除在自己的变法行列之外。在后人眼里，王安石的理想不能说不远大，但其刚愎自用的性格决定了范纯仁所说"倘欲事功急就，必为奸佞所乘"的预言成为现实。在今天回顾当时的大宋朝廷实为人才济济，且不说对王安石有举荐之恩的欧阳修、富弼尚在，同辈中的司马光、苏氏兄弟等俱为才华横溢之人，但他们都被王安石弃而不用，乃至司农丞黄廉后来扼腕发出"法非不良也，而吏非其人"的叹息。

七

宋神宗虽专信王安石，却不等于对苏轼的才华视而不见。三个月后的八月十四日，宋神宗颁布诏令，命苏轼为国子监举人考试官，同为考官的还有集贤校理王汾、胡宗愈、王益柔，秘阁校理钱藻，馆阁校勘顾临，监察御史里行张戬，比部郎中张吉（监门）等人。宋神宗明知王安石与苏轼不合，仍命此次考试由苏轼出题，可见宋神宗对"取士之法"尚抱试探之心。

苏轼对变法既心存抵触，又对王安石只知称颂宋神宗而获独断大权的行为极为反感，有此机会，考题自然就出得有些冷嘲热讽——当然，题目非诗赋，而是策问——"晋武平吴以独断而克，苻坚伐晋以独断而亡；齐桓专任管仲而霸，燕哙专任子之而灭。事同功异，何也？"

王安石得知题目，如何不知字字句句在讥讽自己？不过，王安石心下虽怒，却也不敢公开称苏轼将当今天子比作苻坚和燕哙，那样只怕宋神宗反对己生隙，但苏辙在自己手下自得好好整治一番。果然，早不堪排挤的苏辙在两天后上疏说道："臣已有状申本司，具述所议不同事，乞除一合入差遣。"明言自己在制置三司条例司难以发挥己长，请求另任适合自己的职位。

接到上疏后，宋神宗召来吏部尚书曾公亮相询，后者自知苏辙窘境，便以"欲与堂除差遣"作答。意思是可应允苏辙的去职要求。于是，宋神宗便授苏辙为河南府留守推官。今从《苏颍滨年表》看，苏辙当时并未赴任，到第二年即熙宁三年（1070）正月九日又被任命为"省试点检试卷官"。这次苏辙履职两个月不到，又发生一事：二月二十六日，曾于嘉祐元年（1056）有恩于苏氏父子的观文殿学士张方平就任河南府知陈州（今河南省淮阳县）之职，并奏请将苏辙改任为陈州教授。宋神宗准奏，苏辙遂与张方平同赴陈州，离开京师。

回到熙宁二年（1069）八月，苏轼虽因出考题一事惹怒王安石，但彼时朝中毕竟还不是王安石一手遮天。苏辙刚离制置三司条例司，王安石就提请皇祐五年（1053）进士孙立节补苏辙之位，不料孙立节当即拒绝，后果然被调离京师。这也是朝廷派系渐分的结果，其中变法派以王安石为首，保守派则以司马光为尊。在宋神宗那里，虽宠信王安石，但对司马光等人也觉大才可用，如此一来，对宋神宗造成的后果就是谏官太缺。在命苏轼为考官前的六月二十七日，宋神宗就已下诏令命举荐谏官，当时尚在朝中的张方平推选了尚书刑部郎中李大临和苏轼二人。

在张方平眼里，李大临"识蕴纯深，风局冲远"，苏轼则"文学通博，议论精正"。但苏轼知宋神宗重视变法，自己若多进谏言，实为天子不喜，便说了句"吾知举堪谏官者，不知其他也"，直接拒绝了。到考试后的十月六日，宋神宗又命司马光举荐谏官，并嘱咐后者"谏官难得，卿更为择其人"。司马光于翌日"密具姓名闻奏"，推举了陈荐、苏轼、王元规、赵彦若四人，并强调苏轼"制策入优等，文学富赡，晓达时务，劲直敢言"，还在奏章最后特意补充了"此四人者，臣所素知"八字。

即便如此，苏轼的谏官之位，仍未被准奏。不过，宋神宗终觉苏轼文才出众，十一月初时欲命他和右正言、直集贤院孙觉为"修起居注"——当年宋英宗便想授苏轼此职，被韩琦谏阻。今日，宋神宗像当年宋英宗召韩琦相商一样，也在下诏前召王安石相商。王安石当即冷冷说道："轼岂是可奖之人？"宋神宗素喜苏轼文章，也就摆出理由道："轼有文学，朕见似为人平静，司马光、韩维、王存俱称之。"王安石立刻回答道，不是我非要说苏轼是奸邪之徒，他以前写《贾谊论》就能看出对天下之权有觊觎之心，为了依附欧阳修更是不择手段，当年他父亲去世表面上不接受韩琦等人赠送的金帛，却贩运数船苏木入川倒卖。司马光称吕惠卿受贿，却说苏轼为人磊落，实乃对吕惠卿行诬陷之举。今朝廷正值变法，也就是"易风俗、息邪说"，若贸然用苏轼做记录陛下言行的高官，则天下必不知陛下好恶所在。当然，苏轼有才不假，人望也高，自不能废置不用，可命他到哪个省府做推官就算尽其才了，怎么能让他成为陛下身边的近臣？

王安石这番话说得颇为恶毒，尤其指责苏轼返蜀守孝时私运苏木，更是无中生有的诽谤之词。宋神宗听完王安石的话后，也就打消了擢用苏轼的念头。宋神宗的诏令于十一月六日颁布，擢司封员外郎、直史馆蔡延庆和孙觉同为"修起居注"，苏轼则被任命为开封府推官。

八

苏轼走马上任时，距熙宁三年（1070）元夕已然不远。在关于节气的诗词中，欧阳修笔下的《生查子·元夕》是其中出类拔萃的一首：

> 去年元夜时，花市灯如昼。
>
> 月上柳梢头，人约黄昏后。
>
> 今年元夜时，月与灯依旧。
>
> 不见去年人，泪湿春衫袖。

这里先撇开欧阳修在词中托出的细致情感，就描写的场景看，元夕之夜不仅人多，还有无数花灯耀眼。当开封府接到减价购买浙江四千余只花灯的旨令后，苏轼即给宋神宗上疏，直截了当地说道："陛下游心经术，动法尧舜。穷天下之嗜欲，不足以易其乐；尽天下之玩好，不足以解其忧，而岂以灯为悦者哉！此不过以奉二宫之欢而极天下之养耳。且卖灯皆细民，安可贱售其值！故臣愿急罢之。"

过得十余日，朝廷下旨，果然停止购买花灯。

见宋神宗从善纳谏，苏轼受到的鼓舞不小，尤其那句胆量颇大的"此不过以奉二宫之欢而极天下之养耳"的话能被接受，已说明宋神宗确为开明英主。苏轼不禁又想起从九月开始颁布的"青苗法"。所谓"青苗法"，乃王安石变法的举措核心之一。从初衷的出发点看，"青苗法"是为抑制兼并，即在收成青黄不接时，以买进粮食的本钱借给百姓，用作救济。法令还特别强调不许均配和抑勒，但到实际执行时地方官却将白纸黑字的"取民情愿"四字视而不见，甚至为了邀功不仅订立额度，还强令百姓向官府借贷并随意提高利息，竟致"青苗法"蜕变为对百姓的重利盘剥之法，使政府成为百姓的合法高利贷者。国库虽因此丰盈，民间却苦不堪言，竟致逃亡者和自杀者不计其数。

苏轼因宋神宗同意自己罢买花灯之奏而精神一振，趁热打铁又上一疏，从"臣近者不度愚贱，辄上封章言买灯事，自知渎犯天威，罪不在赦"开始后，笔锋一转将心头块垒尽数倾吐，"臣之所欲言者三，愿陛下结人心、厚风俗、存纪纲而已"。从这里开始，苏轼指向今日新法，他先以商鞅变法为鉴，称商鞅"不顾人言，虽能骤致富强，亦以召怨天下，使其民知利而不知义，见刑而不见德，虽得天下，旋踵而失也"，随即以为王安石设立的制置三司条例司乃"求利之名也"，认为朝廷欲"消谗慝以召和气、复人心而安国本"的最好办法就是"罢制置三司条例司"。在苏轼看来，"国家之所以存亡者，在道德之深浅，不在乎强与弱，历数之所以长短者，在风俗之厚薄，不在乎富与贫",并尖锐地指出现状——"今民无以为生,去为商贾,事势当尔,何名役之?……若民所不悦,俗所不安,纵有经典明文,无补于怨"。与此同时,苏轼提出变法虽是必需之举却不能操之过急的建言,"陛下诚欲富国,择三司官属与漕运使副,而陛下与二三大臣,孜孜讲求,磨以岁月,则积弊自去而人不知……若有始有卒,自可徐徐,十年之后,何事不立"。

苏轼将这封长达六千余言的奏疏呈上后,并未如前次"谏买浙灯"那样得到回应。在今日朝廷,王安石因变法使国库大增,自得宋神宗信任。王安石今见苏轼竟然劝宋神宗取消自己一手设立的制置三司条例司后恼怒非常,当即更进一步劝宋神宗应以"独断"之姿面对反对意见,这就使朝廷形成一股自请外任和依附新贵入朝的政治漩涡。苏轼也无可避免地卷入其中,直到一场始料不及的诽谤使他终于做出改变人生的决定。

九

前文谈过,熙宁二年(1069)六月时,张方平曾举荐李大临和苏轼为谏官。事虽未果,宋神宗仍想擢张方平为宣徽使,但在王安石眼里张方平为人"奸邪,人孰不知",做此提拔"无辅圣政"。

张方平原本反对新法,听到王安石的攻击言辞后坚决向宋神宗请求外任,这才有了前往河南任陈州知州一事。今人读王安石诗文,自然钦服其才,但政治斗争历来是你死我活,诗词写得优美的人内心不一定柔软。当年,曾公亮举荐王安石时,张方平曾提出反对。从"怀怨在心"的王安石与宋神宗这番对话看,真还应了韩琦那句

"安石为翰林学士则有余，处辅弼之地则不可"之言，司马光倒是说得客观——"人言安石奸邪，则毁之太过；但不晓事，又执拗耳"，执拗之人往往气量不够。从这件事能够看出，宣称"天变不足畏，祖宗不足法，人言不足恤"的王安石为了不让人阻挠新法，已到了无所不用其极的地步。

张方平的自请外任是朝廷大量官员反对变法而为之的一个缩影，就连时任翰林学士兼侍读学士、右谏议大夫、史馆修撰的司马光也向宋神宗提出外任请求。彼时宋神宗正欲擢司马光为枢密副使，司马光断然请辞的理由是"今条例司所为，独安石、韩绛、惠卿以为是耳，陛下岂能独与此三人共为天下邪"。宋神宗颇为不安，问到王安石，后者冷冷答道："司马光外托劘上之名，内怀附下之实，所言尽害政之事，所与尽害政之人，而欲置之左右，使与国论，此消长之大机也。"所谓"附下"，乃指司马光与刘攽、刘恕及苏轼兄弟等反对变法的下级官员往来颇深。

面对身边一连串变动，苏轼再次给宋神宗上疏。与上封奏疏措辞相比，苏轼这一次已无所顾忌，"陛下自去岁以来，所行新政，皆不与治同道。立条例司，遣青苗使，敛助役钱，行均论法，四海骚动，行路怨咨"。司马光则不仅劝宋神宗取消"青苗法"，还给王安石接连写去三封信，指后者犯有"侵官""生事""征利""拒谏"四端，导致"天下怨谤"。王安石的回答却是"固前知其如此也"——意思很明确，我一开始就知道会是这样——其理由是自己"受命于人主，议法度而修之于朝廷，以授之于有司，不为侵官；举先王之政，以兴利除弊，不为生事；为天下理财，不为征利；辟邪说，难壬人，不为拒谏"，并将自己的理想主义姿态付诸笔端，"不量敌之众寡，欲出力助上以抗之，则众何为而不汹汹然"。

司马光见王安石一意孤行，宋神宗又为其撑腰，自认除了自请外任，已无路可走。

在宋神宗那里，则将苏轼的第二封上疏交给王安石过目。王安石读后震怒非常，索性对宋神宗说道："轼才亦高，但所学不正，今又以不得逞之故，其言遂跌荡至此，请黜之。"竟是劝宋神宗将苏轼削去官职。幸好曾公亮说了句"轼但有异论耳，无可罪者"，才使苏轼免去灾祸。

但王安石对苏轼已到不可忍耐的程度。过得几天，王安石又在觐见宋神宗时说道："陛下何以不黜轼？岂为其才可惜乎！譬如调恶马，须减刍秣，加箠（棰）扑，使其贴服乃可用。如轼者，不困之使自悔而绌其不逞之心，安肯为陛下用！且如轼辈者，其才为世用甚少，为世患甚大，陛下不可不察也。"

今天读王安石这番话，仍不免心惊肉跳。在未读历史又想当然地以为同时代文学巨匠必惺惺相惜的人那里，如何想得到王安石竟会将苏轼比作"恶马"，不仅要减少食料（"减刍秣"），还应以暴力（"加箠扑"）使其屈服？由此可见，王安石对苏轼反对新法之举已忍无可忍。在王安石看来，他自己为朝廷殚精竭虑，使国库充盈，竟招致一片反对之声，如何不恼？纵观中国古代历史，不被理解的才士，要么如嵇康那样愤世嫉俗，要么如王安石那样一意孤行。无论在哪种人那里，都易自觉不自觉地抱有孟子"虽千万人，吾往矣"的自负气概，视所有阻拦者为敌。今王安石见宋神宗对苏轼不肯削官，便拟在其他地方对苏轼等人再次发起攻击。

转眼，时机就来了。

十

当朝廷于熙宁三年（1070）三月设春榜之考后，宋神宗原想命苏轼再为考官，但王安石对苏轼的去年考题仍耿耿于怀，当即称苏轼"所学乖异，不可考策"。宋神宗遂改命李大临与苏轼为殿试编排官，初考官为王安石的头号心腹吕惠卿，复考官为编修《新唐书》之一的右谏议大夫、知制诰宋敏求。

朝廷有何风向，自有工于心计的考生迎合。当时，有个叫叶祖洽的考生交卷后，吕惠卿见其通篇皆颂新法，便定为第三等中，位列甲科。当考卷到宋敏求手中后，改为第五等中，便是落第之卷了。吕惠卿仍坚持列甲科三等，以使叶祖洽有殿试之机。叶祖洽也颇为圆滑，在殿试时写有"祖宗多因循苟简之政，陛下即位，革而新之"句。这一大拍马屁的句子使吕惠卿欲将叶祖洽列为第一，李大临、苏轼自然反对。宋神宗命陈升之面读《均等策》后，亲赐叶祖洽进士及第第一，这便是状元了。苏轼愤而上奏，"祖洽诋祖宗以媚时君，而魁多士，何以正风化"。

王安石听闻，对苏轼更为咬牙切齿。但恰恰在这次开科取士后，王安石也对自己颁布的新法首次涌上疑窦。当年中进士第五名的是曾求学王安石门下的陆佃，此次京师高中后自当登门拜见，以谢师恩。王安石虽新法连颁，终究未亲入民间，今朝廷反对声此起彼伏，尤其已外任河北安抚使的老臣韩琦也上奏称青苗法"欲民信服，不可得也"后，以致宋神宗有所动摇，王安石自己心下也不无疑惑，见陆佃登门，便问其新政在外情形。

陆佃答得很老实，"法非不善，但推行不能如初意，还为扰民"。王安石吃了一惊，又问百姓如何议论自己。陆佃回答说，我看您谦虚异常，民间却说您不听他人意见。王安石闻言一笑，说道："吾岂拒谏者！但邪说营营，顾无足听。"陆佃走后，王安石虽嘴上称他人谏言为"邪说"，心下仍自不安，遂召吕惠卿询问，后者轻描淡写地说道："私家取债，亦须一鸡半豚。已遣李承之使淮南质究矣。"过不多久，李承之回京，谎称百姓对新法未有异议。王安石放下心来，将陆佃之言也就抛诸脑后了。

到六月时，又发生了一件令王安石不悦之事。《太平治迹统类》说得清楚，总想与群臣拉近距离的宋神宗又一次"会诏两制举谏官"。朝廷的议论颇为统一，觉"当今宜为谏官者，无若苏轼"。时年六十三岁的翰林学士兼侍读学士、礼部侍郎范镇也果断再举苏轼及孔文仲二人，结果从范镇事后请求辞官的上疏中可见，"臣言青苗不见听，一宜去；荐苏轼、孔文仲不见用，二宜去"。

范镇举荐落空，原因是任御史知杂事的谢景温担心苏轼若为谏官必然攻击新法，遂对苏轼行诽谤之事，致使阻挠生效。谢景温的妹妹是王安石弟弟王安礼之妻，既与王安石为联姻亲家，自当为新法摇旗呐喊。王安石为阻止苏轼为谏官，不惜亲自出面召苏轼的程姓外弟入问。早在十多年前，苏轼姐姐嫁入程家，年纪轻轻竟被虐致死，致使苏洵盛怒不已，遂令苏门断绝与程家的任何往来。王安石召来的程姓人具体是谁，史乘未载。从司马光《温公日记》中可见，听到王安石对苏轼过失的询问后，程姓人说了句"向丁忧，贩私盐、苏木"。意思是苏轼当年送父亲苏洵的棺椁回乡时，载了不少私盐和苏木。王安石闻言大喜，随后的上奏一事就由谢景温出马了。

八月五日，谢景温字斟句酌地写好奏疏，称苏轼"丁忧归蜀，乘舟商贩，朝廷下六路捕逮篙工，水师穷其事，讫无一实"等。宋神宗接奏，顿时龙颜震怒：两年前，王安石说苏轼返蜀时私运苏木，当时未做追究；如今得知运送的不只苏木，竟还有私盐，这便是触犯死刑之法了。宋神宗即召司马光入见，直接说苏轼非良臣：你一直推崇和举荐他，看来是走眼了。当年他父亲去世时，我赐绢赠银，韩琦也赠银三百两，欧阳修赠银二百两，苏轼均未接受，天下人还以为他是磊落君子，没想到暗中却干贩卖私盐的不法勾当。

司马光当即回答，苏轼连多达七百两的赠银都不肯接受，如何会去贩卖获利更少的私盐，并不客气地指向事情核心——"安石素恶轼，陛下岂不知以姻家谢景温为鹰犬使攻之！臣岂能自保不可不去也。且轼虽不佳，岂不贤于李定之不服母丧禽兽之不如！安石喜之，乃欲用为台官"。

司马光说到的李定，就是十年后炮制"乌台诗案"，诬奏苏轼"自度终不为朝廷奖用，衔怨怀怒，恣行丑诋，见于文字，众所共知"，导致苏轼被贬黄州的主谋者之一。司马光称李定"禽兽之不如"，是因李定当时恰逢母逝却匿不服丧，引来满朝非议。李定早年受学王安石门下，原有师徒之名，入京后又对王安石说"青苗法"——"人民称便，皆大欢喜"，使王安石心花怒放，遂将其引荐给宋神宗，现欲将其擢为监察御史。司马光说的就是此事。

苏轼第三次被荐为谏官不成尚是其次，最主要的是虽有司马光辩护，但贩卖私盐终是大罪，于是宋神宗当即命人调查。对苏轼来说，无法提供自明的证据，就只能苦候调查结果了。从苏轼十月二十八日写给堂兄苏不疑的信中可见，此时的苏轼已深感"孤危"。

十一

到十二月时，贩卖私盐案始终未有结果，朝廷下诏罢免苏轼开封府推官一职，仍回告院履判官旧职。两个月后，已至熙宁四年（1071）二月，朝廷经两年不以诗赋为考题的尝试后正式颁下《更科举法》，其核心是"进士罢诗赋、帖经、墨义，令各占治《诗》《书》《易》《周礼》《礼记》一经，兼《论语》《孟子》之学，试以大义，殿试策一道。诸科稍令改应进士科业"，并"欲举唐室故事，兼采誉望而罢封弥"。所谓"封弥"，为防止考场舞弊，将试卷中的考生姓名和籍贯糊好加以编号和钤印，考官也就不知考生为谁。如今，王安石竟欲取消此法，身为疑罪待查的苏轼按捺不住上疏反对。二月五日，对朝事彻底失望的司马光终于在数次请辞后获准，离京任知许州（今河南省许昌市）一职。临行前，司马光上章，称赞苏轼敢言。

但即便敢言，又有什么结果呢？苏轼回顾自己自嘉祐六年（1061）凤翔初仕始，到如今的熙宁四年（1071），恰好经历了不折不扣的十年宦海生涯。当年金榜题名时，苏轼原以为可大展拳脚，尽施匡时济世的抱负，不料十年下来仕途竟走得越来越步步惊心，连从未想过的诽谤之事也会从天而降，心中苦闷异常；再看今日朝廷，但凡反对新法的大臣已一个个离京，从御史中丞吕诲和知谏院范纯仁开始，逐年离京的还有张方平、苏辙、钱藻、刘攽、吕希道、文同、蔡冠卿、刘恕、胡允中、范镇、司马光等，每走一个他就送一个。这几年的京师生涯，苏轼心情抑郁，写诗极少，后人统计出的只有寥寥可数的十九首，且多为送别之作。从苏轼"子行得所愿，怆恨居者情"（《送钱藻出守婺州得英字》）、"年年送人作太守，坐受尘土堆胸肠"（《送吕希道知和州》）等诗句看，苏轼对京师已无丝毫留恋。

　　终于，经过半年多调查，贩卖私盐之事查无实据而不了了之。当年六月十一日，人在蔡州（今河南省汝南县）的欧阳修以观文殿学士、太子少师的身份退休，迁居颍州（今安徽省阜阳市）。苏轼虽致贺函，心中却惘然若失。自欧阳修离京后，苏轼就觉京师空荡，今知其不再返京，愈觉新党把控的朝廷非久留之地；如今连贩卖私盐的死罪也可炮制出来，下一次真不知还有什么罪名会横空而来，若再继续留京，只怕凶多吉少。于是，苏轼遂上疏请求外任，直言是受诽谤贩私盐导致"臣缘此惧祸乞出"。已认为苏轼"非佳士"的宋神宗随即准奏，授其杭州通判之职。苏轼遂于七月携家眷前往杭州赴任。

十二

　　杭州距开封有将近两千里路程，苏轼一家舟往东南。途中，苏轼心感张方平对自己兄弟二人恩重，决定先至陈州拜见张方平，也与一年多未见的弟弟苏辙见面。张方平和苏辙接得苏轼一行，极为欣喜。此时，苏轼历三载不得志的苦闷生涯后，方觉心中别开洞天。在见识过朝廷种种和人心种种后，苏轼重新面对"蛙鸣青草泊，蝉噪垂杨浦"的自然景色时，一种"何必择所安，滔滔天下是"的释然油然而生。此刻张方平在眼前，弟弟苏辙在眼前，自己终于远离京师，可以回复到有山水田园的生活中去了。

释然的心情令人留恋。苏轼竟在陈州停留七十余日——与新交崔度饮月下，与故友柳瑾晤湖中，苏辙陪同游柳湖、铁墓、厄台寺，并又开始有了考证古庙遗迹的勃勃兴致。到九月时，苏轼终于不得不启程了，万分不舍的苏辙竟将苏轼一路送至欧阳修退老居住的颍州。欧阳修见苏轼兄弟登门拜谒，极为欣悦。对于这次相见，苏轼印象深刻的是历三朝风雨的欧阳修始终只赞人贤德，生怕有才之人不闻名于世，至于对自己有过伤害的政敌只轻描淡写地说句"罪在我，非其过"，令苏轼感佩和震动。

相聚多日后，看看时间又至九月底了，苏轼兄弟二人辞别欧阳修，苏轼往东南赴杭州，苏辙则西北归陈州。临别时，诗情重启的苏轼给弟弟苏辙写下《颍州初别子由二首》相赠，其中"咫尺不相见，实与千里同。人生无离别，谁知恩爱重。始我来宛丘，牵衣舞儿童"等句令人体会到，苏轼已从冷酷的政治肉搏回到了手足情深的伦常深处。

在今天，若将情感极度丰富的苏轼与同列"唐宋八大家"的王安石相比，前者确是真正的诗人，后者更像手腕老辣的政治家。在任何一个真正的诗人那里，无论多么陌生的远地，无论自己将展开何种新的人生，都将带来意想不到的内心感受和随感受结下的丰富果实。对杭州而言，因苏轼的到来，这里将有更为深厚的人文润泽。在今天看来，这是冥冥中的安排，苏轼与杭州注定将彼此吸引、彼此成就。所谓历史，就是不需要任何准备和姿态，人与事的恰逢其时，才有了后人眼里的水到渠成。彼时站立舟前的苏轼，正迎风展望自己的下一个人生驿站。"长淮忽迷天远近，青山久与船低昂"，就是苏轼出颍口、过淮山、至寿州的一路舟行所见，也是他逐渐摆脱苦闷的心情体现。今人总是说起"上有天堂，下有苏杭"，这实际上是南宋范成大在《吴郡志》中对杭州的描述。杭州这个能与天堂媲美的城市，会理所当然地等待大地上最伟大的诗人。现在，它等待的诗人已经不远了……

第四章　西湖三载

——浅深随所得，谁能识其全

◎颍州

◎杭州

一

离开颍州，舟行两个月，苏轼于熙宁四年（1071）十一月二十八日抵达杭州。时已隆冬，仅过三天苏轼就急不可待地独自出门前往西湖，他倒不是久闻其名想去赏景览胜，而是去孤山访友。虽说是"友"，双方却彼此从未见过，对方甚至还不知苏轼正寻已而来。

其时寒风凛冽、雪意沉沉，脚踏残冰的苏轼看了看天色，继续朝西湖方向走去。

苏轼要访的是一个法号为惠勤的僧人。苏轼知道这个名字还是在颍州拜见欧阳修时，后者言及孤山中有"佛者惠勤，余杭人也，少去父母，长无妻子，以衣食于佛之徒，往来京师二十年。其人聪明才智，亦尝学问于贤士大夫"，并极力称赞惠勤"甚文，而长于诗，吾昔为《山中乐》三章以赠之。子间于民事，求人于湖山间而不可得，则盍往从勤乎"。苏轼自然知道，能得欧阳修盛赞并赠章之人必为非凡之人，现自己既已到杭，哪里还按捺得住？经过三天的政务交接后，急匆匆便去寻访。

孤山位于西湖西面，因多梅花，又名梅屿。当苏轼一路寻至孤山，果见湖中一屿耸立，傍无聊附，冬日凄寒，四周景物更显凋敝。意外的是，尚在山下时，苏轼迎面遇见二僧，上前一问，眼前一僧竟然便是惠勤，另一僧法号惠思。二僧既与欧阳修为友，如何会不知其门下苏轼之名，更何况此时苏轼早已声播天下。惠勤见苏轼特意前来访己，大为喜悦，当即将其请入山中寺内相谈。三人俱是兴奋，"抵掌而论人物"，惠勤谈到欧阳修时，更是盛赞其为"天人"。就这样，二僧一俗一直聊到落日西沉，仍意犹未尽。苏轼想起妻儿在家等候，才颇为不舍地辞归。归家后，苏轼再次迫不及待地写下了关于杭州的第一首诗歌，诗名就是《腊日游孤山访惠勤惠思二僧》。诗不短，兹录如下：

> 天欲雪，云满湖，楼台明灭山有无。
>
> 水清出石鱼可数，林深无人鸟相呼。
>
> 腊日不归对妻孥，名寻道人实自娱。
>
> 道人之居在何许？宝云山前路盘纡。
>
> 孤山孤绝谁肯庐？道人有道山不孤。
>
> 纸窗竹屋深自暖，拥褐坐睡依团蒲。
>
> 天寒路远愁仆夫，整驾催归及未晡。
>
> 出山回望云木合，但见野鹘盘浮图。
>
> 兹游淡薄欢有余，到家恍如梦蘧蘧。
>
> 作诗火急追亡逋，清景一失后难摹。

这首诗颇见苏轼抵达杭州后的心态。此时苏轼对官场颇生失望，心中块垒便不吐不快。他虽在赴杭途中曾与弟弟苏辙有两个多月的朝夕相处后心情好了不少，但此刻身入另一官场，内心抵触难免，更想异地能逢知己。如今，与惠勤、惠思二僧见面交谈，果有相见恨晚之感，乃至"到家恍如梦蘧蘧"。回首京师数年，苏轼心情压抑不振几停诗笔，此刻却觉"作诗火急追亡逋"，说明其一入杭州就在心扉尽敞的陈述与反问中迅速回复到自己的诗人身份。

二

但诗人归诗人，苏轼写得再好也无法用诗歌换取养家糊口的费用，朝廷给他俸禄是需要他履行杭州通判的职责。苏轼既无力反抗新法，也没法按新法要求行事，抵触间遂以"拥衾熟睡朝衙后，抱膝微吟莫雪中"（苏辙《和柳子玉地炉》）的方式应对。从苏轼当时写给弟弟苏辙的"眼看时事力难任，贪恋君恩退未能。迟钝终须投劾去，使君何日换聋丞"（《初到杭州寄子由二绝》）一诗来看，苏轼想作为是一方面，无法作为又是另一方面。对此时的苏轼来说，哪怕结果是"夫子清贫不耐冬"（苏辙《和柳子玉纸帐》），也比再遭政治风险好得多了。

与惠勤、惠思二僧相识交往，苏轼感到莫大的安慰。同僚中也很快有了能与己唱和之人，以大理寺丞出为杭州发运司的李杞是皇祐元年（1049）进士，曾任华州渭南县主簿。在苏轼访过惠勤后不久，性好山水且又仰慕苏轼之名的李杞带苏轼再游孤山和灵隐山。

文人习惯寄情山水，是因山水对心灵的滋养与抚慰无出其右。越是出类拔萃的佼佼者，越对山水充满无法割舍的情感，尤其苏轼刚刚经历刻骨铭心的政治打击，除了投入风景也没有更好的疗伤方式，何况杭州本来就是"烟柳画桥，风帘翠幕"的山水之城。苏轼的本性与经历使他不知不觉地与杭州融为一体，更与西湖融为一体。当苏轼第一次去孤山访惠勤、惠思二僧时，西湖只一掠而过，与李杞再次游湖时便不由得发出"羯来湖上得佳句，从此不看营丘图"（《再和》）的赞叹了。

"营丘"是"北宋三大家"李成的号，"营丘图"便指李成的山水画。不论当时还是后世，李成的雄奇险秀之作堪为俯视千秋。在苏轼眼里，一旦眼观西湖，竟觉李成笔下之图也难以媲美，可见西湖对苏轼的心灵冲击之巨大。这是最初的冲击，苏轼在杭州三载里还将在一次比一次更深的冲击下，为西湖写下一首比一首更令人惊叹的诗句。这是苏轼的天生性情所致，也是他看透官场凶险后的选择所致。

　　不过，诗文究竟在一个心怀济世抱负的士人那里能占据什么位置？从苏轼不久后写给弟弟苏辙的三十行《戏子由》诗中"文章小技安足程，先生别驾旧齐名"可见，所谓"文章"在他眼里不过是"小技"，这就说明即使苏轼觉得西湖美到连李成的画笔也做不到相提并论，也不等于自己真会全身心沉浸于风景和诗歌。作为接受儒家思想的士人，谁也不会陌生孟子"君子之事君也，务引其君以当道，志于仁而已矣"之言，在这点上苏轼显然失败了，而且在时人眼里政治失败就是最大的人生失败。对苏轼来说，身边是美到极致的山水，内心仍充满从现实中领略到的政治教训。儒家从未说过政治失意的人就该放弃政治，相反，越是经受失败，越要从失败中奋起，"知其不可而为之者"才是儒家最为推崇之人。所以，苏轼彼时终究不会将诗文视为自己的全部。从苏轼当时写给有同科之谊的林希的信函中"某在京师，已断作诗，近日又却时复为之，盖无以遣怀耳"中可见，苏轼提笔作诗不过是"遣怀"而已，其内心苦痛的仍是政治抱负难以施展。

　　苦痛的另一种说法就是矛盾。所以，问题的核心就变成苏轼能不能解决自己的矛盾。

但苏轼接下来发现，自己不仅不能解决矛盾，还将劈面遇见新的矛盾。

三

不管苏轼如何"拥衾熟睡朝衙后"，州府公务毕竟繁冗，件件事得亲笔签署。其时，"青苗法"虽颁布天下，杭、越、湖三州却未实行。朝廷遂于熙宁五年（1072）二月遣检正中书吏房公事殿中丞卢秉为两浙提刑，专门提举盐事。卢秉一到杭州，即以严刑峻法镇压私盐，其后果以知谏院张璪的话说，"卢秉行盐法于东南，操持峻急，一人抵禁，数家为黥徒，且破产以偿告捕，二年中犯者万人"。由此可见，当时的杭州监狱，竟是人满为患。

作为通判，"狱讼听断"是苏轼的职责范围。苏轼虽对铤而走险的犯人心存怜悯，终究逃不过要对其或施杖责，或处徒刑的判决。苏轼个人与新法的撕扯，不仅使他于当年除夕日在衙门直都厅墙上写下"执笔对之泣，哀此系中囚"（《题壁诗》），还使他后来在密州撰写《上韩丞相论灾伤手实书》时仍情难自已地回忆道："轼在钱塘，每执笔断犯盐者，未尝不流涕也。"

苏轼公事越多，需排遣的痛苦也就越多。幸好，当时的知州沈立看出苏轼苦于矛盾，遂于卢秉上任后次月，邀苏轼等数十名官员同往吉祥寺赏花解闷。沈立对新法的态度，从卢秉履任前未加实行中便可见一斑。此外，到杭州之前，沈立曾于熙宁三年（1070）以右谏议大夫出为江淮发运使，知越州（今浙江省绍兴市）。当沈立于熙宁四年（1071）正月至杭州为知州时，得越州"父老千行泪"相送，足见其确乃勤政为民之官。

不过，沈立到杭州只待了一年多，便于熙宁五年（1072）八月前往京师知审官西院。沈立离杭时恰逢秋试，苏轼在试院面对数千份考卷，自不能相送。当苏轼对沈立的不舍还来不及释放时，又一件令其痛彻心扉的噩耗传来——恩师欧阳修于当年闰七月二十三日去世，时年六十六岁。身为考官而无法亲往颍州吊唁的苏轼到惠勤僧舍，以一场痛哭发泄内心悲伤。

在苏轼那里，欧阳修师恩深重，猝闻恶讯，心中之痛堪比当年父亲苏洵去世。同时，苏轼还深切体会到，欧阳修之死乃真正结束了一个时代。以文风而言，宋袭五代辞藻华丽之弊，言之无物，欧阳修力倡"革颓风，复古风"，一改艰涩雕琢之陋，终至望重士林。如今，王安石改取士之法，以晚苏轼一辈并将变法弊端看得更清楚的叶梦得的话说，则是"熙宁以前，以诗赋取士，学者无不先遍读《五经》……自改经术，人之教子者，往往便以一经授之，他经纵读，亦不能精。其教之者亦未必皆通《五经》，故虽经书正文，亦率多遗误……今人问答之间，称其所习为贵经，而自称为敝经，尤可笑也"。

从政治上看，欧阳修官至翰林学士、枢密副使、参知政事，其致仕前最后一次上疏是请散青苗钱。宋神宗读后，有复召欧阳修之欲，事情虽因王安石一句"如此人在一郡则坏一郡，在朝廷则坏朝廷，留之安用"而作罢，仍以太子少师的身份退休，足见欧阳修在朝中影响巨大。这点苏轼在祭文中说得清楚，欧阳修若在，则"君子有所恃而不恐，小人有所畏而不为"，如今其谢世，则"赤子无所仰芘，朝廷无所稽疑；斯文化为异端，而学者至于用夷；君子以为无为为善，而小人沛然自以为得时"。这些话都清清楚楚地表明，欧阳修去世，在苏轼一代人的内心划下了一条泾渭分明的鸿沟。大宋的政治彼时已新翻一页，彼时的文学也将新翻一页了。

四

沈立离杭后，时年五十五岁的陈襄（字述古）接任。陈襄为人刚正，两年前任御史时，知杂事时就上疏称"青苗法"实为堪比商鞅的祸乱之法，"望贬王安石、吕惠卿，以谢天下"。王安石怒不可遏，下决心将陈襄贬出京师。当沈立离开后，陈襄便于八月到任杭州了。

陈襄初至杭州，苏轼颇为振奋，二人在开封时都反对王安石新法，又都因王安石而出京外任，自然亲近。颇有意思的是，陈襄一到，知府里的中和堂便盛开木芙蓉，不无相迎之意。心情舒畅的陈襄随即提笔写下一首《中和堂木芙蓉盛开戏呈子瞻》：

> 千林寒叶正疏黄，占得珍丛第一芳。
> 容易便开三百朵，此心应不畏秋霜。

从诗中可见，陈襄对苏轼其人其才充满赞许，最起码当日迎陈襄至中和堂的杭州官员不止苏轼一人。陈襄到任后首日的首次题诗便"戏呈子瞻"，足见陈、苏二人在开封时便颇多惺惺相惜，同时也呈现出其对政治打击的不畏之心。

苏轼步其韵，和了一首《和陈述古拒霜花》：

千林扫作一番黄，只有芙蓉独自芳。

唤作拒霜知未称，细思却是最宜霜。

　　这首和诗体现了苏轼的当时心境，经历了太多的官场凶险后，他早能体会天下无处不有风霜了。清代纪晓岚称此诗"用意颇为深曲"，我倒觉有点言过其实，以物喻人不过普通修辞手法，彼时苏轼无须展现某种"深曲"，他的经历自将导致"宜霜"风骨。因此，此诗不过和陈襄一样借物抒怀，诗句也就显得自然天成。

　　无论苏轼这首诗如何动人心弦，终究没成为大众耳熟能详的名篇，因苏轼在杭州写下了太多脍炙人口的佳作。在苏轼之前，最广为传颂的杭州篇什是柳永的《望海潮（东南形胜）》。据说，后来金主完颜亮读到该词中"三秋桂子、十里荷花"后，"遂兴投鞭断流之志"，可见当时"柳词一出，堪为惊绝天下"。苏轼到杭州时，柳永去世已二十年之久，却再也无人将杭州描写得如柳永那般令人神往。苏轼虽对柳词整体不大瞧得上，但从俞文豹《吹剑续录》所载的苏轼直接问幕士善讴"我词比柳词何如"句可见，他还是跃跃欲试地抱有与柳永一较高下之心。时人和今人看到的是苏轼在杭州留下不止一阕一首的不朽之作，它们既伴随苏轼的生活，也恰到好处地对应了杭州这座人间天堂。

　　今日杭州有"十景"一说，景景与西湖相关。关于西湖，《咸淳临安志》写得清楚，"明圣湖，周绕三十里，三面环山，溪谷缕注，下有渊泉水道，潴而为湖。汉时金牛见湖中，以为明圣之瑞，故名。以其负郭而西，故又称西湖"。

　　苏轼在杭州写诗不少，西湖自是当仁不让的笔墨重心。

五

今人很容易看到，苏轼面对西湖时，思绪总格外绵长。一目了然的证明是，苏轼写下的与西湖有关的诗一写就是四五首，每组都给人一气呵成之感。在苏轼的诗题中，第一次出现"西湖"二字的是《和蔡准郎中见邀游西湖三首》。在《宋史》中，蔡准无传，其名气远远比不上后为北宋第一奸臣的儿子蔡京。当时，蔡准在杭州，日后将权倾朝野的蔡京还只是小小的钱塘尉，算是苏轼下属，二人有所往来。

与蔡准游西湖两个月后，苏轼再为西湖写下五首《望湖楼醉书》。当苏轼七月因公务外出归来后，又迫不及待地以一组《夜泛西湖五绝》的组诗来尽吐思绪。从第二首的"明朝人事谁料得，看到苍龙西没时"可见，苏轼已将西湖视为能听其衷曲的知音。对苏轼来说，对生活的感叹也好，对官场的忧虑也好，甚至对大自然的物我两忘也好，再没有哪座山、哪泓水比得上西湖的安慰了。今天就苏轼毕生作品来看，更能看出苏轼的创作之路就是一条洗尽铅华的返璞归真之路，这条路的重要环节就是西湖对其感受和语言进行的数年洗涤。

前文提过，在沈立离开时的熙宁五年（1072）八月，正是秋试之时。按规定，秋试必须在八月十五日中秋节放榜，熙宁五年杭州却推迟了两天。此时，天下闻名的钱塘大潮已近尾声，南宋吴自牧在《梦粱录》中说得清楚："临安每岁八月内，潮怒胜于常时。都人自十一日起，便有观者，至十六、十八日倾城而出，车马纷纷，十八日最为繁盛，二十日则稍稀矣。"苏轼虽觉"八月十八潮，天下壮观无"，还是在放榜日未加入倾城人流，从其诗题可见其去处——"《八月十七日，复登望海楼，自和前篇，是日榜出，余与试官两人，复留五首》"。

对苏轼来说，杭州有西湖，便如同肉身有了灵魂，自己的种种情感几乎全部可以倾泻在西湖之上。唐朝李白曾有"相看两不厌，只有敬亭山"（《独坐敬亭山》）之句，原因无他，面对敬亭山的李白发现后者便如自身。苏轼面对西湖，也有面对自身之感。山水构成自然，大自然的真正妙处就是"处处无声胜有声"，这一点除了真正的诗人，鲜有人展开入骨体会。在李白之前，有多少的诗人面对过敬亭山，但有谁写出过李白那样的诗句？同样，在苏轼之前，有多少的诗人面对和描写过西湖，虽世人皆知白居易笔下有"最爱湖东行不足，绿杨阴里白沙堤"（《钱塘湖春行》）句，但与苏轼的诗一比较就能发现白居易只把西湖当作自己的情感点缀，其笔下虽有"湖"字，写的还是自我，这就决定了他不可能是西湖的知音。

与白居易不同的是，苏轼日日陪伴西湖，自己的种种情感也都交给西湖，自己的全部心灵也沉浸在西湖，只有这样他才能从面对西湖走向认识西湖。对西湖来说，它也是第一次被一个诗人真正地认识。苏轼最著名的写西湖的诗作写于熙宁六年（1073）夏季。某日，苏轼在湖上饮酒，天气先晴后雨，西湖在他面前再次展现出既清新又朦胧的面貌，于是提笔蘸墨，写下了《饮湖上初晴后雨二首》。今天，读者对第二首耳熟能详，第一首却鲜为人知，实际上二者互为关系。兹全录如下：

其 一

朝曦迎客艳重冈，晚雨留人入醉乡。

此意自佳君不会，一杯当属水仙王。

其 二

水光潋滟晴方好，山色空蒙雨亦奇。

欲把西湖比西子，淡妆浓抹总相宜。

    这是苏轼对西湖深入骨髓的体会和认识。不能说第一首不如第二首，而是第二首的不动声色和举重若轻在苏轼笔下达到登峰造极的地步。就这两首诗的关系看，若无第一首"此意自佳君不会"的自信挥洒，第二首也难以横空出世。苏轼需要告诉世人，所谓"此意"，就是雨也好、晴也好，都是大自然对西湖施与的"淡妆浓抹"。西湖能接受"淡妆"，也能接受"浓抹"，这是西湖作为大自然代表的本质体现。对苏轼来说，则是经历沧桑也好，满怀欣悦也好，内心渴望的不过是自己的人生能最终走向平缓。因此，苏轼与西湖的关系也就在诗中达到了水乳交融——西湖就是苏轼，苏轼就是西湖，甚至该诗还使西湖从此有了"西子湖"的称谓，这是苏轼语言的胜利，也是他情感的胜利。此外，流连西湖的苏轼不仅使自己的诗歌创作到达高峰，还将诗之外的另一种表现手法锤炼出震惊世人的千姿百态，这就是有宋一朝文人墨客悉心培养并壮大且影响至今的词。

六

作为一种文学表现手法，初现于唐的词在宋朝得到迅猛发展。令人意外的是，苏轼的第一阕词写于何时迄今无定论，后人说法各异的至少有三种：第一种是说他到杭州后的第一个早春，出东城踏青时写下的《浪淘沙（昨日出东城）》；第二种是有"清末四大家"之称的朱孝臧为《东坡乐府》编年时，将苏轼熙宁六年（1073）二月往婺州（今浙江省金华市）访苏颂，途经七里濑（今桐庐县南）时所填的《行香子（一叶舟轻）》视为首阕；第三种说法是苏轼从凤翔府解官归京，经长安游骊山时自创《华清引》词牌，填下以"平时十月幸莲汤"为起句的一词。究竟哪阕是苏轼的发轫之词，此处不作考证。从前两种说法看，苏轼正是在杭州时将词列入了自己的创作重心。

苏轼给西湖的填词，最令人过目难忘的便是《江城子（凤凰山下雨初晴）》了。

关于《江城子（凤凰山下雨初晴）》词，宋人张邦基在《墨庄漫录》中写过一则故事：熙宁六年（1073）某个夏初之日，苏轼与来访的刘攽等二友游西湖，当他们到孤山竹阁的一座亭内休息时，忽见湖心有条彩舟划到亭前，舟上几个侍女众星捧月般围住一抚筝美妇，只见其一曲未罢便翩然而去。刘攽等二友看得呆了，苏轼也情难自已，遂填下该词。张邦基写过的故事到此为止，宋徽宗年间的袁文在《甕牖闲评》中则说得更为详细：美妇不是一曲未终就匆匆离去，而是上前与苏轼相见，坦言自己年少时便慕苏轼之名，因彼时在闺中无缘得见，今已嫁为人妻，听说苏轼游湖，终不避罪前来一见，愿抚筝献曲，若得苏轼一词，便是终生之幸了。素来多情的苏轼如何能拒绝？在美妇一曲之后，苏轼填下了这阕《江城子》相赠：

> 凤凰山下雨初晴，水风清，晚霞明。
>
> 一朵芙蕖，开过尚盈盈。
>
> 何处飞来双白鹭，如有意，慕娉婷。
>
> 忽闻江上弄哀筝，苦含情，遣谁听。
>
> 烟敛云收，依约是湘灵。
>
> 欲待曲终寻问取，人不见，数峰青。

从词所描写的内容看，会发现《墨庄漫录》的记载似乎更为准确。令人稍觉诧异的是，该词尚有个"湖上与张先同赋，时闻弹筝"的小引。在张邦基和袁文笔下，说的都是刘敛而不是张先，后人也找不见张先的"同赋"之作。不论当日和苏轼一起游湖的是谁，世人毕竟读到了柳永之外令人耳目一新的词作。就此能见，苏轼在西湖上的时日不再充满往日的官场争斗，而是在大自然中尽情释放自己。孔子曾有"道不行，乘桴浮于海"（《论语·公冶长》）之言，意思是实现不了自己的抱负，不如到海上去漂流。在杭州，海是没有的，西湖却足够承纳苏轼的苦闷，给予他最大的安慰。

后人还有一说法，称苏轼"欲把西湖比西子"的诗句是为侍妾王朝云而写，此言颇可商榷。从孔凡礼先生撰写的《苏轼年谱》来看，只在苏轼离杭州赴密州之时有"王朝云来归"五字。另外，孔凡礼还称《燕石斋补》载有"朝云乃名妓，苏轼爱幸之，纳为常侍"句，但《燕石斋补》究竟是何书和何人所撰，遍寻未得。对于该书说法，孔凡礼以"乃好事者附会"一语为评，可见孔凡礼并不认可"朝云乃名妓"之言。今读苏轼后在惠州亲笔撰写的《朝云墓志铭》中，也不见二人是何种场合下相识，从"东坡先生侍妾曰朝云，字子霞，姓王氏，钱塘人，敏而好义"句子可确定，王朝云是苏轼在杭州时相识并入苏府的。从墓志铭推算年龄的话，王朝云时年十二岁。由此可见，后人杜撰不少苏、王二人相识故事，皆无实证，乃至以讹传讹，确是不能当真的"好事者附会"之言。另一个原因是王朝云伴苏轼二十三年，始终未得名分，自无法入苏氏家谱。因此，苏辙后来为苏轼撰墓志铭时也只字不提王朝云，这些都使王朝云的早年身世如谜团般难考。在后人那里，倒是留下了较大的想象空间。对喜爱苏轼的人来说，他们愿意将一些美好故事赋予苏轼，正说明苏轼在人们心中的位置和影响；尤其在今天，熟不熟悉苏轼生平的读者都无不喜爱苏轼诗文，这也体现了苏轼以文字构建起的人格魅力。

七

就这样，杭州三载光阴，苏轼除因公务外出至湖州、秀州、严州、婺州（今浙江省金华市）、润州（今江苏省镇江市西南部）、苏州、常州外，西湖无日不有的陪伴使他的精神有了寄托。越到后来，苏轼的作品就越不是初来杭州时因苦闷而为的"遣怀"之作，而是到了纵情随性的地步——不再苦闷，便得逍遥。南宋周紫芝在《竹坡诗话》中载有一事，颇见苏轼的当时心态。某日，苏轼游西湖僧舍时，见壁上题有一首"竹暗不通日，泉声落如雨。春风自有期，桃李乱深坞"的小诗。苏轼读后，极为喜爱，问是何人所作。有同游人告知，作者是个叫清顺的僧人，住西湖之畔，其门前有两株古松，凌霄花攀缘其上；虽是僧人，却常卧于树下写诗，更风雅的是他还将住处取名为"藏春坞"。苏轼知是异人，即刻访见，二人果然一见如故。此后苏轼游湖，除与陈襄等同僚及来杭访己的孔延之、吕仲甫、周邠、张先、苏颂、柳瑾等人结伴外，更多的是与惠勤、惠思、参寥、清顺、可久、惟肃、义诠等僧人同舟，诗词唱和，尽抒胸襟。苏轼倒不是想接受佛家思想，而是与僧人交往时不知不觉有一种超越红尘的感受渐入内心。

这些无不说明，面对西湖的苏轼踏上的是一条皈依心灵之路——京师受过的打击远去了，残忍的政治肉搏消退了。今人总说苏轼性格豁达，豁达从何而来？天性自是一部分，更多的则从苏轼的大量诗词中得以体会——西湖已逐渐成为苏轼的心灵之湖。经过三年浸润，西湖使苏轼告别了凤翔时的懵懂，告别了京师开封时的压抑不堪，进入了从心所欲的境地。与在凤翔、开封时相比，杭州时的苏轼走进了生理上的不惑之龄，也使其心理变得天宽地阔。所以，苏轼的豁达是西湖给了他内心的平静和开阔。从那以后，世人绝少再看见忧生伤世的苏轼，哪怕他未来还将一次次品尝政治带来的苦涩，但其作出的反应已是"也无风雨也无晴"的超然面对了。在今天能够看出，受过儒家洗礼半生的苏轼通过西湖更接近了庄子和老子的思想，这也为他日后真正接受超脱人生的佛家思想奠定了基础。

当对苏轼器重的知州陈襄于熙宁七年（1074）六月三日接到知应天府（今河南省商丘市）的调令后，陈襄于七夕节邀集杭州官员会聚于梅挚在嘉祐二年（1057）所建的有美堂时，前望浙江，后顾西湖，再见沙河塘上明月东升、灯影闪烁，兴致大起，嘱苏轼即席赋词。苏轼先观湖，再蘸墨，填下一阕《虞美人·有美堂赠述古》：

> 湖山信是东南美，一望弥千里。
> 使君能得几回来，便使尊前醉倒且徘徊。
>
> 沙河塘里灯初上，水调谁家唱？
> 夜阑风静欲归时，惟有一江明月碧琉璃。

在苏轼这里，这阕送别词虽说是"赠述古"，字里行间却同样是写给自己。对苏轼而言，陈襄很快将赴应天府了，他自己不也三年任期将满，留在杭州的日子已经不多，和西湖相伴的日子也屈指可数。大凡送别之作，多少感伤难免。这阕词不是没有感伤，而是始终若隐若现，令人只触摸到语言之美、天地之美，乃至人生之美。再结合苏轼之前写给陈襄的《卜算子》中"吴蜀风流自古同，归去应须早"句能体会，归隐之想早已时时涌上苏轼心头。究其因，苏轼自是对前途失望所致；至于归隐何处，无非名山大川的自然深处。中国自古有"大隐隐于朝，中隐隐于市，小隐隐于野"一说，所谓"隐士"，也就是抛弃红尘俗事，于清寂中拥抱自然之人。从身份上说，苏轼当然不是隐士，但没有"隐士"身份不等于没有隐士心怀。从苏轼到杭州不久后所写的"我本无家更安往，故乡无此好湖山"（《六月二十七日望湖楼醉书》），以及到密州后仍念念不忘西湖而写的"更欲洞霄为隐吏，一庵闲地且相留"句看，苏轼秘密渴望的归隐之地已从他早年与蒋之奇相约的阳羡幻境到了眼前真实的西湖。但此时的苏轼正值壮年，他仍能听到前程召唤，所谓"归隐"也就不过一时意气所想。人生原本有太多的身不由己。苏轼所做的就是倔强地不让官场改变自己，原因既有他扎根内心的"行天下之大道"的儒家思想牵引，也不无他的天性被西湖唤起。

从这里再看"淡妆浓抹总相宜"句会发现，该句不仅是苏轼对西湖的由衷赞美，更是他对人生的态度确立——不论明日将遭遇怎样的生命浓淡，只要西湖在，其从容的本色就在。所以，能够想象的是，当苏轼接到调任密州（今山东诸城市）知州的诏令后，于九月二十日"来别南北山道友"，满怀不舍之情地与西湖告别，与望海楼告别，与孤山、柏山告别，与吉祥寺、灵隐寺、净慈寺、六和寺告别，与杭州的友人告别时，他伫立在西湖旁的身影一定被夕阳拖得最久，也拖得最长……

第五章 壮岁密州

——持节云中，何日遣冯唐

◎密州

◎杭州

一

无论苏轼对西湖如何不舍，终还是奉诏于熙宁七年（1074）九月底携家北上，经湖州、苏州、润州、扬州、楚州（今江苏省淮安市）、海州（今江苏省连云港市）等地，于十二月三日抵达时属京东东路的密州（今山东省诸城市），正式进入自己人生的第四站仕途。

在杭州时，苏轼官为通判，此任密州已擢为知州，这是苏轼经宦海十三载沉浮后的第一个知州之职。依惯例，赴地方为首的官员到任后，均得给朝廷上表呈谢。在《密州谢上表》中，苏轼一方面表示"受命抚躬，已自知于不称"，一方面又表示"臣敢不仰酬至恩，益坚素守。推广中和之政，抚绥疲瘵之民。要使民之安臣，则为臣之报国"。很明显，所谓"谢上表"，不过格式化言辞的例行公事罢了。苏轼的真实心境在十一月"濒海行"时填写的《沁园春·赴密州早行马上寄子由》中已体现得淋漓尽致：

> 孤馆灯青，野店鸡号，旅枕梦残。
> 渐月华收练，晨霜耿耿；云山摛锦，朝露漙漙。
> 世路无穷，劳生有限，似此区区长鲜欢。
> 微吟罢，凭征鞍无语，往事千端。
>
> 当时共客长安，似二陆初来俱少年。
> 有笔头千字，胸中万卷，致君尧舜，此事何难？
> 用舍由时，行藏在我，袖手何妨闲处看。
> 身长健，但优游卒岁，且斗尊前。

通过该词，苏轼尽吐自己对世路坎坷的感叹，也不无年华似水的复杂感受，二者促使他将入仕至今的思想起伏做了一番总结。此时，苏轼的心境已从最初"致君尧舜，此事何难"的自信到了"用舍由时，行藏在我"的退让，无不说明苏轼在迎风踏月时对明日前途感到不可抑制的矛盾和茫然。

在《东坡乐府》中该词的原注下，有"神宗闻此词，不能平，乃贬坡黄州，且言，教苏某闲处袖手看朕与王安石治天下"的气恼之句。苏轼日后被贬黄州，虽是因"乌台诗案"，却也不难体会宋神宗将读到该词后的不快也一并发泄了出来。从宋神宗角度看，他将苏轼擢为密州知州，实为自己重视其才的体现，对方表示的报答居然是"袖手何妨闲处看"，而"优游卒岁，且斗尊前"的自白，更无异于公开宣称其对政务将采取不闻不问的懈怠之姿，岂非对朝廷的辜负？

在苏轼那里，升官未有欣悦，不是没有原因。

三年前，苏轼从京师外任杭州，是他与主导变法的王安石水火难容所致。到杭州任通判时，倒还可沉浸山水、相伴西湖，唯记忆犹新的政治教训使其"不敢论事久矣"，如今到密州为地方知州，便事无推诿、件件得亲为了，尤其州务处理，万事不得逆新法而为。若按新法要求，内心抵触；若按内心，律法不允。尤其是在半年前，继王安石推出"青苗法""保甲法""贡举法"等一系列法令后，时为执政的吕惠卿又推出了"手实法"。

关于"手实法"，《宋史纪事本末》说得详细，"其法，官为定立物价，使民各以田亩、屋宅、资货、畜产随价自占。凡居钱五，当蓄息之钱一。非用器、食粟而辄隐落者许告，获实，以三分之一充赏。预具式示民，令依式为状，县受而籍之，以其价列定高下，分为五等。既该见一县之民物产钱数，乃参会通县役钱本额，而定所当输钱"。此法经宋神宗批准，诏行天下。

刚到密州，来不及喘气安歇的苏轼就劈头遇见两件棘手之事。

二

第一件和"手实法"有关。就法令内容来看，算是公允；从事实看，条条新法相加已致"天下怨谤"，原因从司农丞黄廉所说的"法非不良也，而吏非其人"中可见，新法落到州县后多与朝廷初衷相悖。现在，苏轼面对的正是黄廉预见的"法行而民病"的恶果。当苏轼查阅密州公务时，发现实行"手实法"的司农寺命百姓"自疏财产，以定户数"后，又另使人状告所报不实，以得法令规定的"三分之一充赏"——自然赏银多半入官员私囊。苏轼又惊又怒，对提举常平官说道："违制之坐，若自朝廷，谁敢不从？今出于司农，是擅造律也，若何？"

常平官未料苏轼心无贪念，竟吃惊地答了句"公姑徐之"，言下之意无非要苏轼睁一眼闭一眼作罢。苏轼虽为知州，毕竟初至新地，底下官员无一亲信，恩威未树间只得暂抑怒火，先处理第二件更为棘手的要事。

表面上看，该事非人祸，实属天灾。当苏轼踏入密州境内时，就见蝗虫遮天蔽日，密密而来。上任一个月不到，苏轼按捺不住，提笔给替王安石为相已八个月的韩绛写了《上韩丞相论灾伤手实书》，急切地说道："轼到郡二十余日矣……自入境，见民以蒿蔓裹蝗虫而瘗之道左，累累相望者，二百余里，捕杀之数，闻于官者几三万斛。然吏皆言蝗不为灾，甚者或言为民除草，民将祝而来之……将以谁欺乎？"

苏轼说得很清楚，面对蝗灾严重到"饥赢之民，索之于沟壑间"的地步时，州中官吏仍自欺欺人地认为蝗虫是"为民除草"，实为值得庆贺的好事。苏轼在尖锐问过官吏欲骗何人之后，直称天灾人祸无不因新法而起，尤其"方田均税之患，行道之人举知之。税之不均也久矣，然而民安其旧，无所归怨。今乃用一切之法，成于期月之间，夺甲与乙，其不均又甚于昔者，而民之怨始有所归矣"。

在表达过对"方田均税法"的忧患后，苏轼异常焦虑地直陈当下："今又行手实之法，虽其条目委曲不一，然大抵恃告讦耳。昔之为天下者，恶告讦之乱俗也，故有不干己之法，非盗及强奸不得捕告。其后稍稍失前人之意，渐开告讦之门。而今之法，揭赏以求人过者，十常八九。夫告讦之人，未有非凶奸无良者。异时州县所共疾恶，多方去之，然后良民乃得而安。今乃以厚赏招而用之，岂吾君敦化、相公行道之本意欤？"意思是法令颁布后，被人利用而开"告讦之门"，哪怕并非凶奸之人，也不惜为获赏钱而行诬告之事。这就是直言"手实法"为害民之法了。

接着，笔墨难止的苏轼还索性提出："密州之盐，岁收税钱二千八百余万，为盐一百九十余万秤，此特一郡之数耳。所谓市易盐务者，度能尽买此乎？……纵使官能尽买，又须尽卖而后可，苟不能尽，其存者与粪土何异，其害又未可以一二言也。愿公救之于未行。若已行，其孰能已之？"这是干脆请求朝廷免去京东与河北的榷盐了。

从这两件事中能够看出，苏轼到密州上任后，面对知州之责，根本做不到"袖手何妨闲处看"。毕生受儒家思想影响的苏轼，不缺圣人所言的"君子之于天下也，无适也，无莫也，义之与比"和孟子也强调过的"惟义所在"的从政担当。

三

但有担当是一回事，能不能尽数实现又是另一回事。今新法不变，蝗灾难除，甚至连苏轼到密州的初衷也暂时实现不了。

苏轼身至密州，不是朝廷事先决定，而是在杭州三年任期将满时，得知弟弟苏辙已从颍州调任齐州（今山东省济南市）掌书记，颇想能与弟弟接近，遂上书朝廷"求为东州守"。这次，朝廷未做刁难，才有了命苏轼往密州为知州的诏令。

按计划，苏轼入山东后便想取道济南先与苏辙相见，不料冬日严寒，清河冻合，未能成行。到密州后，应接不暇的公务致使苏轼无法抽身前往五百里外的济南和弟弟一叙离情。给韩绛上书后未过多久，公事繁忙的苏轼终遇一心喜之事，即苏辙第三子苏远出生了。苏轼兴奋之余，提笔写下《虎儿》一诗相赠——虎儿即苏远的小字。苏辙也很快写下一首《和子瞻喜虎儿生》诗回赠。

对苏轼来说，此时与弟弟苏辙互赠诗作，委实太像当年初仕凤翔时自己月月与时在京师的苏辙互寄诗歌。但光阴弹指，那已是十三年前的旧事了。苏轼想想十余年来的人事，除与弟弟苏辙的手足之情未变外，其他万事皆变：发妻王弗故去十年，父亲苏洵也故去九年，自己仕途看似开阔，却终究不属朝廷变法阵营，难说还有机会回京。如今，到密州上任月余，手下虽有殿中丞、密州通判刘庭式，州学教授赵杲卿、章传、陈开，诸城令赵昶，京东路提刑段绎，太常博士乔叙以及时时将"明年六十"挂在嘴边的郎中赵庚等人分担政务，但身为知州才知知州之重，无事不需自己亲为。终于，"凡百劳心"的繁重与焦虑使苏轼病卧床上，到当年除夕日还不能起身。从《除夜病中赠段屯田》诗中的"龙钟三十九，劳生已强半。岁暮日斜时，还为昔人叹"句可见，苏轼内心的苦痛、迷茫、焦虑等诸般感受纷乱交织，竟至将三十九岁的人生壮年视为"龙钟"，足见当时其心情起落难对旁人倾诉。

过不多久，跨年到熙宁八年（1075）正月二十日晚，疾病缠身的苏轼竟然梦见了去世整整十年的发妻王弗。惊醒之后，苏轼感伤难抑，抱病下床，提笔蘸墨，写下了他全部词作中最令人读来恻然的《江城子·乙卯正月二十日夜记梦》：

> 十年生死两茫茫，不思量，自难忘。
> 千里孤坟，无处话凄凉。
> 纵使相逢应不识，尘满面，鬓如霜。
>
> 夜来幽梦忽还乡，小轩窗，正梳妆。
> 相顾无言，惟有泪千行。
> 料得年年肠断处，明月夜，短松冈。

今人论及苏轼，总离不开"豪放"二字。这阕《江城子》自非豪放之作，但与其说它是婉约之作，毋宁说它就是一阕苦痛之作和脆弱之作。人都有脆弱的时候，尤其当疾病傍身之时。人有情绪的起伏，才有情感的完整。就苏轼当时来看，身边既有续妻王闰之，还有侍妾王朝云，前者贤淑，后者温婉，二人对苏轼的照顾自是无微不至，但对苏轼内心的进入，仍做不到如王弗那样动眉知意、灵犀相通，尤其王弗生前对苏轼步入仕途后的帮助无人可及。苏轼在自己的脆弱时分不自觉地追怀王弗，实有多种缘由交织。说到底，到密州不足两个月的苏轼表面虽病，内心却充满了难耐的孤独，而王闰之和王朝云无法填满这一孤独。这一孤独是苏轼面对往日的孤独、面对流年的孤独、面对政务的孤独，更是面对与生俱来的人生的孤独。古往今来，唯有真正面对、抵抗并最终战胜这一孤独的人，才能成为不惧一切风雨之人。

四

身体疾病，药石可医；一州之事，却纷繁复杂，既费时耗力，还须众官同心。苏轼刚与提刑段绎相熟，后者却在正月底调离密州。段绎动身时，众官员相送，唯苏轼因病未愈，只在府中写下一首《送段屯田分得于字》的诗作为赠，其中"胶西病守老且迂，空斋愁坐纷墨朱"句能见其感伤。数日后，苏轼又接徙定州（今河北省定州市）的翰林侍读学士、礼部侍郎滕元发来信函，称有意将苏辙调其幕府。至此，至密州近两个月的苏轼与弟弟苏辙始终未得一见，心内自有不舍，但滕元发之举乃提携苏辙好意，当即回函致谢。不料，滕元发随即遭遇一连串变故，先于二月九日至苏辙所在的齐州任知州，旋即又调任邓州，再即又返乡丁忧；到闰四月时，孝服未除的滕元发竟又卷入妻党李逢与赵世居的结谋不轨中而被落职。此为题外话，略过不叙。

苏辙未被调动，苏轼倒私觉安慰，虽与弟弟未能相见，毕竟知其在山东境内，地理上的距离能对应心理上的距离，总有随时能见之感。病愈后，苏轼决心整顿州务。从苏轼三月给表兄石康伯信中的"凶岁之余，流殍盗贼无虚日"可见，当时苏轼除面对蝗灾外，还要面对密州盗贼成风的恶况。原因倒不是密州民风彪悍，而是苏轼在《论河北京东盗贼状》中说的"蝗旱相仍……今又不雨，自秋至冬，方数千里，麦不入土"。这就是历史上不厌其烦地一次次所写的"地无收成，人便为盗"的现实了。

天下处处有盗，独北方之盗令人最为畏怖。其缘由，苏轼以自己的历史眼光将其前因后果写得极为通透，"周高祖自邺都入京师，而汉亡。由此观之，天下存亡之权，在河北无疑也"，并进言"陛下即位以来，北方之民，流移相属，天灾谴告，亦甚于四方，五六年间，未有以塞大异者。至于京东，虽号无事，亦当常使其民安逸富强，缓急足以灌输河北"。

话虽如此，做得到吗？苏轼不得不着重强调，"自今岁秋旱，种麦不得，直至十月十三日，方得数寸雨雪，而地冷难种，虽种不生，比常年十分中只种得二三"。在担心更多良民被迫为盗之余，苏轼迫切希望朝廷能遣钦差"体量放税"，即便不派钦差，也望朝廷能"取今日以前五年酌中一年实直"。从中可见，苏轼到密州之后，对公务诸事实是殚精竭虑。

处置公务，自不是给朝廷上疏完就可抛诸脑后。朝廷各州设官，目的就是须由知州解决当地事务。苏轼说得清楚，所谓"盗贼"，不过是种麦无雨乃至铤而走险的农人，所以解决旱灾便为首要之事。

苏轼依当时常法，于四月初率刘庭式、赵呆卿、章传、陈开等数百官兵前往常山祈雨，并撰文道："哀我邦人，遭此凶旱。流殍之余，其命如发……"率众祈告之后，苏轼一行人尚在返转途中，果降大雨。苏轼狂喜之余，写下一首四十行诗歌《次韵章传道喜雨》。从诗中"山中归时风色变，中路已觉商羊舞。夜窗骚骚闹松竹，朝畦泫泫流膏乳。从来蝗旱必相资，此事吾闻老农语"等句可见，苏轼颇为兴奋地预知，雨在解除旱灾之余，还将消除蝗灾。

风调雨顺的四月过后，天又复旱。苏轼如法炮制，又率众官前往常山祈雨。这一次，苏轼不仅写下《祭常山神祝文》，还许愿若山神降雨救民，便将在山中修庙年年拜祭。果然，苏轼祈告之后，再次降雨。随后，苏轼命人建庙祭神。到六月下旬，新庙修成，苏轼如约率众前往常山还愿，并写下第二篇《祭常山神祝文》。苏轼在文中写过"自我再祷，应不旋毂"的感激句后，又将建庙诚心告知山神："陶匠并作，新其楹桷。岂以为报，民苟不怍……"

苏轼连续两次祈雨成功，又得新庙还愿，心情极为喜悦。近两月之雨，旱灾尽去，蝗祸也除，盗贼自随之减少。对苏轼来说，履任仅仅半年，密州已焕然一新。从常山率众回城时，苏轼兴致陡起，命人前往密州城外的铁沟围猎。在"所获颇多"之下，苏轼豪情愈涨，填下一阕《江城子·密州出猎》为记：

> 老夫聊发少年狂，左牵黄，右擎苍。
> 锦帽貂裘，千骑卷平冈。
> 为报倾城随太守，亲射虎，看孙郎。
>
> 酒酣胸胆尚开张，鬓微霜，又何妨！

持节云中，何日遣冯唐？

会挽雕弓如满月，西北望，射天狼。

　　与半年前梦见亡妻王弗而作的《江城子·乙卯正月二十日夜记梦》相比，苏轼这阕《江城子·密州出猎》词堪称大宋词坛的开天辟地之作。在该词之前，宋词内容大多风花雪月，尤其遍于八方的柳永之词——虽得南宋叶梦得笔下"凡有井水处，皆能歌柳词"的传诵度——题材却是有限。当时，不论柳永名气多大，除少许佳句外，苏轼始终不推崇其整体。在苏轼眼里，柳永句虽工，词却媚，多为儿女苦情之作，格局见小。该局限并非柳永独有，而是词至当时尚无资格与诗并驾齐驱，即使范仲淹的《渔家傲·秋思》等作品已在竭尽全力地开拓词的表现力度，终还是落入凄清与感伤。改此局面是在苏轼大开大阖的笔力后，词方有能与诗一争雌雄的气象。一个明显的起点就是这阕《江城子·密州出猎》的横空出世。填完后，苏轼自谓"虽无柳永风味，然自成一家"，令壮士歌咏。密州所在的山东原豪杰之地，胆气雄烈，壮士无不为该词的气势所折，数百人齐齐抵掌顿足而歌，旁边者吹笛击鼓为节，此情此况，苏轼自己也觉"颇壮观也"。

　　细品该词，苏轼的性格与热望也跃然纸上。苏轼因梦见亡妻王弗而填的《江城子·乙卯正月二十日夜记梦》虽也儿女情长，此阕却表明其内心不无沙场建功的丈夫之志：虽经仕途颠簸，却不甘随波逐流，更不甘年华虚掷，就此沉沦。可以想象，"亲射虎"后的苏轼眼望无尽长空，一股不可抑制的豪情壮志与屈原"待明君其知之"的政治理想又一次涌上了心头。上半阕的"孙郎"（指三国孙权）自许和下半阕的"持节云中，何日遣冯唐"，就是苏轼深藏内心的愿望流露。后句典故出自汉文帝时，云中太守魏尚击退来犯匈奴，却因将杀敌数字多报了六个而遭朝廷刀笔吏围攻，被削职监禁一年，后经冯唐为其辩解，汉文帝遂遣冯唐"持节"前往赦免，魏尚得以官复原职。

苏轼的遭遇与魏尚同样如此，在朝中因反对王安石新法，被后者诬陷有贩卖私盐之举，今已四载过去，朝中却竟无一个"冯唐"为之辩解。苏轼不是不知四个月前的二月中旬，京东安抚使向经上疏朝廷，请召苏轼为侍从。但向经的上疏如泥牛入海，无半点消息传回。对苏轼来说，若说当时他刚刚上任密州知州无政绩可言还能理解的话，现经自己大刀阔斧行事后当地儒风渐起，政绩有目共睹，怎么朝廷仍视而不见？

苏轼的政绩当然不是仅推广儒风和率众祈雨，最为重要的是他对新法——尤其对"免役法"有了实践中的认识，并在执行中有了正视和推陈出新。若不到地方做知州，对新法素执否定态度的苏轼根本做不到这一点。

五

在王安石颁布的一系列新法中，替代"差役法"的"免役法"是极为重要的法令。所谓"役"，即因官方所需而出劳力。《宋史·食货志》对"差役法"解释得十分详尽，"役出于民，州县皆有常数。宋因前代之制，以衙前主官物，以里正、户长、乡书手课督赋税，以耆长、弓手、壮丁逐捕盗贼，以承符、人力、手力、散从官给使令；县曹司至押、录、州曹司至孔目官，下至杂职、虞候、拣、掏等人，各以乡户等第定差"。

"差役法"看似公允，实行也似不难，但民间多利用不耕地而避户，造成人丁不多的假象，导致"役使频仍，生资不给，识者忧焉"。王安石正是看到"差役法"的弊端，才索性以免役法代替。所谓"免役"，即允许出钱雇役，其中内含三个概念：一是凡出劳力的人户，以等第出钱，等第高的多出，等第低的少出，称"免役钱"；二是其坊郭等第户及未成丁、单丁、女户、寺观、品官之家，有产业物力而没出过劳力的，可出钱助役，称"助役钱"；三是人户交足定额的免役钱后，政府再按总数多收十分之二，以备水旱和拖欠的，称"免役宽剩钱"。

苏轼对新法素持异议，尤其对取士之法的更改极为反感。苏轼刚至密州时，曾收嘉祐六年（1061）进士、永宁知县颜复来函，后者为亡父颜太初编了一部诗集，恳请苏轼撰序。提笔后，苏轼借机于文中讥讽朝廷更改法度，导致"今日学者多好空言"。这件事情虽见苏轼对新法抱以反对和反感，但不等于他对新法只仅凭主观臆断而否定，毕竟不论当初在开封还是今为一州知州都不能不研法纪。譬如，苏轼对新法中一些如裁抑皇族特权、增强军事力量的措施就表示赞同。具体到"免役法"，经实行中见过效果之后，苏轼以为该法有"五利二弊"，他要做的就是"设法以防弊"。这是苏轼对"免役法"持肯定的体现，也说明他对王安石的新法不再全盘否定。在"免役法"的基础上，苏轼还为密州制定了"给田募役法"，其具体方案是用留存的"免役宽剩钱"购买民田，然后募人耕种。这就避免了政府将"免役宽剩钱"挪作他用，实现了苏轼的"防弊"初衷。

同时，农人因耕地而有收入，效果也就达到了苏轼所说的"民甚便之"。正因如此，苏轼深觉"免役法"当"决不可废"，乃至日后与交情厚密的司马光也发生龃龉，此为后话。

从当时看，苏轼在密州，委实提前做到了后世陆象山"收拾精神，自作主宰，万物皆备于我，有何欠阙"之言。一年下来，州事渐趋安定，尤其盗贼之事与初来时"椎剽之奸殆无虚日"的恶况相比，已转为"盗入蒙山不易搜"的安定。苏轼做到这一点，赖于其法纪严明和立场坚定。有两件事可为佐证，第一件事是当时有盗贼追捕未获，负责缉拿的安抚、转运司颇感焦虑，遂请外地使臣多带士卒入境。不料，那些士卒却比盗贼更为凶暴，借机入民宅，看见值钱什物便诬称是朝廷禁物欲抢为己有，遭反抗后竟杀人逃窜。当民众告至衙门，苏轼不看状书，反而轻描淡写地说了句"必不至此"。畏罪士卒听闻，以为苏轼会因自己的差人身份而网开一面，不料苏轼趁对方放松警惕后命人召回，即依刑斩首。此举既获民心，也震慑了盗贼。

第二件事是当年四月第一次求雨后，诏令至州，称"岁遇灾伤之故，赏钱降一等"。苏轼当即给时在大名府的河东节度使兼侍中文彦博上书"请求勿减"，不仅表明灾伤"急于盗贼"，还在因赏"治盗贼"已见成效的前提下详述了"今岁之民，上户皆缺食，冬春之交，恐必有流亡之忧"。待朝廷收回成命后，苏轼"明立购赏，随获随给"，即对抓捕盗贼的人及时行赏，终至"人事竞劝，盗亦敛迹"，密州也从"风俗武悍"之地渐为安居乐业之所。

六

州事越安定，身为知州的苏轼越不敢松懈，始终"朝衙达午，夕坐过酉"。某日，退堂后过了时辰，厨房早已无食，苏轼与通判刘庭式沿古城墙至荒废菜园，找了些杞菊当食。苏、刘二人吃过后相对大笑，看来唐人陆龟蒙说自己饿到吃杞菊之事果然不假。刘庭式终于发现，苏轼确是随性纵意之人。当苏轼谈起自己十余年的仕途生活时，坦言"家日益贫，衣食之奉，殆不如昔者"。刘庭式自知苏轼所谓"昔"是比较在杭州之时，心想密州乃桑麻丛生之地，如何能与杭州的风流富贵相比？

令刘庭式敬佩的是，苏轼倒未觉有何不同，回去后特意步陆龟蒙的《杞菊赋》写了篇《后杞菊赋》，将自己的内心和盘托出："人生一世，如屈伸肘。何者为贫？何者为富？何者为美？何者为陋？或糠覈（核）而瓠肥，或粱肉而墨瘦。何侯方丈，庾郎三九。较丰约于梦寐，卒同归于一朽。吾方以杞为粮，以菊为糗。春食苗，夏食叶，秋食花实而冬食根，庶几乎西河、南阳之寿。"意思是，人不应只从表面上看贫富美丑，如汉陈平整日吃糠，照样长得白胖；曹植顿顿美食，仍是瘦骨嶙峋。何曾每餐万钱，庾杲之食唯韭菹，都不过梦中丰盛贫寒，人最终不免一死。我以杞菊为食，春天吃苗，夏天吃叶，秋天吃果，冬天吃根，说不定还能像子夏和南阳人一样长命百岁。

这段话看似是苏轼的精神胜利法，却确实是苏轼到不惑之龄时的内心实感。唯有洞悉人生之人，才能真正做到"不以物喜，不以己悲"。自嘉祐二年（1057）金榜题名至今，苏轼十九年来的经历不少，从故乡到京师，从京师到地方，从江南到河北（指黄河以北），从繁华到萧条，有过少年得意，有过起落颠簸，朝堂拜过天子，江湖访过赤贫，还接二连三地体会过生离死别，无人无事不刻骨铭心，也算是进入荣辱不惊的境地了。圣人早就明明白白说过，"富与贵，是人之所欲也，不以其道得之，不处也；贫与贱，是人之所恶也，不以其道得之，不去也"。不论圣人之言，还是苏轼自己的内心感悟，后人看到的却是四十岁的苏轼已被经历和自我塑造成"苟有可观，皆有可乐"的光风霁月之人。

但苏轼即便已领悟"人生一世，如屈伸肘"，令他内心柔软和念念不忘的始终是弟弟苏辙。记得去年赴密州路上，苏轼曾兴致勃勃地幻想能与弟弟苏辙"沿堞而见"，不料时日倏忽又到一年岁末，兄弟俩竟还未曾一见。到十二月时，居密州已整整一年的苏轼日感此处"风俗之淳，而其吏民亦安予之拙也"，在州务处理之余终于腾出手来"治园圃、洁庭宇"，将自己名为"西斋"居所内的北园旧台稍事修葺，以得登台眺全城之便。修毕后，苏轼驰书齐州，希望弟弟苏辙为翻新之台取个名字。

两个月后，即熙宁九年（1076）二月，苏轼收到弟弟苏辙回函，后者建议以《老子》中"虽有荣观，燕处超然"句中的"超然"为名。苏轼大喜，弟弟苏辙为台命名尚是其次，最主要的是"超然"二字，委实切合自己此刻的内心。苏辙能以此"超然"二字为名，足见其对苏轼的理解，更足见其对苏轼的意义已超越手足，成了"岂独为吾弟，要是贤友生"的人生知己。什么是知己？便是真正容己、念己、惜己、爱己、懂己之人才称得上知己。当苏轼初至密州时，面对"盗贼满野，狱讼充斥；而斋厨索然，日食杞菊"的境况，旁人都"疑余之不乐也"——写下该言，也就是苏轼觉身边之人，无人懂己——而此时苏辙以"超然"二字为赠，一定是劝慰站于台上的苏轼在回首仕途坎坷、人生漂泊时心若不超然，难免被种种不如意事击垮。这也正是苏轼真实的想法和做法。

今从乾隆《诸城县志》中"轼手书，久亡"五字可知，当苏轼收到弟弟苏辙书函及撰写的《超然台赋》后，他立刻亲书"超然台"三字。今日看来，岁月能摧石刻，却摧毁不了时空中的苏轼的文字。从苏轼三月三日写下《超然台记》一文中"时相与登览，放意肆志焉。南望马耳、常山，出没隐见，若近若远，庶几有隐君子乎"句可见，迎风四顾的苏轼的确进入了超然之境。在了解苏轼的人那里，他们也无不觉"超然"便是苏轼最真实的内心，因此鲜于侁、张耒、李清臣、司马光、文彦博等异地友人均为"超然台"写下诗赋。雅事至斯，实令后人神往。

无人不想超然，但人只有经历大悲大痛后才会超然，也只有认识人生真相后才有超然。苏轼在二者驱使下文思泉涌，不仅使他在"超然台"上写下了"休对故人思故国，且将新火试新茶，诗酒趁年华"的不朽之句，还使他写下了被后人誉为"天仙化人之笔"的《水调歌头（明月几时有）》。这阕词既是苏轼当之无愧的代表作，也是他对人生、情感乃至天地、宇宙的认识之作。

七

前文说过，苏轼到密州刚刚两个月时，京东安抚使向经曾上疏朝廷，请召苏轼为侍从。一年后，熙宁九年（1076）正月，向经被召回京师，继向经为京东安抚使兼知青州的陈荐和提举李孝孙又先后乞召苏轼为侍从。可见在一众地方官中，多觉苏轼任密州知州实有大材小用之嫌。对苏轼来说，"持节云中，何时遣冯唐"也一直是他怀抱的政治期待，密州终究乃僻远之地，即使民风再淳朴，也无以实现自己的毕生抱负。此时，王安石自熙宁七年（1074）四月去职后，又于熙宁八年（1075）二月再次拜相，但得到的支持已大为减少，为人奸猾的吕惠卿也外知陈州。至熙宁九年（1076）以来，面对变法派内部分裂已成的窘境，王安石以病为由屡请离职，故此时朝廷最需的便是人才了。但与其说"侯门深似海"，不如说"朝廷深似海"，陈荐和李孝孙的上疏终究还是无回响，陈荐自己也很快罢任回乡。在此背景下，再读《超然台记》中的"南望马耳、常山，出没隐见，若近若远，庶几有隐君子乎！而其东则庐山，秦人卢敖之所从遁也。西望穆陵，隐然如城郭，师尚父、齐桓公之遗烈，犹有存者"句时，能见苏轼并未于朝廷无回音而沮丧。在此时此刻的苏轼那里，超然既是其性格的部分，也是其看透世情的体现，这一点从他与僚属会聚流杯亭时也能看出。

流杯亭位于密州东武县，从石门山流出的柳林河从县西北经过汇入南面扶淇河，两河交汇之地为密州上巳节祓除之所。所谓"祓除"，就是去野外水边沐浴祭奠，以求祛病免灾。上巳节为古时重要节日，在民间俗称"三月三"。苏轼的《超然台记》便写于该日。当他稿毕搁笔后，文章中"乐哉游乎"句墨迹未干，刘庭式等僚属已登门相邀踏青，并巡视新建防洪堤。

暮春三月，正是江南草长之时，北方密州却还春寒料峭，凉意袭人。众人巡视过新堤后，于流杯亭内围坐。饮酒间，有一歌妓对苏轼说道："上巳节旧词多矣，未有乐新堤而奏雅曲者，愿得一阕，歌公之前。"原本心生感慨的苏轼当即挥毫，写下了《满江红·东武会流杯亭》一词。后半阕的"官里事，何时毕。风雨外，无多日。相将泛曲水，满城争出。君不见兰亭修禊事，当时坐上皆豪逸。到如今、修竹满山阴，空陈迹"句，看似低落，却恰到好处地对应了苏轼在《后杞菊赋》中"卒同归于一朽"的人生终极面对。

人体会到终极，也就无所谓情感的昂扬与低落了，人生的真相只在终极中出现。再结合苏轼刚刚在《超然台记》最后的"余之无所往而不乐者，盖游于物之外也"句可见，既然苏轼已体会到终极，自然也就不可能再情绪低落，不过是将自己最深处的感受如实付诸笔端罢了。"身在物外，才不为物所牵绊"，这正是苏轼面对人生的态度，它谈不上积极，也绝不消极。人生的真相莫不如此，它也一直摆在有史以来的人类时空和所有人面前。有所区别的是，面对终极并抱以平和之心的人太少，不愿面对和面对后心有畏惧的人太多，而心有畏惧就不可能身游物外。在今日看来，只有像苏轼这样心无畏惧的旷达之人，才能一步步将其对人生、宇宙的真相和盘托出。就苏轼当日的一赋一词来看，二者都是对真相的揭示。今天面对苏轼的全部诗词，确能发现其令人仰望的高度，不是源于技巧或语言玩弄，而是对人生真相的步步揭示。从苏轼的密州之作来看，当年中秋日所写的《水调歌头（明月几时有）》便是其对真相的终极揭示——被揭示的都是天地间的存在，存在本身并无温度。苏轼该词有个核心，便是将苏辙作为自己的情感倾诉对象贯穿其中，保证了其笔下的终极存在与情感温度的相得益彰又合而为一。

下面来看这阕纵横古今的不朽之词。

八

对苏轼来说，无论自己到密州之前还是之后，最渴望的事情就是与弟弟苏辙相见。不料屈指一算，自熙宁四年（1071）苏轼赴任杭州途中和弟弟苏辙七月团聚陈州，再至九月于颍州分别之后，已整整五年未见。苏轼、苏辙兄弟二人彼此虽诗书不断，终究比不得面叙手足之情。今苏轼自己已两鬓爬霜，却不知弟弟苏辙已变何样，思念日甚。

终于，中秋日到来，"每逢佳节倍思亲"（王维《九月九日忆山东兄弟》）。当夜，苏轼与访客饮于超然台上。客人究竟是谁以及当夜究竟有几个客人，未见载录，只知他们对饮间有二事聊到了嘉祐四年（1059）进士、知仙源县（今山东省曲阜市）孔宗翰（字周翰）。一事是孔宗翰正乞任密州知州；另一事是孔宗翰在十七年前的中秋夜因公务留宿东武官舍，当时还有两个分别叫陈宗古和任建中的人相陪，后当其听闻陈宗古和任建中去世的恶讯后感伤不已，遂写下了"屈指从来十七年，交亲零落一潸然。婵娟再见中秋月，依旧清辉照客眠"（《题壁》）一诗。

听到客人将孔宗翰《题壁》诗吟诵之后，苏轼也不禁想起人生的种种生离死别，更想起了同在月下却不能节日相见的弟弟。从常理看，中秋乃团圆之日，客人谈生论死，不免有煞风景，但客人又能随意谈及，也可见其对苏轼的了解已到非凡程度。苏轼闻孔诗后诗兴骤起，写下了《和鲁人孔周翰题诗二首》，以待孔宗翰"他日一笑"。这个"他日"自是指后者接替自己任密州知州之时了。随后，见圆月升空，清辉遍布，苏轼与客人饮性更浓，到酣处时苏轼于台上起舞歌吟，这一饮竟至东方发白。苏轼大醉间，又念苏辙，更加情难自抑，遂泼墨走笔，写下了令后人赞不绝口的《水调歌头（明月几时有）》。全词如下：

> 丙辰中秋，欢饮达旦，大醉，作此篇，兼怀子由。
>
> 明月几时有？把酒问青天。
> 不知天上宫阙，今夕是何年。
> 我欲乘风归去，又恐琼楼玉宇，高处不胜寒。
> 起舞弄清影，何似在人间。
>
> 转朱阁，低绮户，照无眠。
> 不应有恨，何事长向别时圆？
> 人有悲欢离合，月有阴晴圆缺，此事古难全。
> 但愿人长久，千里共婵娟。

人生最无情的底牌和人最由衷的期待在这阕词中水乳交融。所谓"人生最无情的底牌"，就是将"人有悲欢离合，月有阴晴圆缺，此事古难全"的真相揭示；所谓"人最由衷的期待"，就是"但愿人长久，千里共婵娟"的愿望是否实现。古往今来，没有哪首（阕）名垂千古的作品不是将个人的情感抒发深化为对全部人生的呈现，也没有哪个文人不渴望做到这一点，在做到与未做到之间横亘的就是自己是否糅合了对生活的全部领悟，是否展现了人生最深处的不变存在，是否理解和进入了宇宙间的某个永恒真理。这阕词即便出自苏轼，仍是可遇不可求的神品，在创作者那里唯有抵达心同天地的神秘时刻才能在瞬间进入瓜熟蒂落的境地。

对苏轼来说，所谓"神秘时刻"就是将自己活到今天的全部人生——所有的悲喜、迷茫、得到、失去，所有的坚持、探索、理解、追寻，所有的情感、渴望、领悟、起伏等万般感受，进行了无穷融合后才结晶出万川归海的喷薄瞬间，甚至极少大醉的苏轼也终于在一次人生的大醉中恍惚间推开了创作的终极之门，才写出了这阕终极之作。有了这阕词，就注定了苏轼的青史不朽，也注定了他的万古垂名。

不管是当时还是后世，对这阕词无人不赞——南宋胡仔的评价是"中秋词，自东坡《水调歌头》一出，余词尽废"，明代杨慎直接称其为"古今绝唱"，清代沈雄和陈世焜分别以"万古一清风也"和"谪仙而后，定以髯苏为巨擘矣"冠之，近代王国维则干脆称此词"格高千古，不能以常调论也"。

南宋陈元靓在《岁时广记》中特地记载了一则逸闻，说苏轼填该词八年后的元丰七年（1084），某日宋神宗问内侍如今最为人传诵的词是哪阕时，内侍便将苏轼这阕《水调歌头（明月几时月）》抄录呈上。宋神宗读到"又恐琼楼玉宇，高处不胜寒"时，感慨地说了句"苏轼终是爱君"，遂下诏将贬谪黄州四年多的苏轼调任汝州。不论这则逸闻的真假与否，都说明这阕词的影响堪称"无词可出其右"。无论苏轼将来还会写出何种百世流芳之作，就表现人生的题材而言，这阕《水调歌头（明月几时有）》已达极致，千载至今，无人能再超越。

九

正如中秋客人说过的那样，熙宁九年（1076）十二月上旬，孔宗翰果然被诏命为密州知州。在孔宗翰赴任前的九月，苏轼已接移知河中府（今山西省永济市蒲州镇）的诏令。苏轼虽不舍密州，接到诏令仍感振奋：此去山西自不算实现"持节云中，何日遣冯唐"的梦想，但种种迹象表明自己不久或得重用——去年十月，朝廷继废罢制科后，又再罢除自己最为反对的"手实法"；今年十月，王安石与其一手提拔的吕惠卿矛盾日深后，第二次辞去相位，判江宁府（今江苏省南京市）。最令苏轼兴奋的，弟弟苏辙也因王安石离京而从齐州回到京师开封，看来无须多久自己便能与弟弟相见了。

离开密州之时，苏轼为冬雪弥漫的密州写下了"莫笑官居如传舍，故应人世等浮云。百年父老知谁在，惟有双松识使君"（《别东武流杯》）的告别之诗。从诗句可见苏轼的当时心态，有留恋，有洒脱，也有对岁月时空的再次体认。对苏轼来说，密州作为自己首次为知州的施政之地，虽只待了短短两年，但对未来而言这是必不可少的两年，也是真正体会"仁以为己任，不亦重乎"的两年。"但愿人长久"的目的，既是为了"千里共婵娟"，也是为了"舜何人也，余何人也，有为者亦若是"的抱负完成。

在苏轼那里，自己施政的第一步自是问心无愧。且不说满怀感激的密州百姓在城西彭氏之圃为苏轼塑像以便岁时"相率拜谒"，当他取道潍州过常山时，山中遇一些"拍手笑"的孩童，竟问苏轼何日能再归来——连密州孩童都不舍，这是比为其塑像更高的赞誉了。

因此，苏轼没理由不觉得此刻将在自己面前展开的必是通往"生乎今之世，而志乎古之道"的明日之路，也更没理由不在"除夜雪相留，元日晴相送"（《除夜大雪留潍州元日早晴遂行中途雪复作》）的喜悦中发潍州、辞青州、别齐州、往黄河——苏轼将第一次目睹那条激荡天下的九曲大河，他似已感到从"天上来"的黄河必将在自己内心激荡起一股久违的意气和志气。

第六章 寂寞徐州

——悟此人间世，何者为真宅

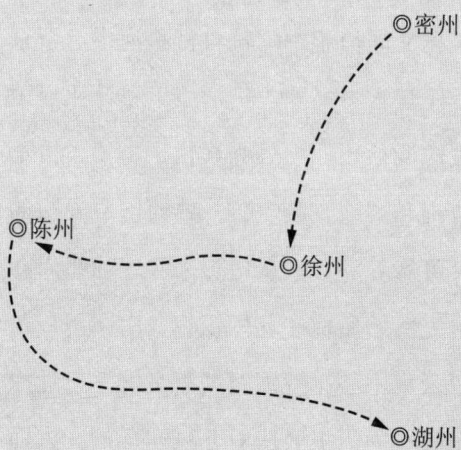

◎密州

◎陈州　　　◎徐州

◎湖州

一

刚近黄河,苏轼就遇到两件极为心喜之事,第一件是他携眷行至澶州(今河南省濮阳市西)和濮州(今山东省菏泽市鄄城县旧城镇)之间时,与出京三百里迎接的弟弟苏辙相逢。屈指一算,苏轼、苏辙兄弟二人已七年未见了。对于此次相见,从苏辙"我兄东来知东武,走马出见黄河滨"句子可见,苏辙极为兴奋;苏轼也情难自已地填下了《满江红·怀子由作》一阕,以"相看恍如昨,许多年月"来尽吐衷曲。

有弟弟苏辙相伴,苏轼行程自愉,遂决定先入京城。熙宁十年(1077)二月十二日,众人刚至宋太祖赵匡胤一百一十七年前黄袍加身的陈桥驿(今河南省新乡市封丘县陈桥镇)时,又接到改知徐州的诏令。从苏轼当时写给从表兄文同信函中"轼自密移河中。至京城外,改差徐州,复挈而东。仕宦本不择地,然彭城于私计比河中为便安耳"句可知,苏轼对被转调徐州一事颇为喜悦。与"人情不安"的河中府相比,徐州乃清闲和"地宜菽麦,一熟而饱数岁"的富庶之地,既可经世济民,又可修养身心。从历史来看,徐州尚在上古时便为华夏九州之一,自先秦始便成"北国锁钥、南国门户",既是兵家必争之地,又是商贾云集中心,三国时期著名的"三让徐州"之事便发生于该地。徐州深厚的历史底蕴对苏轼这样的文人而言,其吸引力自远超河中府。从苏轼另写给友人、京东路转运使鲜于侁的"梦魂东去觅桑榆"(《浣溪沙(有感)》)词句看,兴奋之情溢于言表,唯美中不足的是,诏令中"不得入国门"句使苏轼只得暂居开封城外范镇（字景仁）的东园宅邸。

苏轼未能及时赴任徐州，倒不是当时一众友人如王诜、钱藻、王汾、孙洙、陈侗、陈睦、胡宗愈、王存、林希、王仲修、欧阳奕、鲁有开、蒋夔等人纷纷相邀聚酒，原因用他自己的话说，是"改差彭城，便欲赴任，以儿子娶妇，暂留城东景仁园中"。这里苏轼说的儿子是其长子苏迈，后者娶妻石氏。

待喜事临门的苏轼终于动身时，已到熙宁十年（1077）四月初了。当时，苏辙为签书应天府判官，兄弟二人一同南下。从苏辙当时《寄范丈景仁》诗中"留连四月听鹍鹆，扁舟一去浮奔浑"句可知，他与苏轼取道汴水，一行人过南都（今河南省商丘市）、宿州、符离后于二十一日到达徐州，时有国子监通判田叔通、寇昌朝、石夷庚等人相迎。

从大宋行政划分看，徐州与密州同属京东东路，为彭城郡，归武宁军节度。彼时，苏澥为京东东路安抚使兼知青州，鲜于侁为京东路转运使，蔡朦为京东东路转运判官。就徐州官员看，除出城迎接的国子监田叔通等人外，还有将官梁交、通判傅裼、监徐州酒税吴珀、教授舒焕、推官毕仲询、狱掾胡公达、藤县县令范纯粹、彭城令颜复等人——在密州时，苏轼曾应颜复之请，为其亡父颜太初诗集撰序；狱掾胡公达系苏轼初仕凤翔时的天兴县令胡允文之子，算是故交了。

此时此刻，苏轼自然不会知道，他在徐州任上还将遇到什么人、感慨什么事、写下什么诗。能确定的是，四月到任时，苏轼的心情便如后世陆游描写春末夏初的诗句一样，"糁径落花犹片片，拂云新竹已离离"（《四月》），极为舒畅。

二

新官上任，便是前任离去之时。在苏轼之前的徐州知州唤江少卿，其在《宋史》无传，也没资料显示苏轼曾与之相熟。不过，通过官务交接，苏轼对江少卿的才能颇为赞赏。当江少卿离州他任时，苏轼设宴为别，又亲自送至江边，并写下了自己到徐州后的第一首七律——《徐州送交代仲达少卿》：

> 此身无用且东来，赖有江山慰不才。
> 旧尹未嫌衰废久，清尊犹许再三开。
> 满城遗爱知谁继，极目扁舟挽不回。
> 归去青云还记否，交游胜绝古城隈。

从该诗颈联可见，苏轼既以委婉之笔表达了对江少卿在徐州颇得民心的赞许，也倾吐了自己眺望对方扁舟远去时的不舍之情。当时，一同相送的苏辙也写下一首《徐州送江少卿》之诗，诗中以"居人永瞻望，归意何仓卒"表达了对新交的惜别之情，又以"公来初无事，丰岁多牟麦。铃阁渡清风，芳樽对佳客"的诗句告知读者——苏轼到徐州后，麦丰谷熟，官务不多。从苏辙诗句看，也印证了当时徐州确为苏轼预料的清闲之所。随后的事实也表明，苏轼在徐州的时间大都用在了迎来送往和诗词歌赋之上。

首先是苏轼收到了继自己为密州知州的孔宗翰和郎中赵庾的诗函。孔宗翰以诗谈密州时事，苏轼遂写下《和孔密州五绝》回赠；赵庾虽年至花甲，还是喜开玩笑，在诗中戏言徐州歌妓不如密州，唯一值得称许的是"只有当时燕子楼"。赵庾说的燕子楼虽比不上岳阳楼、黄鹤楼、滕王阁、谢朓楼为首的"江南四大名楼",却也是无人不知的徐州名胜。

燕子楼建于大唐贞元年间,倒不是历史悠久使其出名,而是当时武宁军节度使兼徐州刺史张愔特地为名妓关盼盼所建。但天妒良缘,建楼两年后,张愔于赴京途中病故。关盼盼感其深情,誓不嫁人,在楼中孤苦度日达十余年。曾在张愔手下任职多年的员外郎张仲素在长安见到白居易后说起此事,同时将自己为关盼盼撰写的三首诗作呈白居易过目。很巧,白居易往日赴徐州时曾得张愔招待,酒筵上曾亲见关盼盼的舞姿,当时曾以"醉娇胜不得,风袅牡丹花"诗句相赠,今闻关盼盼守节至此大为感动,在读过张仲素诗后也写下三首诗以和,燕子楼和关盼盼的名字遂天下驰闻。当时,苏轼读赵庾诗后即动手写下《和赵郎中见戏二首》回赠,其落笔而出的"燕子人亡三百秋,卷帘那复似扬州"句便是直接写到燕子楼和关盼盼了。不过,此时的苏轼还没有亲临燕子楼,要到一年多后他才在一个秋日的黄昏孤身前往,为燕子楼和关盼盼写下了自己情动肺腑的千秋绝唱。

到徐州数日后已至五月,苏轼又接司马光来函,函内附有一篇《独乐园记》。司马光在文中称自己在洛阳"买田二十亩于尊贤坊北关,以为园",细写自己的园中生活是"投竿取鱼,执衽采药,决渠灌花,操斧伐竹,濯热盥手,临高纵目,逍遥相羊,惟意所适……不知天壤之间复有何乐可以代此也",故将其"命之曰独乐园"。

苏轼如何不知,司马光宣称"独乐",乃因八年前王安石变法后礼部侍郎范镇上疏称变法为"残民之术"而被罢官,遂愤然离朝退居洛阳，专心编纂《资治通鉴》。今司马光将新园题名"独乐园"，自是编书之余只愿与山水自然为伍，绝口不问政事了。读过司马光的文字后，苏轼百感交集，且不说司马光对苏氏一门皆有恩德，就其才学而言举世鲜有人能与之匹敌，且退居洛阳已达六载，不能不为之惋惜。苏轼经密州任上锤炼，已能体会外任颇能造福一方，未尝不是人生志向的实现。司马光愿为"独乐"，还隐含有劝诫苏轼多入自然之意。作为同样被王安石和新法"修理"过的苏轼，自能看出司马光在"独乐"中隐隐透出的不甘和寂寞。

在左思右想之下，苏轼终还是提笔给司马光回函，并写了一首《司马君实独乐园》的二十六行五言诗相赠，在全诗最后以"持此欲安归，造物不我舍。名声逐吾辈，此病天所赭。抚掌笑先生，年来效喑哑"的坦率表明了自己对其思想的理解和劝其入政的期待。清代学者王文诰在《苏诗总案》中称《司马君实独乐园》诗"无攻击之意……是常梦不醒人语矣"。恰恰是"常梦不醒"才见出苏轼性情为先，委实比不上司马光的深沉。从苏轼一生来看，这种"常梦不醒"的状态贯彻其今时往后，也就决定了苏轼的不宜官场，决定了他终至发出"人生如梦"的喟叹。最后也令人发现，苏轼的"不醒"不过是面对世俗与官场的"不醒"，而非面对人生深处的"不醒"，更不是对生命的认知"不醒"。

三

对苏轼来说，认知人生，莫过于从认知历史与万物入手。在苏轼给司马光回信寄走后不久，已至行拜祭之事的五月十五日，苏轼和弟弟苏辙结伴前往城南汉高祖庙拜祭。在密州时，苏轼数次祈雨，今日在徐州，却因雨多而祈晴了。庙内最奇特的是有块三尺六寸的高石，中间一裂缝，形如破竹，于是徐州父老相称"此帝之试剑石也"。苏轼兄弟俩遥想当年刘邦荡平天下，拔剑破石雄姿，皆是神往。尤其苏辙，在观石后兴致大起，挥毫写下一铭："维汉之兴，三代无有。提剑一呼，豪杰奔走。厥初自试，山石为剖。夜断长蛇，旦泣神母。指麾东西，秦、项授首。欿然三尺，一夫之偶。大人将之，山岳颓仆。用巨物灵，不复凡手。武库焚荡，帝命下取。岿然斯石，不尚有旧。"从此处见苏辙文字，其豪情委实不输苏轼。

有弟弟苏辙相陪，苏轼心情始终愉悦，他虽劝司马光重新入政，但他自己对山水自然却也情有独钟。祭庙数日后，苏轼又与苏辙及颜复往城东南二里处的百步洪相游。从苏辙写下的"楼中吹角莫烟起，出城骑火催君还"的诗句看，苏轼三人游览了整整一天。在游玩中，苏轼还特地巡查地势，看何处可筑亭，何处可种柳。动有此念，是因该处"水中若有限石，悬流迅急，乱石激涛，凡数里"（《方舆纪要·卷二十九》），不尽险美，令人流连。

披暮色回府后，苏轼仍心情起伏，提笔写下一首《和子由与颜长道同游百步洪相地筑亭种柳》的十六行诗作。如下：

> 平明坐衙不暖席，归来闭阁闲终日。
> 卧闻客至倒屐迎，两眼蒙眬余睡色。
> 城东泗水步可到，路转河洪翻雪白。
> 安得青丝络骏马，蹇踏飞波柳阴下。
> 奋身三丈两蹄间，振鬣长鸣声自干。

少年狂兴久已谢，但忆嘉陵绕剑关。

剑关大道车方轨，君自不去归何难。

山中故人应大笑，筑室种柳何时还。

这首诗将苏轼入徐州月余的生活进行了一番总结性的描写，尤其前面四句更将一幅太平时日的自我肖像描绘得淋漓尽致，既无在开封时的忧虑，也无在杭州时的纵情，更无在密州时的侘傺，哪怕今日"奋身三丈两蹄间"，也不过是"久已谢"的"少年狂兴"而已。此时，苏轼毕竟年过不惑，"老夫聊发少年狂"的时日越来越少，"归来闭阁闲终日"的日子越来越多。对苏轼来说，徐州便如梦幻之地，曾经品尝过的烦忧尽皆退去。过不多久后，曾为苏轼密州超然台题赋的友人李清臣至徐州任提点刑狱。苏轼大喜，想起曾在百步洪筑亭种柳的心愿，即命李清臣往城东南查勘。随后，李清臣在东南一处唐人所修的阳春亭故址旁新建一亭，苏轼将其题名为"快哉亭"。

六年后，即元丰六年（1083），当苏轼被贬黄州，于黄州快哉亭上填下《水调歌头·黄州快哉亭赠张偓佺》一词时，料必也会想起千里外的徐州有座名字相同却再也难见的山中亭阁。黄、徐二州的两处亭阁模样不同，苏轼的心情也自然不同。今人读苏轼该词中"一点浩然气，千里快哉风"时，能体会到苏轼遭贬后的脱胎换骨。有意思的是，徐州快哉亭落成后，苏轼十分罕见地未题诗词，似乎冥冥中有所授意，关于"快哉亭"的不朽之句要等到他几年后尝尽大起大落的人生百味后才见笔端。

但过不多久，苏轼"卧闻客至倒屣迎"的清闲生活终于被一次凶灾彻底打破了。

四

古人题诗，有不少题于墙壁亭阁，苏轼也不例外。此类诗因当时出于即兴，时过境迁后遗忘不少，譬如有首《登望锜亭》的七绝就是如此，"河涨西来失旧锜，孤城浑在水光中。忽然归壑无寻处，千里禾麻一半空"。就该诗本身来看，不算精品，苏轼忘记也正常。后来，当苏轼听到徐州人吟诵时，仔细想了想，才有"乃知其为仆诗也"的确认。

这首诗给后人提供的信息是，苏轼在徐州任知州时，徐州曾遭遇洪水。关于此次洪灾，清代毕沅在《续资治通鉴》中有惊心动魄的描写："是月，河复溢卫州王供及汲县上、下埽……乙丑，遂大决于澶州曹村。澶州北流断绝，河道南徙，东汇于梁山张泽泺，分为二派：一合南清河入于淮，一合北清河入于海。凡灌郡县四十五，而濮、齐、郓、徐尤甚，坏田逾三十万顷。"这段话的核心意思是，七月十七日，黄河在澶州曹村决堤，洪水东南而下，毁城之多，坏田之广，实乃罕见。到八月二十一日时，洪水围困徐州，"水深凡二丈八尺九寸"。是日，苏轼至徐州履任刚刚四个月，一天不多，一天不少。

仍从《续资治通鉴》来看，这场势汹时久的洪水惊动朝廷后，宋神宗诏令监察御史里行黄廉"为京东路体量安抚"治洪，后者受命后，"前后条举百余事，大略疏张泽泺至滨州以纾齐、郓，而济、单、曹、濮、淄、齐之间，积潦皆归其壑"。有点意外的是，黄廉偏偏漏掉了遭大灾的徐州。

作为知州，苏轼在徐州遭遇围困时便立刻开始阻洪。与在密州时遇到的蝗灾相比，洪灾令人更加畏怖。自"水火无情"，便指二者随时有夺人性命之凶。今番洪水，对苏轼也是前所未有的遭遇和考验。因徐州城南有吕、梁两山围绕，大水触山而返，竟至"盈溢千里，平地水深丈余"，全部汇于徐州城下，以致全城顿时"东薄两隅，西入通泗，南坏水垣，土恶不支"。眼看水将灌城而入，徐州的富人争相逃离。苏轼闻讯大怒，厉声说道："富民若出，民心动摇，吾谁与守？吾在是，水决不能败城！"当即下令，命士卒将刚刚逃出城的富民驱回城内，严令不得再出，以得众志成城之效。

随后，苏轼又亲入武卫营，将卒长唤至身前说道："河将害城，事急矣，虽禁军，且为我尽力。"卒长感佩不已，高声说道："太守犹不避涂潦，吾侪小人，当效命！"当即命众禁卒短衣赤足，各持畚锸外出。苏轼心下稍安，又急召五千民夫，往东南筑堤。该堤从戏马台一路筑至城边，全堤高一丈，长九百八十四丈。当"附城如环"的大堤筑成，大水也终被阻于城外，全城民心得安。但"灾孕饥民，盗贼隐现，恶况不止"，"夙夜不息"的苏轼又果断开粮仓、明劝禁，以惠困穷，以督盗贼。此时洪水虽堵，大雨却日夜不停，河水又随之暴涨，乃至"城不沉者三版"。亲守城头的苏轼再次下令，将数百船只"分缆城下，以杀河之怒"。在苏轼的宦海一生中，这段无歇无休的治洪生涯最为惊心动魄，乃至连居室也索性迁至城头，内外巡行，过家门不入，随时命人分堵而守。终于，到十月十三日，"昼夜亲作"的苏轼在城头见洪水"忽然归壑无寻处"。是日，洪水乃"渐退，城遂以全"。

追补一句，早在苏轼与洪水搏杀正酣的十月二日，京东东路安抚使苏澥和西路安抚使王克臣就合奏朝廷，以表苏轼防洪之功。苏轼得知后，当即上奏，称"吏民乡化，与于事功，法施四邑，诚格百神，可谓有功矣，宜有褒嘉，以劝郡县"，从中足见其有功不贪的胸襟。

七年后的元丰七年（1084）十一月，至徐州为知州的贺铸得知当日情形后，感慨不已地说道："太守眉山苏公轼先诏调禁旅，发公廪，完城堞，具舟楫，拯溺疗饥，民不告病。"彼时，苏轼正经流放黄州四年零三个月后调任汝州，正心灰意懒，生出至常州终老之念。对苏轼来说，仕途的大起大落，实不低于昔日的徐州大水。今日能够想象，当鬓霜发白的苏轼闻贺铸之言，回首往事，自有恍如隔世的万般感叹了。

<h2 style="text-align:center">五</h2>

当然，身为晚辈的贺铸无论如何称赞苏轼都不会令人意外，何况他说的也确为实情，但来自政敌王安石的赞誉就令人感到诧异了。

王安石的赞誉与苏轼防洪无关，事起时间倒发生在洪水退后不久的十月二十六日。当时，任杭州知州的赵抃上书朝廷，请表彰故吴越国王钱镠破黄巢、讨刘汉宏、迎周世宗的忠心事迹，且钱氏在钱塘有坟二十六座，"皆芜废不治，父老过之，有流涕者"，可见钱氏恩重杭州。为体现"朝廷待钱氏之意"，赵抃请"以龙山废佛祠曰妙因院者为观"。宋神宗准奏，将妙因院赐名为"表忠观"。苏轼因在杭州任过三年通判，得知此事颇多感慨，想起刚刚结束的徐州洪水，又追慕钱镠射潮筑塘的壮举，遂动手写了篇《表忠观碑》的铭文。其中，"仰天誓江，月星晦蒙；强弩射潮，江海为东……先王之志，我维行之。天胙忠孝，世有爵邑"句，足令读者动容，闻者称誉。

此时苏轼，无文无诗不传四海。时居金陵紫金山的王安石将苏轼的《表忠观碑》一读再读后，颇有赞言。在南宋胡仔的《苕溪渔隐丛话》和董弅的《闲燕常谈》中，胡、董二人分别记载了王安石读过苏轼文字后，与当时座客叶致远、杨德逢、蔡卞等人的一番对话。天下无人不知的是，王安石八年前拜相变法后，与苏轼抵牾之深，已到了势不两立的地步，甚至当着宋神宗之面，也不无鄙夷地称苏轼"所学不正"，今日怎么赞其文字来了呢？面对众人疑惑，王安石以肯定的口吻说道："斯作绝似西汉。"叶致远、杨德逢、蔡卞等人听王安石竟将苏轼此铭与西汉名作相比，大感意外。王安石直接问道："西汉谁人可拟？"杨德逢顺口说"王褒"可比，王安石摇摇头，劝其回答时"不可草草"。杨德逢想了想，又说出司马相如和扬雄的名字——就在座众人而言，这是至高比拟了。王安石还是摇头，称二人之文"未见其叙事典瞻若此也"，意思是司马相如和扬雄二人的叙事功力还达不到苏轼的境地。众人闻言震惊，实在想不出西汉还有谁能比拟了。王安石遂说出了自己的答案，"《楚汉王以来诸侯王年表》也"。这里所说的"诸侯王年表"出自《史记·三王世家》，言下之意唯司马迁才可与苏轼比肩才华。此言一出，众座客面面相觑，蔡卞忍不住说苏轼此铭不过"录奏状耳，何名奇作"。王安石笑笑不答。

从此处可见，不论王安石在政治上如何厌恶苏轼，但一个时代人物，终究有时代胸襟，更何况王安石变法的目的，是求富国强兵，并无私心。当王安石退居金陵后，他将更多精力消耗于文学，眼界趋于客观，自然能看出苏轼的耀眼才华非常人能及。这也为七年后的元丰七年（1084）七月苏轼结束黄州流放生涯，与王安石在金陵相逢一笑泯恩仇埋下了伏笔。王安石和苏轼十余年来的针锋相对变成了彼此间的惺惺相惜，受过其害的苏轼甚至由衷发出"从公已觉十年迟"的叹惋。此为佳话，也是后话。

但在熙宁十年（1077）秋冬之际，王安石的判断究竟准不准，可从苏轼随后的徐州生涯中找到答案。

六

徐州洪水虽退，不等于不会卷土重来。就苏轼的徐州生活看，此次洪灾也像一道冥冥中的分水岭，将他"闲终日"的日子一并卷去。有此亲历后，苏轼自不敢掉以轻心，带王户曹相和监徐州酒税吴琯等人，先视察郡东北的荆山，后巡视城南吕、梁二山等地。苏轼原以为在荆山可沟畎积水，却发现地多乱石，无以作为。在深思之后，苏轼终觉要防黄河再侵徐州，最好的办法就是修筑石岸，遂上疏朝廷请"拨款发粮，征民修岸"。不料，朝廷对此奏不从。失望之余，苏轼给好友、刚至开封府为判官的刘攽去函，不无遗憾地说道："擘画作石岸，用钱二万九千五百余贯，夫一万五百余人，粮七千八百余硕……虽费用稍广，然可保万全，百年之利也。"但刘攽即便理解，也无能为力。

意外的是，朝廷于翌年即元丰元年（1078）正月十八日下诏，奖谕苏轼防洪之功。对苏轼来说，宁愿诏令是"允修石岸"，但知朝廷不欲耗资，遂念头一转再次上疏将"修石岸"之奏改为"修木岸"。苏轼异常清楚，若不修岸，难说黄河再次泛滥时会不会终破徐州。苏轼算得详细，修木岸只需"夫六千七百余人，粮四千三百余硕，钱一万四千余贯"，不仅工费减去一半，效果"虽非经久必安之策，然亦足以支持岁月，待河流之复道"，并不无急迫地说"惟便得指挥，闰月初便可下手"。同时，苏轼又再给刘攽去函相求，后者回复此事"必在户房"。巧的是，时为集贤校理检正中书户房公事的刘奉世乃刘攽之侄。苏轼又即给刘奉世去函，望他与刘攽力言于朝。这一次，宋神宗准奏，赐钱发粮。苏轼得以在徐州外督民筑岸，最终建起木岸四条，"以虞水之再至"。当二十三年后即建中靖国元年（1101）苏轼去世，苏辙为其撰墓志铭时仍有"徐人至今思焉"句，可见苏轼在徐州时日虽短，却以造福一方的政绩令州人思之留恋。与笔下诗文相比，这些政绩是苏轼更愿身体力行的人生叙事。《周易·乾文言》中有"夫大人者，与天地合其德，与日月合其明，与四时合其序，与鬼神合其凶吉"句，本就是对君子人格的信念塑造。苏轼的防洪筑岸，看似是在其位、谋其事，但真正将其视为原则行事的，古往今来，从来不占官场多数。

苏轼留恋官场吗？难说"是"，也难说"否"。

自九年前的熙宁二年（1069）在开封面对王安石变法开始，苏轼的自身遭遇已使他对官场看得通透——才华比不上心机，谏言比不上谗言，风骨比不上奴骨。但身入官场，不是想离开就能离开。俗话说，"人在江湖，身不由己"。朝廷难道不是另一个江湖吗？名为庙堂，更令人身不由己。所以，哪怕苏轼有过一次次退隐之想，还是没有哪次能够成功。人本来就是充满矛盾的。何况苏轼这样的士人，更难从矛盾中轻易拔身，即使弟弟苏辙在去年即熙宁十年（1077）中秋夜填《水调歌头·徐州中秋》时明确表示想"早退为戒"，以便与哥哥得"相从之乐"。但苏轼与弟弟苏辙情感再深，也做不到从官场断然抽身，哪怕他看得通透。这是苏轼内心矛盾的结果，也是他毕生修习儒家思想的结果。屈原所说的"万民之生，各有所错兮。定心广志，余何畏惧兮"就决定了一代代儒生夙志于心。当人根深蒂固于一种思想，该思想就会如螣蛇一般将人紧紧缠绕。所以，苏轼的豁达只是性格，但指导一个士大夫行为的终究是超越性格的思想。

七

还是元丰元年（1078）正月，在木岸竣工后，苏轼意外接到京师国子监教授黄庭坚（字鲁直）的赠书和随书附来的两首诗作。

对于黄庭坚，苏轼早在熙宁五年（1072）十二月就已闻其人、读其诗。当时，苏轼以杭州通判身份前往湖州视察，时湖州知州孙觉设宴相迎，于筵席上将一些诗文交苏轼过目。苏轼觉得眼前文字无不"精金美玉"，忙问作者是谁。孙觉回答说是女婿黄庭坚之作。后来，"苏门四学士"之一的张耒给黄庭坚去信说道："礼部苏公在钱塘，始称鲁直文章，士之慕苏公者，皆喜道足下。"意思是黄庭坚的文章被苏轼称赞后，天下文人纷纷向黄庭坚祝贺。由此可见，苏轼影响之甚，早已名震海内。

当苏轼收到黄庭坚诗书后颇为喜悦，写了一首十六行的《春菜》

诗相赠。黄庭坚收读后步其韵再写了一首回赠,这也是黄庭坚首次步苏轼韵作诗。当苏轼读到最后"公如端为苦笋归,明日青衫诚可脱"(黄庭坚《次韵子瞻春菜》)两句时,对身边人大笑说道:"吾固不愿为官,为鲁直以苦笋硬差致仕。"意思是我原本不恋官场,黄庭坚怎么硬说我是爱吃苦笋而想退休呢。从中可见,苏轼不愿为官是真,但身在官位就需尽心尽力。元丰元年(1078)三月,苏轼给文同去信,仍忧心黄河决口未塞。但从苏轼当时读黄庭坚次韵诗时的大笑来看,苏轼内心坦荡,与自己心仪之人在瞬间便可心心相印。

苏轼虽至今与黄庭坚未谋一面而有憾,另一想见之人却终于在徐州相见了,来人便是后来与黄庭坚同有"苏门四学士"之称的秦观。

苏轼知秦观之名,是在熙宁七年(1074)离杭州赴密州途中。经扬州一山寺时,苏轼见壁上题有一诗,质量之高,颇感吃惊。待至高邮见孙觉询问时,后者将收藏的数百篇秦观诗词捧出。苏轼读后问道:"向书壁者,岂此郎耶?"孙觉说秦观曾往杭州拜见苏轼,却逢苏轼外出赈济未偿所愿,当得知苏轼赴密州后料定其必过扬州山寺,便预先留诗于壁以盼苏轼一读。苏轼听闻,对秦观大起神交之感,却不料四年后的元丰元年(1078)才"皆至是始见"。

是时,二十九岁的秦观赴京师开封应举,四月路过徐州时携苏轼好友李常荐书拜谒。李常刚于三月离徐过淮,途中与秦观相遇,遂写下荐书。当苏轼闻秦观来访,心中大喜,一见之下,觉秦观豪俊慷慨、超然胜绝,顿生相见恨晚之感。秦观因赴考在即不能多留,只在分别时写下一诗赠与苏轼,其中"我独不愿万户侯,惟愿一识苏徐州"(《别子瞻》)句令苏轼颇为感动,步其韵写下一诗回赠,从

"谁谓他乡各异县，天遣君来破吾愿"（《次韵秦观秀才见赠，秦与孙莘老、李公择甚熟，将入京应举》）句可见苏轼的喜悦之情。苏轼、秦观二人还约定，待后者秋试之后，再同游徐州。在"苏门四学士"中，黄庭坚的日后成就自是首屈一指，但就当时来看，最为苏轼器重的还非秦观莫属。苏轼不仅直接对儿子苏过称秦观"才识学问，为当世第一……下笔精悍，心所默识，而口不能传者，能以笔传之"，还在元符三年（1100）夏日闻其卒于藤州（今广西藤县）后痛惜地说道："少游已矣，虽万人何赎。"这是秦观在苏轼心中分量之重的最好证明。

今日能够想象，当苏轼立城头望秦观远去后，一股难耐的寂寞必然涌至心头。苏轼一生中良朋好友不少，却多半天涯相隔；入仕后，与弟弟苏辙更是聚少离多，虽与徐州僚属如舒焕、梁左、傅褧等人有游山泛舟、会饮赏画之举，终究算不上平生知己。就苏轼性格看，因豁达自易与人交往，但内心最重要之域，却非常人能够踏入。今《苏轼文集》中信函颇多，阅读时易见苏轼对来往故人总怀牵挂之情。在送别秦观之前，苏轼已在徐州送别不少友人，从还算不上知交的前任知州江少卿开始，陆续送别的还有颜复、苏辙、王景纯、李清臣、杨奉礼、李察、郑仅、李常等人，其送别的感伤就在"老送君归百忧集"（《台头寺雨中送李邦直赴史馆分韵得忆字人字兼》）和"此身与世真悠悠，苍颜华发谁汝留"（《代书答梁先》）等句中体现。细读之下，这些诗句与其说感伤，不如说有难为人察的寂寞，尤其给秦观那首《次韵秦观秀才见赠，秦与孙莘老、李公择甚熟，将入京应举》诗，虽有"一闻君语识君心，短李髯孙眼中见"的喜悦，最终仍掩不住"千金敝帚那堪换，我亦淹留岂长算"

的落落寡欢。

人生原本寂寞，尤其人到中年，对生命与情感的体会自与少年时大不相同。所谓"高处不胜寒"，也就是寂寞的体现。人格越独立的人，越能体会思想深处的寂寞；越是倾心之友，越易被告别的伤感替代相聚的欢喜。在徐州的苏轼，除了寂寞，对死亡也有了更深的彻骨体认。首先是弟弟苏辙的幼时保姆杨金蝉于熙宁十年（1077）六月十一日去世，当时苏辙尚在徐州，杨氏的墓志铭却是由苏轼亲笔撰写。纵观苏轼创作，祭文、哀诗写得不少，唯墓志铭只写过寥寥可数的十三篇，足见其视死者如亲人的认同，并祈求"百世之后……尚勿毁也"（《金蝉墓铭》）。随后，苏轼又陆续接到刁景纯、王安国、胡允中、张方平夫人马氏先后去世的噩耗，均以诗文为哭。从苏轼笔下"忍见万松冈，荒池没秋草"（《哭刁景纯》）等句可见，苏轼人到中年后的内心脆弱和死者留给生者的寂寞人世之感已跃然纸上，而徐州洪灾也使他理解了生命的脆弱。"今日忽不乐，折尽园中花"（《送笋芍药与公择二首·其一》）句已充分说明，看似无缘无故的寂寞总时时萦绕苏轼心头。

到这年秋天，刻骨的孤寂终于淹没了苏轼，也促使其创作出了在徐州的巅峰之作。

八

与今人熟悉的正月十五、八月十五不同，古时的每月十五都为隆重之日，民间俗称"望日"，意指月圆之日。元丰元年（1078）十月十五日，苏轼与众僚属会聚黄楼观月。黄楼位于徐州东门之上，该处原有霸王厅，相传不可去坐。自熙宁十年（1077）治洪之后，"民以更生，全城修缮"，苏轼遂拆厅建楼，以为镇水。至于楼名，秦观有所解释，"以为水受制于土，而土之色黄"（《黄楼赋》）。苏轼便将这座新建的十丈高楼命名为黄楼。

十五月圆，苏轼等人在黄楼观月，对酒吟诗。当夜，众人大约想起洪水，气氛却颇沉重。我翻遍书籍，也未找到当夜是何人率先于席上作诗，只知苏轼步其韵随手写了一首《十月十五日观月黄楼，席上次韵》的七律。如下：

> 中秋天气未应殊，不用红纱照座隅。
>
> 山下白云横匹素，水中明月卧浮图。
>
> 未成短棹还三峡，已约轻舟泛五湖。
>
> 为问登临好风景，明年还忆使君无。

饮酒赏月，原为人生快事。苏轼这首诗却看不到丝毫快意，从"未成短棹还三峡，已约轻舟泛五湖"来看，能发现其内心不无凄凉之感。此联前句典故是，唐代李源与密友圆泽上荆州、出三峡、次南浦，目的地还未到时，圆泽就在维舟山下去世。临终时，圆泽说与李源缘分未尽。十三年后，李源在杭州果然见到后世已为牧童的圆泽。这便是流传至今的"三生石"传说。至于后句，则引用了《吴越春秋》中"范蠡扁舟出三江、入五湖，人莫知其所适"的传闻。大凡用典，自是典故与当事人心情吻合。因此，眼望十五圆月时，苏轼心情起伏，他大概是想起了弟弟苏辙，便又一次涌上了退隐之想。这是朝堂失意的士大夫们容易涌起的念头。对苏轼来说，此刻虽为徐州知州，所做之事毕竟有限，内心渴望"入则与王图议国事，以出号令；出则接遇宾客，应对诸侯，王甚任之"（司马迁《史记·屈原列传》）的抱负如不圆之梦，甚至连建"百年之利"的石岸也心愿难酬，继续留下去又能做些什么呢？但"吾侪眷微禄"（《往在东武与人往反作粲字韵诗四首今黄鲁直亦》），这也是苏轼在徐州写下的活生生的现实之句。还能料到的是，自熙宁十年（1077）二月苏轼接诏任徐州知州算起，至元丰二年（1079）春日便又三年期满，又该是离开之时了，"悟此人间世，何者为真宅"（《游桓山会者十人以春水满四泽夏云多奇峰为韵》），委实难言。下一站会是哪里呢？无论什么地方，无非另换一州当知州罢了。对苏轼而言，"明年还忆使君无"之句如何不感伤？若真能如范蠡那样泛舟五湖，至少能做一回完整的自己吧？

众人大约从苏轼诗中看出其心情压抑，便转换话题谈及了燕子楼和关盼盼。苏轼听闻，更为感慨：关盼盼十余年孤守空楼，委实寂寞至极，却终究是她对选择的实现。自己呢？无数年里的无数想法，没有哪个能由己选择。当夜深席散后，苏轼回府就寝，居然梦见自己登上燕子楼，醒来后大为惊异，深觉有冥冥中的天意嘱自己前往。

翌日，苏轼遂在黄昏时撇开一众人等，独自前往燕子楼。

九

此时，燕子楼已早非唐人张愔所建时的模样。唐昭宗景福二年（893），朱温命手下大将庞师古攻打徐州，时为徐州行营兵马都统的时溥兵败城亡，携全家登燕子楼自焚。到苏轼所在的北宋时代时，被烧毁大半的燕子楼尚未重修，是以眼前所见不过一片荒凉残楼，阒寂无人。缓步逡巡的苏轼只感深秋风寒、明月如昨，眼前一切便如自己内心无端堆起的废墟，除了寂寞还是寂寞。寂寞不是表面的孤身只影，而是内心无人能入，很多话无人能诉。"古来圣贤皆寂寞"，不到一定年龄真还无法体会其中深意。苏轼未必觉得自己是圣贤，一股人间寂寞之感却是缭绕不散。

苏轼此时难免想到故乡，父母、发妻早在"短松冈"里永眠了。对苏轼而言，人生看起来不过如此，先人将死在自己之前，自己又将死在后人之前。还有，唐人李白曾说过，"百年三万六千日，一日须倾三百杯"（《襄阳歌》）。苏轼摇摇头，自己虽喜酒，酒量却是不大，"独饮一杯，醺然径醉"（《答贾耘老四首之四》）。数月前往山村巡视时，苏轼还写下"日高人渴漫思茶"（《浣溪沙（簌簌衣巾落枣花）》）句，真不像李白那样时时需酒。但茶也好，酒也好，人生不就是"三万六千日"吗？人活着时怀抱的理想总一次次被现实击败，似乎真正实现理想的只是在眼前孤楼中度过半生的关盼盼。当年白居易为关盼盼写的诗也涌将上来，"满窗明月满帘霜，被冷灯残拂卧床。燕子楼中霜月夜，秋来只为一人长"。这就是刻骨入髓的寂寞。在苏轼看来，关盼盼的寂寞有个思念为核心，他自己却不得不四处飘零；更何况无论关盼盼如何寂寞，此时已早归尘土，自己仍在活着的今日品尝一点一滴的寂寞滋味。

关盼盼若还活着，会是自己的知音吗？

苏轼从燕子楼残楼北面登上，见外面秋夜荒凉、废园荒凉、小径荒凉、水塘上的荷叶荒凉，自己的内心更加荒凉。今夜索性不回去了吧？在燕子楼内住上一夜。这是寂寞的一夜，也是排遣寂寞的一夜。苏轼心念到此，果然决定不再回府，就在楼中入睡。既意外又正常的是，苏轼昨夜梦见了燕子楼，今夜竟然梦见了关盼盼。苏轼自不知关盼盼是何模样，但此夜梦中，那个凄然起舞的女人不是关盼盼又会是谁呢？醒来后，苏轼情感难抑，写下一阕《永遇乐·彭城夜宿燕子楼》，词前有一行"彭城夜宿燕子楼，梦盼盼，因作此词"的自叙。全词如下：

> 明月如霜，好风如水，清景无限。
> 曲港跳鱼，圆荷泻露，寂寞无人见。
> 纨如三鼓，铿然一叶，黯黯梦云惊断。
> 夜茫茫，重寻无处，觉来小园行遍。
>
> 天涯倦客，山中归路，望断故园心眼。
> 燕子楼空，佳人何在，空锁楼中燕。
> 古今如梦，何曾梦觉，但有旧欢新怨。
> 异时对，黄楼夜景，为余浩叹。

从这阕《永遇乐·彭城夜宿燕子楼》词和三年前写给亡妻王弗的《江城子·乙卯正月二十日夜记梦》词可见，当苏轼的豪放一面消失时，时感凄楚的一面就凸显了出来。在苏轼这里，他不会因一次简单的凭吊而抒发简单的感伤，而是深觉千秋万代的人间其实何其寂寞。今日自己在燕子楼凭吊，若干年后，自己不也将告别人生？建在此处的黄楼，日后会不会也有人登楼临凭吊自己呢？岁月流逝，也就是所有人的人生流逝，有谁可以阻拦流逝吗？在冷漠而不可见的时间当中，自己究竟算不算得上尘埃？面对人生的终极，自己究竟该抱以热情还是冷漠？此刻自己虽活着，但活着的体会真是感伤多于欢愉，哪怕望一眼故乡方向，也令内心痛楚难当。千百年后，有人知道自己的情感体会吗？有人会和自己此刻一样的心绪吗？在无穷无尽的岁月面前，人的欢愉、感伤、孤独、爱恨等又究竟算什么呢？

今人读这阕《永遇乐·彭城夜宿燕子楼》词，还真能发现，苏轼不无一种现代语境下的虚无之感。"虚无"虽是一个现代词汇，不等于古人就没有和今人相同的感受，正如今人能够体会古人的感受一样。

关于这阕词，事后还有个故事，南宋曾敏行在《独醒杂志》中写得清楚。故事说苏轼尚未公开这阕词时，竟听到城中有人吟唱。惊讶之下，苏轼问吟唱者何处得来该词，对方说听巡逻士卒唱过。苏轼又将士卒叫来询问，士卒说自己数夜前在张建封（唐节度使，张愔之父）庙中值宿，隐隐听得有人吟唱，因自己稍知音律，就把词句记下传了开来。苏轼闻言一笑，不做追究，料是自己当夜吟唱时恰好被听去了。由此可见，苏轼该词能被立刻传诵，足见此词的感染力度，令人甫一过耳，就刻骨难忘。

十

果如苏轼所料，当冬去春来到元丰二年（1079）二月时，苏轼已得到自己将"移知湖州"的消息。在徐州的最后一个春天，苏轼内心始终都不舒畅。首先是收到秦观来函，称"秋试失利"。苏轼即刻回函安慰，"此不足为太虚损益，但弔（吊）有司之不幸尔"。话虽如此，苏轼终还是在诗中写下"底事秋来不得解，定中试与问诸天"（《次韵参寥子寄秦少游三绝时少游举进士不得》），以表达自己的愤愤不平。但与秦观落第消息相比，欧阳修之子、年仅三十四岁的欧阳奕和既是好友又是从表兄的文同的死讯令苏轼更感彻骨之悲。

为文同写过祭文之后，苏轼与毕仲孙、舒焕、寇昌朝、王适、王通、王肆、苏迈、道士戴日祥及舒焕之子舒彦举等人游泗水，登桓山，入石室，以开心扉。时戴日祥抚琴为歌，苏轼也终有"想象斜川游，作诗寄彭泽"（《游桓山会者十人以春水满四泽夏云多奇峰为韵》）的暂时解脱，并写下《游桓山记》一文刻石。当时还无法预料，他诗中以"彭泽"代指的陶渊明会在自己日后急遽跌宕的人生中成为首屈一指的精神支柱。苏轼回想入仕以来，从凤翔到开封，再从开封到杭州、从杭州到密州、从密州到徐州，每次离开一地，每次的心情都不一样。对苏轼来说，徐州是自己入仕以来的最为艰辛之地，也是心情最为起伏之地，更是人到中年体会到了人世原为寂寞的本源之地。

但苏轼到底是苏轼，终不会被寂寞与感伤盘踞内心。元丰二年（1079）三月初，命苏轼"以祠部员外郎、直史馆知湖州军州事"的诏令正式到达。眼看离开徐州的日子越来越近，苏轼至国子监通判田叔通家中做客。宴饮中，田叔通招歌女于筵前以舞助兴。苏轼一边观舞饮酒，一边填下两阕《南乡子》相赠。表面上看，这两阕词是为舞鬟而写，但第二阕的最后一句"唱遍山东一百州"（《南乡子·用韵和道辅》），似是总结自己在徐州的生活。说明一下，宋时的"山东"指徐州。对苏轼来说，两年来无论遭遇什么事情、体会什么心情，自己终究识遍徐州、走遍徐州、唱遍徐州，离开也没什么可遗憾的。人生的很多离开，无异于漂泊，漂泊又无异于寂寞。所以，苏轼告别徐州时的心情就比告别以往其他地方的心情有了格外的不同，这是岁月带来的深化，也是因人生体悟带来的深化。当它们都落到纸上，就转化成了苏轼写给徐州的最后一阕词。词牌是苏轼极为偏爱的《江城子》，副题则是当然的"别徐州"：

> 天涯流落思无穷。既相逢，却匆匆。
> 携手佳人，和泪折残红。
> 为问东风余几许，春纵在，与谁同？
>
> 隋堤三月水溶溶。背归鸿，去吴中。
> 回首彭城，清泗与淮通。
> 欲寄相思千点泪，流不到，楚江东。

苏轼在这阕词中流露的感伤与柳永似的婉约很不相同。柳永词往往渲染过多，苏轼词则在感伤之下依然有股情感纵横——不纠缠某个细节，细节又自然而然地在其中出现，这是苏轼与生俱来的格局决定。同样写到感伤，苏轼能令人捕捉到开阔的远景，体会到他最终赋予作品的内心磅礴。

携眷离开徐州时，正值烟花三月。当年从京师赴湖州上任，苏轼先至陈州，与张方平和弟弟苏辙相聚。今番动身同样如此，苏轼并未直接南下湖州，而是先西行至南都，与时为南都留守的张方平及在张方平手下任判官的弟弟苏辙相聚。这是苏轼最为牵挂的两人，除了张方平和弟弟苏辙，苏轼真不知何处何人才能排遣自己内心的"流落"之感。在南都停留半月之后，苏轼心绪渐复，才终于南下湖州。路上有点不同的感受是，以往数次赴任都是去陌生之地，此次去往的湖州却是熟悉不过。当年在杭州任通判时，苏轼多次前往湖州赈济。在苏轼眼里，湖州既是旧地，也是自己喜爱之地。从南都南下，一路过宿州、龟山、淮水、高邮、金山、京口、松江，当真"来往三吴一梦间"（《仆去杭五年，吴中仍岁大饥疫，故人往往逝去，闻湖上僧舍不复往日繁丽，独净慈本长老学者益盛作诗寄之》）。当苏轼于四月二十日到湖州上任后，他以为可过上"欲伴骚人赋落英"（《次韵答孙侔》）的日子了，却没料命运为了成就他，已决定在这里给其最猝不及防和最深的人生重创。

第七章 乌台诗案

——平生文字为吾累，此去声名不厌低

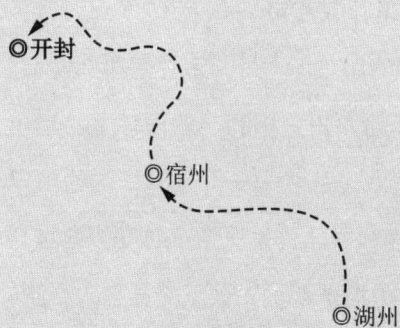

◎开封

◎宿州

◎湖州

一

湖州位于浙江北部，苏轼在做杭州通判时曾到该地做过赈济之事，对他来说湖州并不陌生。但没料到的是，苏轼来湖州上任只短短四个月，一场人生骤变便如惊雷般响在命运的高空，事即元丰二年（1079）八月十八日至十二月二十八日间长达一百三十天的"乌台诗案"。这一年，苏轼四十四岁，正值人生盛年，也是他人生的转折之年。

这不是苏轼第一次遇案。前文已叙，早在熙宁三年（1070）八月时，王安石就指使御史知杂事谢景温诬陷苏轼丁忧归蜀时，有贩卖私盐之举。事情虽以苏轼翌年七月自请出朝，前往杭州任通判之职而不了了之，但其诽谤方式却为苏轼的日后政敌提供了借鉴。哪怕在杭州任通判时，苏轼也遭遇过一件诬告之事，最后事虽未果，却是"乌台诗案"的不祥序幕。这里补叙几句——

苏轼在杭州第三年的熙宁六年（1073）六月，宋神宗命知制诰、兼管通进司及银台司沈括察访两浙路农田、水利、差役等事。诏令虽说平常，受诏的沈括却非寻常之辈。从《宋史》来看，沈括虽以《梦溪笔谈》名垂青史，为人却热衷利禄。首先沈括审时度势地看到王安石变法颇得宋神宗支持，遂极力拥护新法，被王安石引为心腹。沈括先被任为检正中书刑房公事，又因个人确有才干再被擢为太子中允、提举司天监。尽管王安石后来察觉沈括颇多小人行径，宋神宗还是未听其"不可亲近"的谏言而继续重用沈括。到奉旨察访两浙路时，沈括的官职足够表明其是朝廷位高权重之人了。

离京陛辞时，宋神宗对沈括交代完事宜后，特意嘱咐了一句："苏轼通判杭州，卿其善遇之。"在宋神宗那里，此嘱原是好意，也是圣意。在沈括听来，却是宋神宗对苏轼赞赏颇多。从当时身份看，沈括为王安石领衔的改革派阵营；从才学看，沈括虽也进士及第，但无论声望还是创作实绩，都远逊于苏轼。当宋神宗此言一说，沈括嘴上应承，内心却对苏轼顿生嫉恨。

到杭州见面后，沈括装模作样，与苏轼把酒论书。苏轼内心原本坦荡，虽经王安石阵营连番打击，终未学会防备他人，此时又见沈括对己友善，哪里会有戒心？沈括"所慕于古人者，陶潜、白居易、李约，谓之'三悦'"（《梦溪笔谈·自志》），苏轼也恰恰"独好"陶渊明，二人言谈投机就自然而然了。酒酣耳热间，沈括请苏轼手书一首近作为念，苏轼不假思索，推纸泼墨，写下了一首诗作相赠。

没有资料显示，苏轼当时为沈括手书的究竟是哪首近作，从苏轼的身份及当时所写诗歌和赠人对象看，不外乎四处公干时所作，这些诗作自然不是对朝廷和新法的歌功颂德。譬如去湖州考察时，在孙觉设下的酒宴上，苏轼虽明确宴饮不谈政事，自己却未加控制，一时技痒地写下"嗟予与子久离群，耳冷心灰百不闻。若对青山谈世事，当须举白便浮君"（《赠孙莘老七绝·其一》）；当被杭州知州陈襄委任改筑堤岸工程时，他也不无苦笑和抵触地自认"天目山前绿浸裙，碧澜堂上看衔舻。作堤捍水非吾事，闲送苕溪入太湖"（《赠孙莘老七绝·其二》）；另外还有亲见因青苗钱负债惹祸之事所写的《山村五绝》里面，不乏"岂是闻韶解忘味，迩来三月食无盐"以及"杖藜裹饭去匆匆，过眼青钱转手空"等针砭现实之句。

很有可能的是，为官多年却天真未去的苏轼就将上面某首诗作抄给了沈括，毕竟他在杭州见到不少受新法所害的百姓，眼前的京官既是被自己引为同道的对象，也是自己将现状报与朝廷的快捷通道。想不到的是，沈括回京后确实将苏轼的诗作上呈朝廷，说的却不是苏轼为民忧患的话，反在奏文中认为其诗充满"讪怼"。就此可见，人一旦怀有嫉恨之心，真能干出令人瞠目结舌的恶事。

宋神宗对沈括的举报反应虽为"不快"，但并未做回应，大概觉得苏轼所指只是针对王安石而已。消息传到杭州后，苏轼给好友刘恕去信，不无反讽地写了句"不忧进了也"。意思是有沈括做这样的小人之事，他自己以后倒不担心诗文会送不到天子手上了。朝廷虽未因此追究苏轼，但一年未到，另一件传至杭州的朝廷之事仍让苏轼震惊和意外。此事表面上与"乌台诗案"无关，内在却千丝万缕，因此值得一说。

二

事情是素被宋神宗倚为肱股的宰相王安石上表请辞，宋神宗准奏，并应后者推荐命韩绛为同中书门下平章事，吕惠卿为参知政事。事情发生在熙宁七年（1074）四月，苏轼当时正在润州赈灾，得知消息后按例给新任宰相韩绛写了封贺启。苏轼非常清楚，王安石虽去，但不代表自己会重入朝廷，毕竟韩绛和吕惠卿都是王安石一手提拔的。今宋神宗虽将王安石外任金陵，但朝廷仍由改革派把控，因而事情不过是"换汤不换药"之举。

王安石的辞相引线是从熙宁六年（1073）七月开始的连续九个

月旱灾。旱灾导致饥荒持续，时监安上门郑侠看到每天拥入京师的数万饥民不仅扶携塞道、羸瘠愁苦、身无完衣，还被逼交还所贷青苗钱本息。悲悯之下，郑侠将自己日日所见画了幅《流民图》上奏，并附上请朝廷罢免新法的《论新法进流民图疏》。当读到疏中"旱由安石所致。去安石，天必雨。十日不雨，即乞斩臣宣德门外，以正欺君之罪"句后，宋神宗震惊得一夜无眠，看来数日前慈圣、宣仁二太后所称的"安石乱天下"并非虚言，遂即刻下诏令开封府发放免行钱，三司使查察市易法，司农发放常平仓粮，三卫上报熙河用兵之事，诸路上报百姓流散原因，青苗法和免役法暂停追索，方田、保甲法一并废除。宋神宗的雷厉风行，使王安石知道自己不再得天子信任，遂于三日后上表请求去职。宋神宗接受辞呈，将王安石罢为观文殿大学士、知江宁府。

随后发生的事，更令人大跌眼镜。由王安石一手提拔，又在辞相时举荐为参知政事的吕惠卿尝到相权滋味，知道欲独断大权，便得防止王安石东山再起，于是借办郑侠事件之机先陷害王安石弟弟王安国，又以李士宁案件诋毁王安石。韩绛觉察到吕惠卿意图后，密奏宋神宗。原本对王安石不舍的宋神宗遂于熙宁八年（1075）二月再拜王安石为相，距其离京刚刚十个月。

归京后，王安石与当年的第一心腹吕惠卿嫌隙已成，改革派内部分裂日甚。在王安石之子王雱纠结御史中丞邓绾的弹劾下，吕惠卿外任陈州。不甘罢休的王雱又瞒着父亲王安石与吕嘉问、练亨甫等人密议，非把吕惠卿下狱不可。吕惠卿得知后，索性向宋神宗状告王安石，称其"方命矫令，罔上要君，此数恶力行于年岁之间，虽古之失志倒行而逆施者，殆不如也"。

果然，"人不能两次踏入同一条河流"。此时，宋神宗因王雱、吕惠卿之事，转而"颇厌安石所为"。嗅到风向的邓绾惧怕自己失势，遂掉转矛头，开始攻击王安石；练亨甫靠巴结王雱得以进身后，也行见风使舵的反噬之事。王雱在事发后被父亲责备，竟愤恚疽发而死。王安石既痛爱子身亡，又眼见人心离散，遂再次称病求退，宋神宗在厌恶中将王安石罢为镇南军节度使、同平章事、判江宁府。时间是熙宁九年（1076）十月，时苏轼尚在密州，接到自己将赴河中府为知府的诏令刚刚一个月。

　　从上述事情可知，眼下朝廷，虽不再以王安石为改革领袖，但把控朝廷的官员终还是以新法为推进，宋神宗虽废除一些法令，整体上仍推崇使国库充盈的新法。改革派内部虽彼此争斗，不等于会接受苏轼等保守派官员入朝。在宋神宗那里，王安石虽去，争相填补权力真空的"新进"自络绎不绝。改革派虽有内讧，但面对保守派，又瞬间变得众志成城。这也是苏轼从密州卸职到京师城外时，仍诏令其"不得入国门"的原因所在。就苏轼的性格来说，入不入"国门"，其实无所谓。倒是改革派的"反眼相噬"引起了苏轼内心的轻视，同时觉得，幸好自己这些年在地方外任，未卷入朝廷纷争。在天子脚下的人，荣耀倍增，凶险也倍增。"伴君如伴虎"绝非虚言，更非戏言。在苏轼看来，当年王安石得宋神宗何等信任，乃至礼部尚书曾公亮发出"上与介甫如一人，此乃天也"之言，如今不也贬至江宁府了吗？自己外任的好处还体现在可深入民间，能真正认识大宋国土上正发生着什么。人活着毕竟须知生活，不入民间，如何知生活是什么样子？哪怕密州蝗灾、徐州洪灾，都觉自己在切肤的生活当中。与功名富贵相比，生活不才是更值得人投入的真实天地吗？

苏轼于元丰二年（1079）四月到湖州任知州，果然全身心地投入生活当中。首先有徐州友人王适、王遹来投，到端午节时又有秦观来拜会，苏轼兴致勃勃地与其游遍飞英诸寺。自到湖州以来，因官务不多，苏轼与李常、王巩、参寥、周邠、孙侔、刘攽、杨绘等人书来诗往不断，时时城南泛舟。尤其一个叫贾收的人在苕溪上建有一水阁，苏轼极喜该处，屡屡前往并于阁壁上题诗画竹。另外，近处的何山、道场山、法华山也是苏轼常游之处。

到湖州三个多月后，原以为将长久的晴天丽日，终酝酿出一声霹雳，猝然震响在苏轼的耳鼓当中。

三

事发原因是苏轼至湖州当日，依常例写了《湖州谢上表》。苏轼终究是诗人性格，对朝廷改革派的内讧颇不以为意，一时忍不住在表中写下了"陛下知其愚不适时，难以追陪新进；察其老不生事，或能牧养小民"等句。当表至朝廷，当时的御史中丞李定、监察御史里行舒亶、何正臣，国子博士李宜之等人见读后，怒不可遏。在他们眼里，自己便为鼓吹新法而获高位的"新进"，苏轼笔下的"难以追陪"已然刺耳，还讥讽众人为"小民"，哪里按捺得住，当即次第上表攻击苏轼。尤其李定，对苏轼的痛恨由来已久。杨万里在《诚斋诗话》中记载过一事，说苏轼在徐州为知州时，李定之子路过徐州，苏轼设宴接待。李定之子以为苏轼是敬重自己父子，欣然赴宴，筵席间还请苏轼赐墨宝。苏轼答应了一声，却只顾闲谈。片刻后，苏轼忽然问道："相法谓面上人中长一寸者寿百年，有是说否？"意思是面相中有种说法，人中上长有一寸毛发的人能长命百岁，不知是否有此说法？李定之子茫然摇头，答道："未闻也。"苏轼便揶揄道："果若人言，彭祖好一个呆长汉。"李定之子方知苏轼实乃讥讽自己，脸红耳赤而出。

事情自引起李定恚怒，但当时无处发作。另外，李定对苏轼的怨恨早有萌芽。尚在熙宁三年（1070）七月，李定以王安石门生身份得监察御史之位时恰逢母丧，为稳住官位而匿不服丧，引来满朝非议，当时司马光就称其"禽兽之不如"。从魏泰《东轩笔录》中可见，当苏轼为以孝闻名天下的朱寿昌"寻母得母"之诗作序时，言辞间尽讽天下不孝母之人。本就心中有鬼的李定读到苏轼的序文后，认定苏轼是对己指桑骂槐，暗中切齿。今见苏轼《湖州谢上表》后，李定情知抓住了苏轼把柄，当即率先上书，称"知湖州苏轼，初无学术，滥得时名。偶中异科，遂叨儒馆……轼自度终不为朝廷奖用，衔怨怀怒，恣行丑诋，见于文字，众所共知……其言虽属所憾，其意不无所寓，讪上骂下，法所不宥……"云云。这便是借当年沈括的方式，直言苏轼诗文不无"讪怼"朝廷之意了。

紧接着，监察御史里行舒亶也上书说道："臣伏见知湖州苏轼近《谢上表》，有讥切时事之言，流俗翕然，争相传诵。忠义之士，无不愤惋……至于包藏祸心，怨望其上，讪渎谩骂，而无复人臣之节者，未有如轼也……"

何正臣写得更加直接："臣伏见祠部员外郎直史馆知湖州苏轼《谢上表》……愚弄朝廷，妄自尊大，宣传中外，孰不叹惊！夫小人为邪，治世所不能免，大明旁烛，则其类自消。固未有如轼为恶不悛，怙终自若，谤讪讥骂，无所不为，道路之人，则又以为一有水旱之灾，盗贼之变，轼必倡言，归咎新法，喜动颜色，惟恐不甚。今更明上章疏，肆为诋诮，无所忌惮矣。夫出而事主，所怀如此，世之大恶，何以复加……如轼之恶，可以止而勿治乎？轼所为讥讽文字，传于人者甚众，今犹取镂板而鬻于市者进呈。伏望陛下，特赐留神……"

国子博士李宜之的上书则心机老到地绕开《湖州谢上表》，称苏轼赴任湖州时路过宿州灵璧镇，应当地一个叫张硕的秀才之请写了篇《灵璧张氏园亭记》，内有"古之君子，不必仕，不必不仕。必仕则忘其身，必不仕则忘其君。譬之饮食，适于饥饱而已。然士罕能蹈其义，赴其节。处者安于故而难出，出者狃于利而忘返。于是有违亲绝俗之讥，怀禄苟安之弊"句。李宜之就苏轼此言大做文章，认为此节文字"义理不顺，言'不必仕'，是教天下之人必无进之心，以乱取士之法。又轼言'必不仕则忘其君'，是教天下之人无尊君之义，亏大忠之节。又轼称'譬之饮食，适于饥饱而已，然士罕能蹈其义，赴其节'，宜之详此，即知天下之人，仕与不仕，不敢忘其君，而独轼有'必不仕则忘其君'之意，是废为臣之道。又轼称'处者安于故而难出，出者狃于利而忘返。于是有违亲绝俗之讥，怀禄苟安之弊'，颇涉讥讽，乞赐根勘"云云。

宋神宗连接四人奏章，龙颜震怒，当即下诏命御史台差官拘捕苏轼。此时，狡猾异常的李定又故意称苏轼人才难得，派一人前往即可。宋神宗准奏，李定便选了一个叫皇甫遵的太常博士前往湖州，后者为当时有名的悍吏。接令后，皇甫遵即率一子二卒离京，倍道疾驰，往湖州捕人。

四

听闻苏轼获罪，满朝震动。驸马都尉王诜与苏轼交情素厚，赶紧密遣心腹至南都告知苏辙。苏辙大惊，即携子动身前往湖州，不料赶至润州时，苏辙之子突发急病，被迫求医，停留半日，终使皇甫遵先至湖州。

皇甫遵果为悍吏，七月二十八日一到湖州，片刻未停直入州府。府中人见来人官服官靴，执笏立于庭下，两名士卒一左一右，皆白衣青巾，满脸狰狞。当时，苏轼正在上厅事与权州事祖无颇议事，听得外面来了京城之官，知必来者不善，一时心惊胆战，不敢出去。祖无颇说道："事至如此，无可奈何，须出见之。"意思是躲避不是办法，眼下也没处可避。

苏轼终究心慌意乱，说自己一定什么事得罪了京师，是不是不应穿官服出见。祖无颇劝道："未知罪名，当以朝服见也。"苏轼这才换上朝服，执笏出门。祖无颇等官员只戴头巾，站于苏轼身后。

那两名士卒因怀中有台牒顶起了衣服，给人的感觉是两把匕首将要拔出；皇甫遵更是拿足了猫捉老鼠的架势，冷冷地看着苏轼，半天不说话。皇甫遵越不说话，越令人感到畏惧。苏轼究是文人，猝临突变，内心恐慌，终于说道：我知得罪朝廷之事太多，今番一定是赐死了。朝廷之命，自然不敢有违，但能不能让我先回家一趟，和家人道别后再受死？

一张脸绷了半天的皇甫遵总算说话了，但只硬邦邦地吐出"不至如此"四字。众人闻言，稍稍松了口气。祖无颇赶紧上前说道：

"太博必有被受文字。"皇甫遵见有人插嘴，厉声问是何人，得知对方是湖州权州事后，遂命士卒取出台牒。众人这才发现只是普通御史台逮捕令，而非赐死圣旨。但是，皇甫遵手中有台牒，倨傲非常，遂命二士卒将苏轼即刻押走，称要马上出城登舟。此时，苏轼获罪的消息已然传开，郡人纷纷前来相送，见身为知州的苏轼如被犬鸡般驱赶，只一长子苏迈徒步相随，无不流泪。众人不敢上前，唯独王适、王遹二兄弟紧随苏轼至郊外，并在告别时说道："死生祸福，天也，公其如天何！"然后返回城中，将苏轼家眷送至苏辙所在的南都。

皇甫遵一刻不停，即刻北上过江，往扬州而去。

时为扬州知州的鲜于侁是苏轼好友，听闻苏轼被捕过州，当即赶来相见。不料，皇甫遵以皇命在身拒绝鲜于侁与苏轼相见，一士卒还对其说道："公与苏轼相知久，其所往来书文，宜焚之勿留，不然，且获罪。"鲜于侁答道："欺君负友，吾不忍为，以忠义分遣，则所愿也。"

一行人再过扬州西北郊平堂山时，苏轼隔墙望见故人杜介家纸窗竹屋依然，料想杜介正黄冠草屦在药墟棋局间逍遥，自己此刻却未知死生，如此霄汉之分，何止羡慕？此时，苏轼已知罪名乃诽谤时政，料去京师后"必致死地"。

舟行北上多日，又至宿州。从苏轼后来在《黄州上文潞公书》中"至宿州，御史符下，就家取文书"句来看，苏轼至宿州后，御史台追令命将苏轼家中文书一并取来。当地州郡听得苏轼犯事俱感心慌，待苏轼家中文书一并取来后，立刻遣吏发卒、围船搜取，生怕自己与苏轼的往来书信被查——岂非后患无穷之事？

也在此船上的王闰之等苏轼家人何曾见过如此阵仗，无不惊吓到极点。当搜书吏卒去后，素来贤淑的王闰之再也忍耐不住，对苏轼气恨至极地骂道："是好著书，书成何所得，而怖我如此！"意思是就你平时喜好写诗，写出来又有什么用？看看现在，你将我和一家老小吓成什么样子了！怨气难消之下，王闰之取来苏轼诗词书文，一点把火烧了个干干净净。其实，苏轼此时内心里想必也情愿诗词文书被毁，免得授人把柄。不仅如此，当夜见江中波涛翻涌，苏轼眼望明月，自忖去京必死，心忧岂止连累家人，平时与己多有书信往来的友人恐怕也难逃不测，不如投水自尽，不至于牵累他人。念头方起，苏轼又想自己若死，弟弟苏辙必不独生，心乱如麻间，终还是打消了投水之念。

八月十八日夜，一行人经二十二日路程后，终于抵达京师开封。苏轼即刻被押入令人闻风丧胆的御史台监狱，曾有过投水念头的他再觉万念俱灰，决心不食求死。意外的是，宋神宗遣一使者到狱中见苏轼。苏轼询问下方知，皇甫遵本待将自己送所司寄禁，但宋神宗不许，认为只是追究吟诗之事，不消如此。

苏轼稍稍安心，暗想多半不会获死罪了。

五

御史台系北宋监察机构，掌纠察百官的大权，因台内柏树上乌鸦成群，又有"乌台"之称。在大宋一朝，犯有重案的官员，皆入御史台关押。从苏轼翌年回忆当时状况所写的《晓至巴河口迎子由》诗看，"举动触四壁"可知狱室狭窄得只可容身，而从"幽幽百尺井，仰天无一席"更能体会狱室颇高，只能看到屋顶上的一小块天空，给犯人以坐井观天的绝望之感。

苏轼虽觉得宋神宗可能不判自己死罪，但终究只是可能，人在绝境中时，易提心吊胆地觉得性命难逃。尤其第一次提审，苏轼便被问及"三代有无誓书铁券"。按惯例，大凡死囚，会问及五代，对苏轼只问三代，似可脱死罪，也可不脱罪。对苏轼来说，这是最难忍受的折磨了。

李定等人马不停蹄地连日审案之余，还四处收集苏轼诗文辑成三卷本《苏子瞻学士钱塘集》，从中寻找苏轼"讪怼"朝廷之句。舒亶就将苏轼"东海若知明主意，应教斥卤变桑田"（《八月十五日看潮五言绝句·其四》）句指责为"讥讽朝廷水利之难成也"，而"龚黄满朝人更苦，不如却作河伯妇"（《吴中田妇叹》）之句更指控为对青苗法、免役法的直接攻击证据。不仅如此，李定等人索性一不做二不休，欲将接近苏轼之人一并除去，称苏轼"撰作诗赋文字讥讽，意图与众人传看，以轼所言为当。轼与张方平、王诜、李清臣、黄庭坚、司马光、范镇、孙觉、李常、曾巩、周邠、苏辙、王巩、刘挚、陈襄、钱藻、颜复、盛侨、王汾、钱世雄、吴琯、王安上、杜子方、戚秉道、陈珪相识，其人等与轼意相同，即是与朝廷新法时事不合，及多是朝廷不甚进用之人，轼所以将讥讽文字寄与"。

牵涉愈广，罪名自然愈大。另不久，还发生一事，更让苏轼觉得死期不远了。

自入狱后，苏轼的每天饮食都由长子苏迈送至御史台，再由狱卒送入牢室。父子约定，如果苏迈在外听得的消息是性命无虞，送菜和肉即可，若听到判死刑之讯，则菜只送鱼，好让自己有个准备。

一个月下来，时已入秋，苏迈每日只送菜和肉。某日，苏迈发现家里无粮后，便去陈留购买，转托一亲戚代送牢饭，但一时疏忽忘记将送菜约定告知对方了。该亲戚恰好得一鱼，便做好给苏轼送去。当苏轼打开饭盒，见菜肴唯鱼，顿时吓得魂不附体，料是死期到了。此刻，苏轼唯挂念弟弟苏辙，遂写下《狱中寄子由》二诗，诗题一作《予以事系御史台狱，狱吏稍见侵，自度不能堪，死狱中，不得一别子由，故作二诗授狱卒梁成，以遗子由，二首》。

诗题中的梁成是苏轼在狱中唯一信任之人，其虽为狱卒却"仁而有礼"，每晚都端热水给苏轼濯足，执礼甚恭。苏轼将诗交给梁成时，绝望地说道："轼必死，有老弟在外，他日托以二诗为诀。"梁成人微言轻，只得安慰道："学士必不至如此。"苏轼摇摇头，感伤地说道："使轼万一获免，则无所恨；如其不免，而此诗不达，则目不瞑矣。"

梁成收下诗，先藏于枕头之内，再寻机会送出。当苏辙收到苏轼的诗后，竟"以面伏案，不忍读也"。兹录《狱中寄子由》的第一首如下：

> 圣主如天万物春，小臣愚暗自亡身。
>
> 百年未满先偿债，十口无归更累人。
>
> 是处青山可埋骨，他年夜雨独伤神。
>
> 与君世世为兄弟，更结来生未了因。

不论苏轼是否在狱中，只要其诗词一出，必传海内。很快，苏轼的这两首诗便传到了宋神宗手中。宋神宗原本就没动过杀人之心，此刻再读到苏轼这两首至情至性之作也自不忍，涌上从宽释放之念。举棋不定间，宋神宗神色被慈圣太皇太后曹氏所见，后者为宋仁宗皇后，宋神宗祖母。时曹太后观察宋神宗已数日，遂问："官家何事数日不怿？"宋神宗答道："更张数事未就绪，有苏轼者，辄加谤讪，至形于文字。"曹氏立刻追问："是不是苏轼、苏辙两兄弟？"这下轮到宋神宗惊讶了，问道："娘娘何以闻之？"在宋神宗眼里，太皇太后乃长居深宫之人，怎么会知道苏轼和苏辙两兄弟的名字？曹氏答道："吾尝记仁宗皇帝策试制举人罢，归，喜而言曰：'朕今得二文士。'谓轼、辙也。'然吾老矣，虑不能用，将以遗后人，不亦可乎'！"意思是宋仁宗自忖年已老，对苏轼和苏辙这样的大才恐怕没时间使用，不如留给后世子孙。曹氏说起前事，遂泣问苏轼和苏辙兄弟二人是否还在。宋神宗便说苏轼正关押在御史台，曹氏闻言，哭声更哀。于是，宋神宗内心恻然，愈加倾向对苏轼从宽发落。

过不多久，十月十五那天，宋神宗听闻太皇太后身染重病，即罢朝探视。曹氏果然病势凶猛，宋神宗遂对其说欲大赦天下为太皇太后祈福。已近油尽灯枯的曹氏答道："不须赦天下凶恶，但放了苏轼足矣。"喘口气后，曹氏勉力旧话重提："昔仁宗策众良贤，喜甚，曰：吾今日又为子孙得太平宰相两人，盖轼、辙也，而杀之，可乎？"宋神宗听后，为之一震。曹氏又接着说道："今闻轼以作诗系狱，得非仇人中伤之乎？捃至于诗，其过微矣。吾疾势已笃，不可以冤滥致伤中和，宜熟察之。"听到此处，宋神宗终于潸然泪下。后人称曹氏对苏轼有"国士之知"，委实如此。

六

并非太皇太后曹氏一言，宋神宗就下旨放人。有人求情，不等于犯人无罪。苏轼入狱是因作诗撰文所致，对天下官员来说，实为震骇之事。"太守例能诗"为重文轻武的大宋特色，如今写几首诗就能获罪，使平时喜吟风弄月的群臣人人自危。众人即便知苏轼是遭人陷害，也生怕卷入漩涡，一时竟"莫敢正言者"。

但想救苏轼的自有其人。首先是已退休居南都的张方平愤然上书，不料南都官府不敢接前任知州之书，张方平一怒之下命儿子张恕将奏折送至开封，直接投登闻鼓院。但张恕性格原本愚懦，到开封后竟在登闻鼓院门前徘徊良久，终是不敢投。后来，苏轼出狱看到张方平上书副本后，一时舌挢不下，好半天没恢复常态。原来，张方平上书的措辞极为猛烈，"但言本朝未尝杀士大夫，今乃开端，则是杀士大夫自陛下始，而后世子孙因而杀贤士大夫，必援陛下以为例"，等等。

苏辙也给宋神宗上书，先说"轼居家在官，无大过恶，惟是赋性愚直，好谈古今得失，前后上章论事，其言不一。陛下圣德广大，不加谴责，轼狂狷寡虑，窃恃天地包含之恩，不自抑畏。顷通判杭州及知密州日，每遇物托兴，作为歌诗，语或轻发，向者曾经臣寮缴进，陛下置而不问。轼感荷恩贷，自此深自悔咎，不敢复有所为。但其旧诗已自传播。臣诚哀轼愚于自信，不知文字轻易，迹涉不逊，虽改过自新，而已陷于刑辟，不可救止"，最后着重表示"臣欲乞纳在身官，以赎兄轼，非敢望末减其罪，但得免下狱死为幸"。苏辙这是请求免去自己的官位，以赎哥哥之罪了。

意外的是，朝中第一个挺身进谏救苏轼的，居然是苏轼的政敌王安石的弟弟——直舍人院王安礼。王安礼对宋神宗的进言是，"自古大度之君，不以语言谪人。按轼文士，本以才自奋，谓爵位可立取，顾碌碌如此，其中不能无触望。今一旦致于法，恐后世谓不能容才，愿陛下无庸竟其狱"。宋神宗以"朕固不深谴，特欲申言者路耳，行为卿贳之"作答，随后还补了句"第去，勿漏言。轼前贾怨于众，恐言者缘轼以害卿也"。

果然，宋神宗的补充之言不假。出宫后，王安礼在殿庐恰好遇见李定，当即又问苏轼狱中是否安好。李定冷冷地说道："轼与金陵丞相论事不合，公幸毋营解，人将以为党。"这句话说得杀气腾腾，意思是苏轼与你哥哥王安石原本不合，你最好不要做营救苏轼之事，否则别人以为你和苏轼为同党。朝中无人不知告发和审问苏轼之人便是李定，他这句话的内在含义便是威胁王安礼——你若再为苏轼说话，恐怕会以苏轼同党的身份入狱了。

除了王安礼，朝中为苏轼进谏的还有为相不久的吴充。吴充与王安石虽是亲家，对王安石变法之事却并不赞成。某日，吴充觐见宋神宗时问道："魏武帝如何？"魏武帝即曹操。宋神宗不以为意地答道："何足道。"吴充继续慢吞吞地说道："陛下动以尧舜为法，薄魏武固宜，然魏武猜忌如此，犹能容祢衡，陛下不能容一苏轼，何也？"宋神宗闻言，吃惊地说道："朕无他意，止欲召他对狱考核是非尔，行将放出也。"不过，"行将"二字，谁也不知究竟是多久。

除上述人外，还有一重臣在极力解救苏轼，此人便是十四年后即绍圣元年（1094）将苏轼先贬惠州、再贬儋州的章惇。作为苏轼晚年不共戴天的政敌兼仇敌，此时的章惇却与苏轼交谊甚厚，二人既有同科及第之谊，还同在陕西凤翔度过第一站仕途生涯。章惇给宋神宗的谏言和太皇太后曹氏的意思差不多，"仁宗皇帝得轼，以为一代之宝，今反置在囹圄，臣恐后世以谓陛下听谀言而恶讦直也"。

各种谏言，令宋神宗颇为摇摆。再看李定等人，已搜集证据不少，虽多为捕风捉影，却也有证人之言。譬如，苏轼曾经的好友李清臣就抵挡不住威吓，承认自己任徐州提点刑狱时，"亲见轼悖慢怨谤，附下讪上而不能刺举，则清臣失职之罪，已在可诛，矧复与之更唱迭和，相为朋比，而怨怼讥谤之辞，又特过之，固治世之刑所不宜赦也"。

一边是多人相谏，一边是李定等人已拿出苏轼画好押的供状。终于，最令宋神宗震动的谏言来了——该言来自退居金陵的王安石，"岂有盛世而杀才士者乎？"从中的确可见，王安石与苏轼虽政见不同而生嫌隙，终究不失士人风范。在王安石眼里，一是一，二是二，政见归政见，若因言获罪的风气一开，天下将无人敢言。就说话水准看，王安石不愧为相多年，也终在宋神宗那里取得了"一言而决"的效果。

不过，宋神宗终究是天子，虽因谏言心动，还是更信任自己。对宋神宗而言，太皇太后曹氏及王安石等群臣之言虽令其震动，但苏轼究竟有没有罪，双方之言固然要听，以自己的方式试验一番也无不可。于是，在苏轼关押一百多天后，宋神宗密遣一黄门小吏去狱中看苏轼起居。当小吏窥见苏轼就寝后鼻息如雷，旋即飞奔回报。宋神宗对左右说道："朕知苏轼胸中无事者。"内心无愧无鬼，方能睡得沉酣。终于，宋神宗下旨，释放苏轼出狱。

十二月二十八日，苏轼走出御史台监狱，接朝廷诏令被责授检校水部员外郎、黄州团练副使，本州安置、不得签书公事。

苏轼虽然出狱，但从湖州知州贬为黄州团练副使，尤其不得签书公事，自是"有罪"。从《御史台根勘结按状》中稍引一段也能发现，宋神宗并未因释放苏轼而对李定等人的审问结果视而不见，否则结按状不会严厉判定苏轼"《湖州谢上表》讥用人生事扰民……妄有诋毁……作诗赋等文字讥讽朝政阙失等事，到台被问，便具因依招通。准律，作匿名文字，谤讪朝政及中外同僚，徒二年，准敕，罪人因疑被执，赃状未明，因官监问自首，依按问，欲举自首。又准刑统……减二等，合比附，徒一年，私罪，系轻，更不取旨……"。对求情进谏的人来说，能保住苏轼的性命，已是上佳结果；对李定等人来说，苏轼被贬往穷山恶水的黄州，也可心满意足。此见宋神宗帝王之术，在分寸上拿捏得恰到好处。

七

苏轼出狱当日，家人俱迎。对苏轼来说，整整一百三十天的牢狱之灾，是人生的变化，也是内心的变化。此时能重见天日，苏轼既感觉后怕，又不堪回首。今日终与家人举杯同饮，苏轼忍不住再提诗笔写下了《十二月二十八日，蒙恩责授检校水部员外郎黄州团练副使，复用前韵二首》。全录如下：

其 一

百日归期恰及春，余年乐事最关身。

出门便旋风吹面，走马联翩鹊唪人。

却对酒杯疑是梦，试拈诗笔已如神。

此灾何必深追咎，窃禄从来岂有因。

其 二

平生文字为吾累，此去声名不厌低。

塞上纵归他日马，城东不斗少年鸡。

休官彭泽贫无酒，隐几维摩病有妻。

堪笑睢阳老从事，为余投檄向江西。

从第一首中的"此灾何必深追咎，窃禄从来岂有因"句可见，苏轼即使受苦再多，也深自体会到官场自古如此，从来没什么对错，只有利益的抢夺。对苏轼来说，如此之地，自非停留之处，何况古人教诲，不是熟悉得能倒背如流吗？屈原的"世溷浊而不清：蝉翼为重，千钧为轻；黄钟毁弃，瓦釜雷鸣；谗人高张，贤士无名。吁嗟默默兮，谁知吾之廉贞"（《楚辞·卜居》）。在当时人的眼中，哪有如此多的黄钟瓦釜和谗人贤士，不过是换角度观人视事而已。所谓"廉贞"，从来不是自己说了算，表面越简单，内在越复杂。此刻，苏轼觉得自己能明白这点，已可堪安慰了。

至于第二首，则是对遭难的反省和面对未来下定的决心。无论何时来读，"平生文字为吾累"七字都令人咀嚼出苏轼内心的至深叹息。在苏轼看来，还是妻子王闰之说得好——"是好著书，书成何所得，而怖我如此"，以后就去过"塞上纵归他日马，城东不斗少年鸡"的日子吧，至于因诗文而来的所谓"声名"只是身外之物，有什么值得追逐的？若不行文，恐怕不会遭遇这场灾祸；自己遭难也就罢了，还连累无数人，弟弟苏辙不就"为余投檄向江西"而被贬为筠州（今江西省高安市）监酒了吗？

苏轼面对苏辙，还能以"堪笑睢阳老从事"的玩笑求得宽怀，但面对另外被牵连的友人就做不到"堪笑"了。那些因"乌台诗案"牵连的人分为两大类：一类是"收苏轼有讥讽文字"的人，如王巩、王诜、李清臣、高立、僧居则、僧道潜（参寥）、张方平、田济、黄庭坚、范镇、司马光、孙觉、李常、曾巩、周邠、刘挚、吴琯、刘攽、陈襄、颜复、钱藻、盛侨、王汾、戚秉道、钱世雄、王安上、杜子方、陈珏；另一类则是"承受无讥讽文字"的人，如章传、苏舜举、钱颢、蔡冠卿、吕仲甫、刘述、刘恕、李杞、李有闲、赵昶、李孝孙、仲伯达、晁端彦、沈立、关景仁、文同、梁交、张次山、徐汝襄、吴天常、柳瑾、李俨、晁端成、邵迎、陈章、杨介、刁约、姜承颜、张援、李定（非审案李定）、毛国举、刘勋、沈迥、许醇、黄颜、单锡、孔舜亮、欧阳修、焦千之、孙洙、岑象求、张先、陈烈、张吉甫、张景之、李庠、孙弁。

有意思的是，在上述人中，连已去世的文同、欧阳修、张先等人也没有放过，可见李定等人为将苏轼置于死地，在"诗案"中所下的功夫委实惊人。对苏轼来说，这是自己从未想过的名单，当他与名单上的人书来诗往时，哪里想得到自己的文字会变为一个个他人和一个个家庭乃至一个个地方的动荡因子？内心如何不沉重？又如何不会答应弟弟苏辙以后自己将"畏蛇不下榻，睡足吾无求"（《子由自南都来陈三日而别》）？

出狱后仅过三天，凄惶不已的苏轼收拾好行李，只带着长子苏迈，于元丰三年（1080）正月初一告别京师，前往当时尚为荒僻之地的黄州（今湖北省黄冈市）。出城时，京师风雪弥漫，苏轼父子心情凄楚。此时此刻，白茫茫的大地似乎无从辨清方向，但铺往四面八方的又恰恰是岁月的方向、人生的方向。苏轼的驴车在风雪中孤单远去，他的明日命运便如人世间所有人的命运一样，都需等明日来临后才能揭晓。

第八章 赤壁三咏

——哀吾生之须臾，羡长江之无穷

◎开封

◎黄州

一

经过整整一个月的长途颠簸，苏轼、苏迈父子终于在宋神宗元丰三年（1080）二月一日到达黄州。时值春寒料峭、万物复苏，面对敞开的黄州城门，一路踏雪蹑霜的苏轼也终于有了内心的寒冰解冻之感。毕竟，苏轼已死里逃生，到黄州虽是流放，却仍有一个责授检校尚书水部员外郎、黄州团练副使的虚职官衔。

到黄州后，苏轼住进一个叫定惠院的寺庙。面对冷清清的寓所，苏轼当然知道，曾经"锦帽貂裘，千骑卷平冈"的盛况已是明日黄花。当一切收拾完毕，苏轼出庙散步绕行，见眼前长江如带，身后竹子满山，心中涌起颇多感慨，不无自嘲地写下了到黄州后的第一首诗——诗名就叫《初到黄州》：

> 自笑平生为口忙，老来事业转荒唐。
>
> 长江绕郭知鱼美，好竹连山觉笋香。
>
> 逐客不妨员外置，诗人例作水曹郎。
>
> 只惭无补丝毫事，尚费官家压酒囊。

世人总说"诗为心声"，也就是说从诗中能见出诗人的性格。这首七律确能体现苏轼的性格。苏轼惊魂初定就不忘总结自己"平生为口忙"的祸从口出，但总结归总结，诗中没见他从根本上有改变自己的打算——譬如宣称以后会世故一点、圆滑一点——相反，刚一踏足荒僻的流放之地，他就难以置信地将心理重心调节为"知鱼美"和"觉笋香"，尤其对自己"尚费官家压酒囊"的"员外"身份来一番自我解嘲。在后人看来，这首诗中确能感到苏轼有种万事不萦怀的超然，但耐人寻味的是，仅仅五年前，他为密州知州时还不无"持节云中，何日遣冯唐"的政治期待，想匡时济世的人不可能——事实上他那时也没有对"官家"有什么嘲笑之举。因此得出结论，经历生死后的苏轼，像是瞬间看透了政治蕴含的荒谬，也就有意无意地将目光和内心转向了不被政治侵犯的领域。

二

在古代中国，文人一旦仕途失意，往往寄情山水。在苏轼之前，屈原如此，陶渊明如此，甚至李白也如此。微妙的是，"寄情山水"四字看起来一致，深究又会发现，"情"之一字因人而异。屈原被流放沅湘流域之后，用东汉文学大家王逸的话说，竟无日不"忧心愁悴，彷徨山泽"（王逸《楚辞章句·天问》）；陶渊明挂印归隐后，对自己"晨兴理荒秽，带月荷锄归"（《归田园居·其三》）的日子由衷觉得与愿无违；李白失意长安，索性重新过起"且放白鹿青崖间，须行即骑访名山"（《梦游天姥吟留别》）的生活。

苏轼与他们像不像？

答案是又像又不像。说像，是苏轼的表面流放与上述三人，尤其和屈原极为一致。但到汨罗江的屈原，从未去体会过什么鱼美笋香，而是"发愤以抒情"，从《楚辞·九章》中"所作忠而言之兮，指苍天以为正""竭忠诚以事君兮，反离群而赘肬"的诗句中能见其苦闷之情。屈原的发泄是不甘心自己无辜被逐，但等到国灭，也未等到楚王将其召回郢都的王令。投水自杀，是屈原最后剩下的唯一选择。屈原也成为中国几千年王朝历史中士人的悲剧缩影——越是被逐的忠臣，越是只有悲惨的下场。世人总习惯以"奸臣当道、蒙蔽圣听"的自欺欺人来原谅至高无上的统治者，但翻翻历史就能发现，各朝都有昏君不假，对那些并非昏君的天子，也自有放逐忠臣的理由，在绝大多数君王那里，很少觉得臣子有忠奸之分，只有是否顺从己意之别而已。所以，与其说屈原死于自沉，不如说他死于一辈子也未摆脱"待明君其知之"的政治牵挂。对屈原来说，无论沅湘流域有什么美景，也只在心中唤起"哀吾生之无乐兮，幽独处乎山中"（《楚辞·九章》）的悲愁。所以，从比较屈原和苏轼同是遭遇放逐后的内心感受来看，一个忧心"无乐"，另一个随性"自笑"，委实没什么相像之处。

再看陶渊明，其影响自南北朝开始就有口皆碑，到北宋时期，为苏轼"避路"的欧阳修更直言"晋无文章，唯陶渊明《归去来兮辞》"。至于苏轼，他更是以"独好其诗"之语，表达了对陶渊明的由衷仰慕。从陶、苏二人作品来看，苏轼和陶渊明真有一种若隐若现的重叠。陶渊明早期不乏"猛志逸四海，骞翮思远翥"（《杂诗·其五》）的意气豪情，青年苏轼也有"往时边有警，征马去无还"（《戎州》）的淋漓慷慨。待陶渊明"复得返自然"（《归田园居·其一》）后，大自然已经给他蒙上了"人生似幻化，终当归空无"（《归田园居·其四》）的道家色彩，而他的"知雄守雌"和"知荣守辱"则充分体现了他的道家处世原则。毕生受儒家影响的苏轼，对道教也并不陌生。当苏轼八岁入读时，给他最初启蒙的就是一个叫张易简的眉山道士，以至于多年后在《与刘宜翁使君书》中自承"轼龆龀好道"。苏轼虽日后从扬州开始陆续写下令人吃惊的一百零九首"和陶诗"，却不等于他会全盘接受陶渊明"人生似幻化"的虚空。不是说苏轼对人生不会有虚无感——遭遇挫折的人，或多或少会沾染上虚无——否则他也发不出"人生如梦"的感叹，但能时时"自笑"的人，内心视野会从超脱中变得更为开阔。这就决定了苏轼比陶渊明看得更远，对人事也看得更为通透，哪怕他恰恰在黄州时自认"只渊明，是前生"——那毕竟只是"前生"——但活在今生的苏轼，要做的是超越自己以为的"前生"，再跨一步，走向儒、道、释结合的路径。所以，苏轼和陶渊明看起来很像，越到后面就越有区别。

至于李白，从他"一生好入名山游"（《庐山谣寄卢侍御虚舟》）的自我总结来看，对自然风景当是熟稔不过，但他也明明白白地告诉世人，"不辞远"的入山是为了"五岳寻仙"，以成得道之愿。另外，从李白"一日须倾三百杯"（《襄阳歌》）的恣情纵意来看，他和苏轼更是大相径庭。李、苏二人虽同样遭遇政治上的失落，但一目了然的是，苏轼对政治的介入远远超过李白，后者连科场都未进过，苏轼则在二十二岁的锦绣之龄时以令人眼花缭乱的才华金榜题名。也正是在那次进京赴考路上，苏轼与李白一样对大自然产生了终生不倦的热爱，只是他的观察和写作方式与李白不同。李白在早期挥毫而就的"蟾蜍薄太清，蚀此瑶台月。圆光亏中天，金魄遂沦没"（《古风》）等句就充满了罕有匹敌的非凡想象，苏轼则细致入微地将"树林幽翠满山谷，楼观突兀起江滨"的所见和盘托出。所以，李白和苏轼二人同为寄情山水，但观察的视角不同，内在的感受不同，最后的完成也就不同。

完成的过程究竟怎样？今天能看到，苏轼能成为苏轼，也就是其进入黄州之后将自己的性格发挥得淋漓尽致，将自己的感受书写得淋漓尽致，将自己的视野从密州时期的"西北望、射天狼"的豪情逸致转化为对大自然和历史的深处打量。

苏轼在黄州跨出的每一步，都值得后人步步跟随。

三

贬谪黄州，是苏轼历十九年宦海生涯后遭遇的当头一棒。所谓命运，就是不接受也得接受。在定惠院入住后，深感"平生文字为吾累"的苏轼做得最多的事就是睡觉，偶尔出寺也只是像他在《与王定国书》中说过的那样，"往村寺沐浴及寻溪傍谷、钓鱼采药，聊以自娱耳"，委实做到了因苦闷而自感的"心困万缘空，身安一床足"（《安国寺浴》）。

不过，苏轼的本性原本闲不住，这就意味着他不可能"缘空"和"床足"。更何况，作为谪官，苏轼自然要拜见当地知州。幸运的是，黄州知州徐君猷早对名满天下的苏轼慕名不已，得知苏轼来其辖地，大喜过望。当苏轼登门来拜时，徐君猷对其礼遇周至。当徐君猷听说苏轼抱怨市上所沽之酒味道不佳后，便将自己府中好酒取出，本待命人送给苏轼，想了想还是干脆自己"携酒过见"，乃至苏轼在给徐君猷的弟弟徐得之的信中都写有"某始谪黄州，举目无亲，君猷一见，相待如骨肉"的感激之句。

人一生有什么样的遭遇，会遇到什么样的朋友和敌人，看似偶然，实则源于当事人的性格。今人总说苏轼性格旷达，倒不如说他喜欢交朋友。动身到黄州之前，苏轼因看重友人间的缘分，对家人不能团聚的苦恼竟还比不上"黄州岂云远，但恐朋友缺"的忧心忡忡。

徐君猷对苏轼虽"亲如骨肉",毕竟不是货真价实的骨肉。在苏轼春风得意时也好,跌落云端后也好,唯有弟弟苏辙与其始终相互看重。二人手足情深是一方面,为官后的政治思想一致又是一方面,乃至苏轼毫不含糊地发出"嗟余寡兄弟,四海一子由"(《送李公择》)的感叹。苏轼对徐君猷虽有"相待如骨肉"的亲近,终还是比不上"岂独为吾弟,要是贤友生"的弟弟苏辙。

因入狱,苏轼的二十余口家小都先安置在苏辙家寄住,当苏轼望眼欲穿地等了将近四个月后,终于得到了苏辙将其家眷送至距黄州二十里外巴河口的消息。

苏轼立即从黄州乘船相迎,时间是五月二十七日黎明。这不是苏轼第一次乘船,更不是他第一次面对浩渺无边的长江大河,舟行浪破,大河滚滚,总易令人生出岁月苍茫之感,越是经历多的人,越有说不出的复杂感受。苏轼虽然在出狱时答应过苏辙,自己以后将"畏蛇不下榻,睡足吾无求",但他毕竟是易生感慨的诗人,一首《晓至巴河口迎子由》的诗篇一挥而就。该诗让人心生震动的是"留诗不忍写,苦泪渍纸笔"之句。从苏轼即将在黄州完成的被后世奉为巅峰之作的《念奴娇·赤壁怀古》等来看,"留诗不忍写"五字极像他在内心埋下的一处意味深长的伏笔。尽管苏轼的所感起点是"去年御史府,举动触四壁"的痛苦记忆,现在这些痛苦要结束了,苏辙来了,妻儿来了,侍妾王朝云也来了,"余生复何幸,乐事有今日"。苏轼终于可以在黄州重建自己的生活了,他不需要很多,能"早晚青山映黄发"(《今年正月十四日与子由别于陈州五月子由复至》)就已相当满足。

苏轼的二十多口家眷不可能和他一起住在定惠院庙中。幸好，在武昌任鄂州知州的朱寿昌提供了帮助，使苏轼一家全部"迁居江上临皋亭"。临皋亭住处虽不宽敞，苏轼还是非常满意，甚至将满意度用白纸黑字告诉了一位叫范子丰的友人，"临皋亭下八十数步，便是大江，其半是峨眉雪水，吾饮食沐浴皆取焉，何必归乡哉"（《临皋闲题》，又作《与范子丰书》）。估计这位叫范子丰的友人读到这里时会惊诧万分，穷山恶水的黄州有何能耐，竟使苏轼连"归乡"的愿望也没有？当再看下去，范子丰的内心料想必然也如后人初读时一样怦然一震，"江山风月，本无常主，闲者便是主人。闻范子丰新第园池，与此孰胜？所不如者，上无两税及助役钱耳"。

　　十余年前，为寻找苏轼足迹，我特意到湖北黄冈访古。在文峰宝邸后门处，有一块巨大的浅橘色石头，上面写着"临皋亭遗址"五字。苏轼当年的住处也像无数古迹一样，永不复千年前的模样，但他笔下的"江山风月"依然如故——在苏轼千年前如此，在今人千年后仍将如此。在长江边散步驻足时，我不禁想象苏轼"时时策杖至江上，望云涛渺然"（《别文甫子辩》）的样子——什么话也不说，只任江风拂面，明月升空。当苏轼不再萦怀朝政，只以"风月主人"自居时，心中放下的恐怕也是他曾孜孜以求的事物。人生究竟何种为重，何种为轻？何为短暂，何为永恒？苏轼以自己大起大落的人生经历得出了答案。我觉得范子丰读苏轼信时会怦然一震，是范子丰恐怕不会想到，被贬黄州的苏轼在鬓霜发白的年龄，竟破茧成蝶般塑造了一种前人从未塑造过的世界观，再结合苏轼在《答李端叔书》中"足下所见，皆故我，非今我也"的句子看，在黄州的苏轼确已脱胎换骨，进入了一种超越从前的思想之境。

四

有什么境界，源于有什么认识；有什么认识，又源于有什么经历和感受。到黄州后，苏轼的最初感受就是强烈的孤独。在这之前，因通畅的仕途和天下无人不识君的文名，苏轼朋友不少，出狱后的他却猛然发现"得罪以来……平生亲友，无一字见及，有书与之亦不答"。对遭灾遇难之人弃而远之是人性的鄙陋常态，更何况苏轼得罪的是当朝天子。无数曾经的朋友对苏轼退避三舍，这对苏轼是不小的打击和伤害。况且再理解人性的人，事情一旦发生在自己身上，难免也会在难以忍受的痛苦中生出世态炎凉之感。所以，苏轼一边自嘲往日的满座高朋都"自幸庶几免矣"，一边写下字字浸满孤独的"缺月挂疏桐，漏断人初静。谁见幽人独往来，缥缈孤鸿影"的《卜算子》一词，尤其下半阕的"惊起却回头，有恨无人省。拣尽寒枝不肯栖，寂寞沙洲冷"等句更令人读来恻然。

不过，苏轼的性格决定了他不会长久沉浸于孤独和感伤。前文谈到的知州徐君猷和鄂州知州朱寿昌都极为仰慕苏轼之名，但他们未必能与苏轼达到心灵相契的程度，所以当苏辙到黄州后苏轼便渴望弟弟能长居此地，他甚至计划筹钱买下一个叫柯氏林的大宅，以便与其同住——"欲买柯氏林，兹谋待君必"。这点显然不现实，苏辙全家老小都在九江，他还有个筠州监酒的职位，自不可能定居黄州。将苏轼家眷送到之后，"可怜万事不由侬"的苏辙在黄州只待了十天，不得不与哥哥分手告别。苏轼将苏辙一直送到长江北岸的刘郎洑，在一个叫王齐愈的人家里做最后饯别。

王齐愈和弟弟王齐万都是蜀人，算是苏轼同乡。早在二十一年前的嘉祐五年（1060），苏轼与父亲苏洵和弟弟苏辙舟行赴京师时，便于犍为书楼山上见过王氏兄弟留下的"王氏书楼"。没想到的是，苏轼在黄州居然能与王氏兄弟相识。事情是苏轼到黄州十余日后，王氏兄弟俩得知消息，弟弟王齐万渡江先来，与苏轼言谈投机。当日微风细雨，待王齐万告辞时，苏轼冒雨将其送至江边，然后登上"高丘以望之，仿佛见舟及武昌，乃还"。对于初见之人，苏轼如此依依惜别，可见其在孤独中对知交的渴望。此后，苏轼只要过江，必入王家把盏为欢，时间若晚便索性宿于王家。这是苏轼到黄州后交到的第一批肝胆相照的朋友，他的第二批朋友是因酒结缘的潘丙兄弟三人。苏轼酒量虽然不大，仍"殆不可一日无此君"，所以很自然地与在樊口（今鄂州市西部）开酒店的潘丙因一买一卖而相熟了。

潘丙曾中过举人，因考不上进士，索性放弃仕途以卖酒为业，其洒脱性格决定了苏轼能与他一见如故。潘丙又将哥哥潘鲠和弟弟潘原介绍给苏轼认识。此外，潘丙还为苏轼介绍了两个市井朋友：一个叫古耕道，另一个叫郭遘，前者古道热肠，后者以卖草药为生。苏轼自认"上可以陪玉皇大帝，下可以陪悲田院乞儿"，自然与他们往来甚密。或许，到黄州后的苏轼才算真正进入他从未排斥过的市井深处，王氏兄弟和潘氏兄弟及古道耕等人虽谈不上是"悲田院乞儿"，却也是不折不扣的市井之人。苏轼深入市井后，"辄自喜渐不为人识"（《答李端叔书》）。生活的本相也是如此，不为更多人识的普通人生活才构成了真实的生活。苏轼热爱的是生活本身，也就没必要如以前那样，任登门者络绎不绝，使自己不知不觉成为众星捧月的中心。

有几个朋友就够了的苏轼终于感到内心逐渐安定了。比朋友更有疗效作用的是，为排遣政治打击带来的痛苦，苏轼自住进定惠院后，很自然地将目光转向了佛经。从佛教的经义上说，佛家思想给人的不仅是安慰，还有对此世的超脱。苏轼的性格原本豁达，与佛家接近后，更使其内心的苦闷得以消解。对于佛学，苏轼在凤翔时颇多接触，尽管他自认"佛书旧亦尝看，但闇（暗）塞不能通其妙"（《答毕仲举书》），但现在有了当头棒喝的切身体会后可以"独时取其粗浅假说以自洗濯"了，竟至在《答毕仲举书》中将严肃与调侃并存地说道："公之所谈，譬之饮食龙肉也，而仆之所学，猪肉也……仆之食猪肉，实美而真饱也。"从中既见苏轼的性格，也见佛学对其产生的影响。

在研习佛经之余，苏轼幼年曾习过的道家也进入其生活。当苏辙返筠州后不久，来信告知一个女儿夭折，与此同时，苏轼的老乳母任采莲也因年高，扛不住舟车劳顿而在临皋亭寓所去世；进十月后，又传来堂兄苏不欺于九月病逝成都的噩耗，这些都让苏轼痛感生命无常、命运更无常，便于天庆观借了三间道堂，冬至后入室静坐了四十九天。这些经历和佛、道之学都在苏轼生命中烙下了不浅的印痕，只是修心性的佛学也好，修身性的道学也好，苏轼毕竟被儒学浸染半生，"穷则独善其身，达则兼济天下"（《孟子·尽心上》）的思想仍不可避免地在其心灵中最为震荡。

苏轼结束四十九天静坐之后，终于明白自己能做的就是"独善其身"了。以前，他不是写过"此身无计老渔樵"（《题宝鸡县斯飞阁》）的诗句吗？现在，他过的就是出没渔樵的生活了，既看淡了荣辱，也看淡了生死，日日"扁舟草屦，放浪山水间"（《答李端叔书》)。唐人白居易为何说"为文者必当尚质抑淫"？因为孔子提前给出了"质胜文则野，文胜质则史"（《论语·雍也》）的答案。苏轼现在的确是"质胜文则野"了。老子所说的"道法自然"，就是谁也不需模仿谁的生活自然。官场的种种规矩和姿态在市井与山水间荡然无存，他也不知不觉，解开了以往的种种束缚。从苏轼当时写给鄂州知州朱寿昌的一阕《满江红·寄鄂州朱使君寿昌》中可见其超脱之笔，"狂处士，真堪惜。空洲对鹦鹉，苇花萧瑟。不独笑书生争底事，曹公黄祖俱飘忽。愿使君、还赋谪仙诗，追黄鹤"。这种超脱，也水到渠成地带给他"回首向来萧瑟处，归去，也无风雨也无晴"（《定风波（莫听穿林打叶声）》）的大彻大悟。

如果将苏轼在黄州时创作的诗词与他在杭州、密州、徐州时写下的大量名篇佳作进行比较，会发现往日那些作品虽足以保证他进入不朽，还是比不上他在黄州返璞归真后的生活领悟。这些领悟注定将他带到一个更高的巅峰。因此，苏轼必须站在更沉稳的大地上，认识和感受大地上的一切事物，这样才能真正达到"知者创物，能者述焉"（《书吴道子画后》）的境地。所以，哪怕从表面上看，苏轼也必须有一块自己的真实之地，那些市井朋友给了他帮助，尤其一个叫马梦得的旧友，为他弄到了一块十亩左右的废地。

五

关于马梦得，《东坡志林》中有过介绍，马梦得与苏轼生于同年同月，只小苏轼八天。有意思的是，苏轼半戏谑半认真地肯定道，"是岁生者，无富贵人，而仆与梦得为穷之冠。即吾二人而观之，当推梦得为首"。

不管戏谑还是认真，苏轼的断言倒是没错，就是二人都年近半百，还是囊空如洗。早在苏轼任签书凤翔府节度判官厅公事时，马梦得曾做过其幕僚，后辞官混迹江湖，他最渴望的事是苏轼显贵之后，能给些钱让他"买山终老"。如今二十年过去，马梦得对苏轼的崇拜未减、希望未减，苏轼不仅未能显贵，还被流放到黄州。不无义气的马梦得闻知苏轼处境后，立刻风尘仆仆地赶来黄州相会。当马梦得见苏轼的临皋亭住所促狭，遂向当地申请一块废地，称欲将其辟为农场。

该废地在东城门外，平时无人光顾，遍地颓垣草棘、碎石瓦砾。苏轼看过之后，立刻兴致勃勃地为其规划蓝图，不仅亲扫瓦砾、自种黄桑，家人一起播种小麦，妻子王闰之还亲自动手，为耕牛治病。眼看生活将进入轨道，苏轼满怀欣喜地计划"我久食官仓，红腐等泥土。行当知此味，口腹吾已许"（《东坡八首·其一》）的前景，潘丙、古耕道、郭遘也挽袖子过来帮忙，远在淮南的友人李常还闻讯送来一批柑橘树苗。终于，在元丰五年（1082）二月的一个大雪纷飞之日，也恰恰是苏轼到黄州整整两年后，为自己建造落成了期以"寄余龄"的住所。今人虽已看不到当年的房屋模样，幸好晚其数十载的南宋诗人陆游在《入蜀记》中为后人留下了精确和引人神往的描述："自州门而东，冈垄高下，至东坡则地势平旷开豁，东起一垄颇高，有屋三间，一龟头曰'居士亭'。亭下面南一堂颇雄，四壁皆画雪……又有'四望亭'，正与雪堂相直，在高阜上，览观江山，为一郡之最。"

因地在城东，苏轼索性将其命名为"东坡"，自己也取了个"东坡居士"的自号。在方圆十亩土地的最高处是"一堂颇雄"的主体，因在房内四壁上亲自画有雪景，苏轼又将其命名为"东坡雪堂"，不仅自己在内"起居偃仰"，还可留来访的朋友居住。

能够有地躬耕，是苏轼在贬谪生活里的巨大安慰。现在，苏轼终于可以坐下来收拾心情和时日了。面对"世事一场大梦，人生几度秋凉"（《西江月（世事一场大梦）》）的切肤感受，苏轼在研习佛学之余还开始了"专治经书"。在《致腾达道书》中，苏轼不无自信地写下了"一二年间，恐了却《论语》《书》《易》……自谓颇正古今之误，粗有益于世，瞑目无憾也"之语。

研习经书，也就是研习历史，历史也就是时间。对苏轼而言，历史知识自然不缺，尤其在逆境中面对历史，会使人产生更多更复杂的古今之叹。此时的苏轼已年近半百，在"东坡雪堂"落成后次月，提笔写下"谁道人生无再少？门前流水尚能西，休将白发唱黄鸡"（《浣溪沙（游蕲水清泉寺）》）时，仍能见出他改变困境的生活热情依然不减。当苏轼面对历史时，就将这份热情发挥成了散尽积郁的磅礴之气。

黄州虽属荒僻，历史却无不深厚。苏轼到后不久，就听说城外西北处的长江之滨有座赤褐色石崖，传言那里就是三国时周瑜大破曹操的赤壁之战旧地。苏轼第一次去赤壁的时间是到黄州半年后的元丰三年（1080）八月六日晚上，他与苏迈驾舟夜游。在给参寥的一封信中，苏轼对赤壁作了如诗如画的描绘："秋潦方涨，水面千里，月出房、心间，风露浩然……独与儿子迈棹小舟至赤壁，西望武昌山谷，乔木苍然，云涛际天……"这些文字已预示了赤壁不会只是苏轼仅仅到此一游之地。

在今天回顾苏轼四年零三个月的黄州生涯时会发现，这位仕途失意、性情磊落、随遇而安，更不怨天尤人的诗人在一步步安贫乐道之后，黄州就将成为他百尺竿头再进一步的创作之地。因为苏轼的创作，黄州城外的赤壁将注定成为中国文学史上无法绕开的一处奇峰峻岭。

六

在"东坡雪堂"，苏轼恢复了奋笔疾书的生涯，他逐日完成了五卷《论语说》，脱稿了父亲苏洵临终前命其续写《易传》的遗命。正是在多达九卷、"未有力装写"的《易传》初稿中，苏轼从自己的人生起落和大自然万物的生死轮回中得出了"万物皆有常形，惟水不然……常形之不可恃，以为信也如此。今夫水，虽无常形，而因物以为形者……是以连物而无伤……天下之信，未有若水者也"的思想结晶。这是苏轼的性格超然所致，是他经历了生离死别后的人生体会所致，也是他在儒、道、释三者交融后的领会所致，更是他从未与大自然的长江大河脱离过的亲近所致。当苏轼在当年连续数次前往赤壁后，也瓜熟蒂落地完成了足以俯仰古今的惊世之作。

第一篇有关赤壁的作品就是无人不熟的《念奴娇·赤壁怀古》：

大江东去，浪淘尽，千古风流人物。

故垒西边，人道是，三国周郎赤壁。

乱石穿空，惊涛拍岸，卷起千堆雪。

江山如画，一时多少豪杰。

遥想公瑾当年，小乔初嫁了，雄姿英发。

羽扇纶巾，谈笑间，樯橹灰飞烟灭。

故国神游，多情应笑我，早生华发。

人生如梦，一樽还酹江月。

自古诗为心声，词亦如此。对于苏轼这阕《念奴娇·赤壁怀古》词，不论何人何时读来，都能想象出苏轼站在赤鼻矶头远望长江东逝，抚今追昔、感慨万千的样子。如果苏轼不是被贬，如果不是觉得建功立业的雄心付诸东流，这阕词的完成真还无从谈起。

无数注家虽众口一词，将这阕词视为苏轼的"豪放"之作，但从"故国神游，多情应笑我"的句中又能体会，当苏轼自认追慕前人不过是自己的一番"多情"之时，就不难品味其中蕴含的苦涩和失落。从表面上看，周瑜的功成名就与自己的流放生涯对比太过强烈，对"人生如梦"的感慨也就显得自然而然。往深处再看，苏轼面对自己的"早生华发"，也不可能不感叹"吾生有涯"的生命短暂。世人所谓"岁月如流"，不过是文人的惯常比喻，真实的水在苏轼那里能"阅物而无伤"，就因为水是大自然的永恒之物。所以，苏轼在随后写下的《前赤壁赋》里就收敛感叹，直面了大自然的不朽真知。

《前赤壁赋》全文只六百余字，文中人物除苏轼外，尚有一"客"，主体是苏轼与"客"的对话。这篇赋的落笔不同于《念奴娇·赤壁怀古》的思追千古，而是直接交代二人一边饮酒，一边"诵明月之诗，歌窈窕之章"，继而极尽生花之笔，描写了当时所见的无伦美景，"少焉，月出于东山之上，徘徊于斗牛之间。白露横江，水光接天。纵一苇之所如，凌万顷之茫然。浩浩乎如冯虚御风，而不知其所止；飘飘乎如遗世独立，羽化而登仙。"当苏轼在《念奴娇·赤壁怀古》中追慕周瑜的"雄姿英发"时，读者也不可能不在这篇赋中追慕苏轼因景所生的"羽化而登仙"之感。

赋的主体是二人对话，全文最长的一句话是"客"人所说：

"月明星稀，乌鹊南飞"，此非曹孟德之诗乎？西望夏口，东望武昌，山川相缪，郁乎苍苍，此非孟德之困于周郎者乎？方其破荆州、下江陵，顺流而东也，舳舻千里，旌旗蔽空，酾酒临江，横槊赋诗，固一世之雄也，而今安在哉？况吾与子渔樵于江渚之上，侣鱼虾而友麋鹿；驾一叶之扁舟，举匏樽以相属。寄蜉蝣于天地，渺沧海之一粟。哀吾生之须臾，羡长江之无穷。挟飞仙以遨游，抱明月而长终。知不可乎骤得，托遗响于悲风。

翻遍《古文观止》，再没有哪篇中的哪句比得上《前赤壁赋》里"寄蜉蝣于天地，渺沧海之一粟。哀吾生之须臾，羡长江之无穷。挟飞仙以遨游，抱明月而长终"更令人震动的人生体悟了。从苏轼到黄州前后的"致君尧舜"（《沁园春·赴密州》）、"悲欢离合"（《水调歌头（明月几时有）》）、"重寻无处"（《永遇乐·彭城夜宿燕子楼》）、"拣尽寒枝"（《卜算子·黄州定惠院寓居作》）到"也无风雨也无晴"（《定风波（莫听穿林打叶声）》）的步步推进来看，我一直觉得赋中之"客"或许不是有人以为的杨世昌或张怀民，而就是苏轼自己。除了苏轼，没有谁能说出这样"上穷碧落下黄泉"的思想之言。对苏轼来说，他刚刚在词中感叹过的"人生如梦"，不就是赋中的"哀吾生之须臾"？他"时时策杖江上"的结果，也必然会导致"羡长江之无穷"的思想涌动；至于"抱明月而长终"，也只有是像苏轼这样历尽沧桑而走向超脱的人才能拥有的襟怀。如果赋中的"客"是杨世昌或张怀民，苏轼大概会写出其名。就苏轼涉及杨世昌和张怀民的其他文字来看，杨、张二人是苏轼的黄州友人不假，但他们未必具有与苏轼展开如此深度对话的才力。不陌生的是，古往今来越是"高处不胜寒"的人物，越会与自己展开溢满思想浆汁的对话。

接下来，苏轼的话也很像是自我回答：

> 客亦知夫水与月乎？逝者如斯，而未尝往也；盈虚者如彼，而卒莫消长也。盖将自其变者而观之，则天地曾不能以一瞬；自其不变者而观之，则物与我皆无尽也，而又何羡乎！且夫天地之间，物各有主，苟非吾之所有，虽一毫而莫取。惟江上之清风，与山间之明月，耳得之而为声，目遇之而成色，取之无禁，用之不竭，是造物者之无尽藏也，而吾与子之所共适。

苏轼写得清楚，读者也看得清楚，"惟江上之清风，与山间之明月，耳得之而为声，目遇之而成色，取之不禁，用之不竭，是造物者之无尽藏也"。此言未必在"客"的思想中更进一步，倒像做了一种完整的补充——不仅将自己，更将人完全无视，剩余的只有大自然的永恒之物。人生终究短暂，只有清风明月永恒，这是苏轼走到人生最深处时的幡然领悟。佛家有"放下"一说，所谓"放下"就是摒弃执念，使心灵不再受到困扰；孔子也早有"有德者必有言"（《论语·宪问》）一说，所谓"言"就是穷尽人生后的真相言说。苏轼在这里完成了自己的真正之言，也就是他告诉世人——人总想达到光风霁月的境地，但在任何时代，到不了的始终是多数。到不了，是因为放不下；放不下，是还不懂得"造物者"的"无尽藏"究竟指向什么。苏轼用这篇赋和盘托出自己的思想——不论人会有什么样的信仰，大地就是信仰；不论人会信奉什么样的宗教，自然永远都是宗教。

七

写下《前赤壁赋》三个月后，苏轼再一次夜游赤壁，并写下《后赤壁赋》。这次有"二客从予"，但苏轼依然没说"二客"是谁，更没在文中展开一场三人对话。全文引人注目的是苏轼兴之所至的"霜露既降，木叶尽脱，人影在地，仰见明月"的动人描写，也因为"月白风清，如此良夜何"的兴致才有了"复游于赤壁之下"的举动。

与三个月前的夜游不同，苏轼这次虽与"客"皆"携酒与鱼"，全文的核心却是他兴致勃勃地独自"摄衣而上，履巉岩，披蒙茸，踞虎豹，登虬龙，攀栖鹘之危巢，俯冯夷之幽宫"。因客人未能跟上，苏轼"划然长啸"，使眼前"草木震动，山鸣谷应，风起水涌"，更使自己"悄然而悲，肃然而恐"，竟至"凛乎其不可留也"。

从这些文字中能够体会，苏轼的两篇《赤壁赋》一脉相承，如果说前赋说明了大地是真理，那么后赋则描述了人面对真理时会有怎样的震动。《逸周书》中有"人强胜天"，刘过的《襄阳歌》中也有"人定兮胜天"的狂妄之语，但在苏轼这里，没有人有资格狂妄，因为人都有"悲"有"恐"，更有"四顾寂寥"之时。当苏轼以"适有孤鹤，横江东来。翅如车轮，玄裳缟衣，戛然长鸣，掠予舟而西也"的神来之笔表达了自己对人之外的生命注视和敬畏时，就能够令人发现一千多年前的苏轼已具有非比寻常的现代思维。再结合苏轼在《答孙志康书》中"惟文字庶几不与草木同腐，故决意为之"的指认来看，难道不是像一个现代思想者一样对语言和表达进行了一种决然维护吗？难道不是对一代代统治者如曹丕奉为圭臬的"盖文章，经国之大业，不朽之盛事"（《典论·论文》）发起奋不顾身的反抗？更或者，这难道不是对王安石自以为是的"天变不足畏，祖宗不足法，人言不足恤"的坚决否定？所以，在黄州化蛹成蝶的苏轼，突破的不是简单的政治失意，而是对自己领悟的真理进行了一次再也未松开过的紧。

每次重读苏轼的这些作品，我总会情不自禁地想起我当年站在赤鼻矶前的时刻。赤鼻矶没有我想象的磅礴，甚至它和我在其他地方见过的石崖也没什么太多区别，我只记得我当时的激动：我不停地对自己说，这就是苏轼当年站过的地方，也是苏轼当年面对过的赤壁，它是不是周瑜破曹的真正之地根本不重要，重要的是苏轼在这里告诉了世人永恒的真知、真理。我还记得涌上过一个闪念——苏轼的真理无须用"伟大"一词，也无须用"神圣"一词，因为它就是天地间最质朴的存在，也是亘古不变的存在。苏轼在黄州实现的价值，就是将这些存在指认给了世人，他将人应如何认识和构建自己的思想方式简简单单地和盘托出。有时候真理并不神秘，它无非是使人最终懂得"盖将自其变者而观之，则天地曾不能以一瞬；自其不变者而观之，则物与我皆无尽也"（《前赤壁赋》）的生活谜底。这句话也对应了苏轼在同时期完成的《易传》中的所言，"天地之间，或贵或贱，未有位之者也；卑高陈而贵贱自位矣。或刚或柔，未有断之者也，动静常而刚柔自断矣"。

理解了贵贱，理解了刚柔，苏轼的流放生涯就不可能像屈原那样"忧心愁悴"。苏轼的旷达，与其说来自性格，不如说来自领悟，所以他才会在后来更远的流放中写下"岭南万户皆春色，会有幽人客寓公"（《十月二日初到惠州》）和"九死南荒吾不恨，兹游奇绝冠平生"（《六月二十日夜渡海》）的豁然面对，能做到这点，都源自他在黄州四年多的人生体悟。当苏轼于宋徽宗建中靖国元年（1101）走到生命终点，回顾自己的一生时，不假思索地写下"问汝平生功业，黄州惠州儋州"（《自题金山画像》）。

黄州排在首位，理所当然。

第九章　汴京归途

——来往一虚舟，聊随物外游

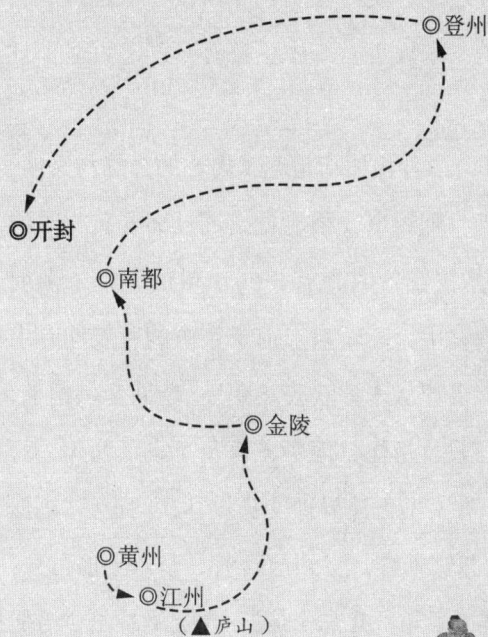

◎登州

◎开封

◎南都

◎金陵

◎黄州
◎江州
（▲庐山）

一

元丰七年（1084）四月一日，苏轼接到"去黄移汝"的诏令，心中自是百感交集，原以为自己将埋骨黄州了，没想到居然有离开的一日。从苏轼随即写下的《满庭芳（归去来兮）》词中"好在堂前细柳，应念我、莫剪柔柯。仍传语，江南父老，时与晒渔蓑"句可见，在告别"东坡雪堂"时，苏轼既有兴奋，又有不舍。兴奋的是，因"乌台诗案"导致的流放生涯终于结束了，曾以为"必老于此"的不甘，竟奇迹般拨云见日；不舍的是，黄州虽是流放之地，却早成自己的脱胎换骨之地，既习惯了当地风俗，也融入了当地生活，尤其在亲手建造的"东坡雪堂"中更留有自己七百多个日夜，如何不感慨万千？

但兴奋也好，不舍也好，二者相加却是苏轼内心的释然与豁然。何薳在《春渚纪闻》中写有一则故事，很能见出苏轼离开黄州时的心情。故事是黄州友人为苏轼饯行时，有一叫李琪的营妓，上前"取领巾乞书"。在以往的酒宴中，苏轼对上前求字画的营妓均有求必应，唯"颇知书札"的李琪却从未"获公之赐"。今见李琪相求，苏轼当即提笔写下"东坡五载黄州住，何事无言及李宜"两句，又搁笔和众人继续饮酒谈笑。有人不无诧异地交头接耳，问道："语似凡易，又不终篇，何也？"苏轼未答，直到散席时，李琪上前再拜，请其将诗句续完。苏轼大笑说了句"几忘出场"，遂提笔补出"恰似西川杜工部，海棠虽好不吟诗"两句。这首诗（《赠黄州官妓》）的质量如何另当别论，能看出的是，苏轼对明日将往汝州的长途之行充满了轻松和愉悦之感。

苏轼结束黄州流放，是宋神宗终觉其"人才实难，不忍终弃"，一直陪伴苏轼黄州生涯的长子苏迈也被任命为饶州府德兴县（今江西省上饶市德兴市）县尉。饯行后翌日，苏轼父子在陈慥、参寥、赵吉等人的伴同下决定先南下江西，一是送苏迈赴任，二是去筠州与思念刻骨的弟弟苏辙见面。

一行人取水路舟行，先渡江到武昌，再至兴国军（今湖北省黄石市）。兴国军知军杨绘留众人数日，再送至石田驿（今黄石市阳新县枫林镇石田村）酒别，苏轼写下一首《自兴国往筠宿石田驿南二十五里野人舍》七律相赠，赵吉送至此处，也随杨绘返兴国军。四月十四日，苏轼一行至慈湖（今黄石市磁湖）访吴子上兄弟，过程氏草堂晤友人程师德。令苏轼不舍的是，在黄州伴其一年的参寥在此分别，二人约定，等苏轼从筠州北上归还时再同游庐山。二十三日，苏轼入江西至九江，抵瑞昌县，题名亭子山。陈慥送至此处回返，苏轼再以《岐亭五首》赠别。二十四日至庐山后，苏轼与开元观道人同游，下山后取道弟弟苏辙所在的筠州。屈指算来，兄弟俩已整整四年未见了。"中秋谁与共孤光，把盏凄然北望。"这是苏轼在黄州第一个中秋日写给苏辙的《西江月（世事一场大梦）》，手足之情，委实无日或忘。

沿途经南昌，至抚州建昌（今抚州市南城县），与友人王适相遇，几人结伴游李莘、李常故居后再至奉新（今南昌市西）。眼看离筠州越来越近，苏轼不无兴奋地给弟弟苏辙去信，称"旦夕相见"。终于，将入筠州时，早已迫不及待的苏辙与洞山克文禅师、圣寿寺聪禅师已在城南建山寺相迎，随后入筠州尽叙手足之情。

在筠州听事堂东轩住过十日后已至五月五日端午节，时苏辙公务缠身，无暇相陪，苏轼仍兴致勃勃，带苏迟、苏适、苏远三个侄儿游大愚山真如寺，拜谒大愚禅师。在年近半百的苏轼这里，大起大落的人生足以使其洞彻世情，与众多僧人交往是他不断接受佛老思想的过程。当苏轼终与弟弟告别时，苏辙想起历历在目的"乌台诗案"，禁不住提心吊胆地嘱咐哥哥以后"慎于口舌相戒"。苏轼写下感慨颇多的《别子由三首兼别迟》相赠。

离开筠州，苏轼一路舟过新吴、白塔铺，又如约与参寥同上庐山和慧日寺，二人至九江分别。随后，参寥归隐潜山，苏轼于六月九日与长子苏迈至湖口。当夜，苏轼父子舟游石钟山，写下名垂千古的《石钟山记》。苏迈至此东行赴任，苏轼则携眷北上，过彭泽唐兴院，入安徽池州，二十三日过芜湖。到六月底时，苏轼终于舟至烟柳繁华地的金陵。

苏轼自然知道，此时的王安石正退居金陵，对自己的宦海生涯来说，没有谁的影响能超过王安石了，所以苏轼的心情不无复杂。在苏轼看来，若非当年王安石指使谢景温对自己行诬陷之事，毕生仕途或将是另一个样子；但"乌台诗案"爆发后，又因王安石一句"岂有盛世而杀才士者乎"的谏言，才使自己保全性命至今。今日回首往事，苏轼只觉如梦如幻，揽镜自照，四十九岁的容颜已风霜苍老，年过花甲的王安石也不可能是十余年前在朝廷时见过的模样了。

苏轼暗想，若二人见面，会是怎样一番情形呢？

二

自八年前第二次罢相后，王安石便退居金陵。金陵素有"六朝古都"之称，第一个以此为都的是三国孙权，后有东晋、南朝宋、齐、梁、陈分别建都于此。金陵不仅因处长江下游而据得天独厚的地理优势，还因长江穿过山冈与平原交织的全城，发达的水运带来了经济与文化的兴盛，使之成为当时全球第一个人口逾百万的大都市。唐人李白漫游至此，曾在凤凰台上留下"三山半落青天外，二水中分白鹭洲"（《登金陵凤凰台》）的千古绝唱。不论从哪个角度看，金陵都是适合诗人的长居之地。魏泰在《东轩笔录》中将王安石的金陵生活交代得极为清楚，"王荆公再罢政，以使相判金陵，即求宫观，筑第于白门外七里，去蒋山亦七里。平日乘一驴，从数童，游诸山寺，所居之宅，仅庇风雨"。从中可见，王安石虽两度为相，却始终清廉，连居室也简陋得令人难以想象。

关于苏轼、王安石二人在金陵的交往，王铚的《默记》、邵伯温的《邵氏闻见录》、赵令畤的《侯鲭录》、徐度的《却扫编》、蔡绦的《西清诗话》、朱弁的《曲洧旧闻》、张邦基的《墨庄漫录》等书中均有记载。各书细节稍异，兹综合如下：

苏轼至金陵时，王安石正野服乘驴于郊外，听闻苏轼舟至渡口，当即前往相见。苏轼听得王安石前来，帽子也不及戴，迎上作揖说道："轼今日敢以野服见大丞相。"王安石笑道："礼为我辈设哉！"王安石的意思是高人不必拘礼，苏轼却绵里藏针地讥讽道："轼亦自知相公门下用轼不着。"王安石一时语塞，他如何不知，苏轼仕途起伏，与自己有最直接的关系，今日听其语含讥诮，无以为答，便转过话题，邀苏轼同游蒋山。

蒋山即紫金山，山虽不高，却三峰相连，起伏如龙，素有"钟山龙蟠，石城虎踞"之称。上山后，苏轼、王安石二人先至山寺方丈室饮茶。此时，王安石内心颇有与苏轼冰释前嫌之意，遂指着案上一方大砚石说道："可集古人诗联句赋此砚。"难说苏轼当时是否还有抵触之意，说了句"轼请先道"，随即大唱一句"巧匠斲（斫）山骨"。王安石琢磨良久，知苏轼所言并非古句，自己真还没法续，便起身说道："且趁此好天色，穷览蒋山之胜，此非所急也。"

当日有数随从一直跟在二人身后，有个叫田昼承的悄悄对旁人咬耳朵说道："荆公寻常好以此困人，而斗天下士往往多辞以不能，不料东坡不可以此慑伏也。"意思是王安石平时喜以古人联句难倒他人，其他人确实不是对手，今日苏轼却没有被难倒。言下之意，被难倒的变成出题目的王安石了。

"日与公游"数日后，王安石实感苏轼才华过人，遂建言说道："欧阳公修《五代史》，而不修《三国志》，非也，子盍为之乎？"意思是欧阳修编撰了《五代史》，却未修《三国志》，实为遗憾之事，希望苏轼来修并慎重劝道："子瞻当重作《三国书》。"还强调一句，"他人下手不得矣"。按王铚的《默记》说法，王安石眼里的裴松之学识远在陈寿之上，可惜只给《三国志》做注释，遂萌"重修"之意，但自己年岁已高、精力不济，今见苏轼学问渊博，便提出此意。但在苏轼看来，修史书乃将数十百年之事变为一书，"其间岂能无小得失耶"，便推辞说道："某老矣，愿举刘道原自代。"

苏轼推荐的刘道原即助司马光编修《资治通鉴》的第一助手刘

恕。不过，刘恕早在元丰元年（1078）病逝。朱弁的《曲洧旧闻》说得清楚，苏轼曾对友人刘壮舆说过，"《三国志》注中好事甚多，道原欲修之而不果，君不可辞也"。由此可见，刘恕生前确有重修《三国志》之想，但天不假年、壮岁而逝，这也表明苏轼当时推荐给王安石的应是刘壮舆而非去世已七年的刘恕。不过，此处不考古籍正误。从王安石建言能体会，苏轼在其眼里实乃重修《三国志》的不二人选，足见他对苏轼才华的认可，早非十余年前认为的"所学不正"了。

王安石对苏轼的才学颇欣赏，对自己的文字也颇自负。在蒋山时，王安石将自己的近作《寄蔡氏女子二首》请苏轼过目。苏轼读后，赞赏道："若'积李兮缟夜，崇桃兮炫昼'，自屈、宋没世，旷千余年，无复《离骚》句法，乃今见之。"这是极高评价了，称王安石诗中"积李兮缟夜，崇桃兮炫昼"两行离骚体句的质量不在屈原和宋玉之下，没想到千年下来，竟在当世读到如此句法。王安石极为兴奋，答道："非子瞻见谀，自负亦如此，然未尝为俗子道也。"此话一出，便是引苏轼为知音了。

不过，令苏轼由衷钦佩王安石的，不独因其作品，还体会其有救死扶伤之心。张邦基的《墨庄漫录》载有一事：王安石在京为相时，患有偏头痛。某日于殿中奏事时头痛发作，只得请归治疾。宋神宗命其在中书房休息。王安石歇不多时，有一黄门小吏手捧小金杯入内，称宋神宗命其前来赐药，杯内药水"左痛即灌右鼻，右即反之。左右俱痛，并灌之"。王安石依言用药，果然瞬间痛愈。第二日，王安石上朝拜谢宋神宗时，宋神宗说道："禁中自太祖时，有此数十方，不传人间，此其一也。"遂御赐药方。从中可见，王安石当时得宋神宗何等宠爱。今苏轼到金陵也恰逢头痛，王安石随即将药方传与，果然药到病除。王安石还告知，自己在金陵时用该药方治好了不少患偏头痛的百姓。苏轼感佩不已，对身边人叹息说道："不知更几百年，方有如此人物。"

二人日日相处，自不会只谈诗论赋。一日，苏轼慎重地说道："某欲有言于公。"王安石见苏轼极为严肃，以为他要和自己清算当年的诬陷前账，脸色都变了。苏轼看出王安石心理，便补充说道："某所言者，天下事也。"王安石一震，敛容说道："姑言之。"苏轼说道："大兵大狱，汉、唐灭亡之兆。祖宗以仁厚治天下，正欲革此。今西方用兵，连年不解，东南数起大狱，公独无一言以救之乎？"王安石闻言，举起两根手指答道："二事皆惠卿启之，某在外安敢言！"意思是这两件事都系吕惠卿所为，我现在已经离朝，如何还能对朝政指手画脚？

苏轼当即劝道："固也，然在朝则言，在外则不言，事君之常礼耳。上所以待公者非常礼，公所以事上者，岂可以常礼乎！"王安石闻言震动，当年为相时的家国情怀不禁陡然涌起，厉声说道："某须说。"话音刚落，又猛然想起自己曾给吕惠卿去函且内有"无使上知"之句，他知欺君是罪、瞒君亦是罪，便又赶紧补了句"出在安石口，入在子瞻耳"。对王安石来说，此时委实感慨，吕惠卿是自己一手提拔，却如今大权在握，对自己时刻提防，若苏轼将这番话泄露出去，只怕会招致飞来横祸。方才兴起的壮气又陡然消沉，王安石意兴阑珊地说了句孟子的话——"人须是行一不义，杀一不辜，得天下弗为，乃可"。苏轼哈哈一笑，答道："今之君子争减半年磨勘，虽杀人亦为之。"王安石笑笑，不再接言。

二人久经宦海，自知言能惹祸，如今徒有抱负，却逢朝廷小人得志，自己年华不再，颇有无能为力之感。不无一致的心思，造就了彼此的惺惺相惜。不管王安石对当年之事是否有懊悔，他当时确实提出了希望与苏轼成为邻居的"卜邻"之议。苏轼感叹地写道："劝我试求三亩宅，从公已觉十年迟。"（《次荆公韵四绝》）苏轼终究是贬官，心中虽也盼愿与王安石比邻而居，终是无法做到。

<h1 style="text-align:center">三</h1>

与王安石在金陵一笑泯恩仇，对苏轼是快慰之事。没料到的是，另一件悲伤之事也在金陵发生了。

今人说起苏轼之子，不外乎长子苏迈、次子苏迨和三子苏过。其中苏迈系发妻王弗所生。王弗去世后，苏轼续娶王闰之，生下次子苏迨和三子苏过。三子后俱为朝廷官员，尤其大有父风的苏过，被冠以"小坡"美誉。然而，绝少人会提及苏轼的第四子苏遁，而不提他是因苏遁未满一岁便夭亡于襁褓。

苏遁的出生日是元丰六年（1083）九月二十七日，苏轼尚在黄州。对苏遁的出生，四十八岁的苏轼喜悦至极，更何况苏遁之母是陪伴其患难终生、彼此情深义重的侍妾王朝云。不过，晚年得子的喜悦归喜悦，当想到人生凶多险密，自己仕途无望，只怕后半生得在黄州的穷山恶水间度过时，又不禁凄然。从苏轼当时写下的《洗儿诗》可见其心理复杂，"人皆养子望聪明，我被聪明误一生。惟愿孩儿愚且鲁，无灾无难到公卿"。这首诗在苏轼作品中不算上品，清代纪晓岚品评苏诗时也颇不屑地说"此种岂可入集"（《苏文忠公诗集·卷二十二》）。今览中华书局八卷本《苏轼诗集》时，真还未见收录该诗，但《诗集》中却收了他另两首痛哭幼子夭亡的心碎之作。

从第一首《去岁九月二十七日在黄州生子名遁小名干儿颀》诗中"吾老常鲜欢，赖此一笑喜"可知，苏遁的出生对身处逆境中的苏轼来说安慰非比寻常，尤其"幼子真吾儿，眉角生已似"句，更见苏轼对其无比疼爱。如今不过出趟门回来，便猝然"归来怀抱空，老泪如泻水"，尤其听到王朝云撕心裂肺的"母哭不可闻，欲与汝俱亡"时，苏轼只觉"仍将恩爱刃，割此衰老肠"。对未经丧子之痛的人而言，很难体会苏轼当时的苦痛到底多深。当叶致远以诗相慰时，苏轼和了一首《叶涛致远见和二诗复次其韵》，其中"滞留生此儿，足慰周南史。那知非真实，造物聊戏尔"句，令人咀嚼后能体会，不论苏轼如何视苏遁为自己人生低谷的巨大安慰，终究只能自欺欺人地表示，这不过是造物主给自己开的一个玩笑。对苏轼而言，命运令人无可奈何——先给自己安慰，再给自己悲伤，他只能从"造物聊戏尔"的无奈中找寻自己承受的支点。

另外补充一句，王朝云因悲伤过度，此后再也无出。

四

苏遁夭亡后，苏轼继续在金陵停留了半月之久，一是需时间抚平丧子之痛，二是与王安石相从日密，也不无以此忘记悲伤之意。还有一人，与苏轼同样交往颇多，此人便是时任江宁知府的王益柔（字胜之），虽年过古稀，性格仍"伉直尚气，喜论天下事"。闻得苏轼到此，王益柔大喜之下，不顾年高赶来相见，二人遂又同游蒋山。

与王安石游山时，苏轼未写诗歌，此次与王益柔登山时苏轼终于身心尽入风景，写下了《同王胜之游蒋山》一诗。其中"峰多巧障日，江远欲浮天"句传到王安石手中后，王安石拍案大赞，不仅次韵撰诗，还自愧不如地说了句"老夫平生作诗，无此二句"。

苏轼与王益柔游蒋山后未过多久，后者便接到了调任南都的诏令。眼见相聚时日不多，某日苏轼、王安石陪王益柔巡察州事后，在下水门城上的赏心亭对饮。此处城高亭翼、下临秦淮，尽收眼底的是天下闻名的白鹭洲，人在亭间纵目远望，极尽江山观览之胜。当日斜风细雨，面对无尽江天，灰蒙蒙似无数历史变迁隐藏其中。王安石凝视远山大江，忽对苏轼说了句"子瞻可作歌"。苏轼内心原本起伏，又见不少听闻王益柔将离金陵之讯的百姓过来相留更是感慨，遂在亭柱上写下一阕《渔家傲》。这是苏轼词中的名篇，值得一录：

> 千古龙蟠并虎踞。从公一吊兴亡处。
> 渺渺斜风吹细雨。芳草渡。江南父老留公住。
>
> 公驾飞车凌彩雾。红鸾骖乘青鸾驭。
> 却讶此洲名白鹭。非吾侣。翩然欲下还飞去。

就苏轼一生的作品看，写给友人的赠别诗词不计其数，唯独这阕《渔家傲》看不出一丝一毫的感伤，从结句看，更见一种苦闷渐退、豪兴渐发的人生洒脱已呼之欲出。在经历人生与情感的跌宕起伏后，苏轼对告别或永别的理解已不再是早年"烛下花前，曾醉离歌宴"的缠绵悱恻。人的经历越多，认识也就越多——认识人、认识事、认识过往、认识岁月、认识人生、认识自己一步步走到今天的前因后果。苏轼能有此感受，对仕途经历同样复杂，同样也经历过丧子之痛的王安石来说，又何尝不是如此？当苏轼填下此词后，王安石微笑着说了句"白鹭者，得无意乎"。后来，南宋诗人曾极助李壁注王安石诗，也提笔写下一首七绝——"柱上题诗客姓苏，江山清绝冠吴都。六花飞舞凭栏处，一本天生卧雪图"。对王安石来说，苏轼此来金陵，使自己人生终无憾事。两年后的元祐元年（1086），王安石病逝，似是冥冥中有此安排让其在生前与苏轼以圆满来抵消曾经的所有恩怨。

五

在金陵前后待了一个半月后，苏轼于八月十四日启程离开。与之同行的，还有前往南都赴任的王益柔。众人舟过长江，先至长芦，随即到达真州。

当苏轼尚在金陵时，真州知州袁陟便多次来函相邀。今袁陟终于见到只慕名、未见面的天下才子苏轼，不禁兴奋不已，即刻将苏轼安置在真州学舍居住。苏轼有感袁陟情谊，写下一首十六行的《赠袁陟》诗作，其中"官湖为我池，学舍为我居……应观我知子，不怪子知鱼"句足见苏轼的感激之情。

袁陟与苏轼是初见，真州另一人却与苏轼是老相识了，他便是二十七年前与苏轼同科及第的蒋之奇（字颖叔）。蒋之奇时为江淮荆浙发运使，官衙恰在真州。得知苏轼来此，蒋之奇大喜来见，二人谈起往事，不禁唏嘘不已，回想起嘉祐二年（1057）金榜题名后众进士同赴琼林苑宴，当时二人恰好同席。蒋之奇比苏轼年长五岁，都正值二十多岁的青春之年，均有一见如故之感。当日宴上，蒋之奇谈起家乡阳羡的山水人文，苏轼大为心动，遂与之约定日后卜居阳羡尽享江南风情。如今二十七年光阴弹指，苏轼、蒋之奇二人都垂垂老矣，当年的约定只成青春一梦。

关于蒋之奇，有件事值得一说。在宋神宗刚刚即位的治平四年（1067），苏轼正往眉州守孝，时为御史的蒋之奇上奏，称欧阳修与长子欧阳发之妻吴氏"通奸乱伦"。对欧阳修来说，这件事实为极重打击。首先，蒋之奇算欧阳修的门生。按《燕翼诒谋录》"自唐以来，进士皆为知举门生，恩出私门，不复知有人主"的说法，蒋之奇此举堪为大逆不道。欧阳修不仅以师长之尊待蒋之奇甚厚，就连其御史之职还系欧阳修举荐而来。其次，被告发"与人通奸"，便使以君子自居的欧阳修蒙上百口莫辩的道德污点。蒋之奇干出这件令"亲者痛，仇者快"的不齿之事，缘于当年宋英宗即位后，围绕给生父濮安懿王赵允让何种名分的问题，竟引发长达十八个月的"濮议"之争。当时，欧阳修力主宋英宗追崇生父，引来了范镇、范纯仁、吕诲等人的针锋相对，蒋之奇因附和欧阳修之议，被群臣视为奸邪。当宋英宗即位不足五年驾崩后宋神宗登基，欧阳修立刻陷入朝不保夕的境地。蒋之奇惧前程受损，便见风使舵地呈上了此诬陷之奏。但结果是，宋神宗批复中书调查后，"问状无实"，遂将造谣生事的蒋之奇先贬为监道州酒税，后改为监宣州税。但此时欧阳修在朝中已"怨诽益众"，宋神宗虽贬蒋之奇，众臣仍背后对欧阳修指指点点。欧阳修不得已愤而求退，外任亳州，从此不入朝廷。

不无蹊跷的是，蒋之奇行诬陷之事时，对欧阳修终生敬仰的苏轼既未站出来为之辩解，还始终与蒋之奇保持着书来信往的友谊。其缘由今已无处可查，能看到的是，苏轼到真州后与蒋之奇相见，苏轼的内心由衷喜悦。当夜，苏轼、蒋之奇二人船入长江，一叙别情。从苏轼后来《和蒋发运》诗中"船稳江吹坐，楼空月入樽。遥知思我处，醉墨在颓垣"的回忆句可见，当夜舟游时苏轼心情无比舒畅。对苏轼而言，首先是黄州流放生涯结束，其次与王安石尽释前嫌，今又与数十年交谊的友人蒋之奇同舟赏月，如何不感快意？时夜凉如水，鹊鸟惊飞，浪花拍岸，令人流连。蒋之奇再次建议苏轼于阳羡买田，以了当年的青春之愿。苏轼心中大动，"江上秋风无限浪，枕中春梦不多时"（《次韵蒋颖叔》）。人若真能在晚年实现少年时的梦想，实为无憾之事。这两句诗将苏轼面对年华流逝、心愿未酬的所思所想勾勒得活灵活现。

六

在真州住得数日，苏轼又于八月十九日携眷到了镇江金山。当时，已十四年未见的友人滕元发正南下赴任湖州，与苏轼在金山相逢。二人的见面情形在苏轼后来的信中可见，"一别十四年，流离契阔，不谓复得见公，执手恍然，不觉涕下"，这就是经历太多生离死别后不能不感叹的岁月沧桑了。除与滕元发重逢，令苏轼更喜悦的是，秦观也从高邮赶来相见。更巧的是，苏轼的佛门友人佛印也恰好从庐山回到金山。见面之后，佛印赠给苏轼一件衲衣，苏轼大喜，遂以自己玉带回赠。

与众友相聚，自是诗酒不少。至润州后，苏轼实在不想去往陌生的汝州，心中涌上乞居常州之念，遂与滕元发商议。润州至常州只一百多里，不算很远。当滕元发赴湖州后，苏轼又追去书信，称自己打算在阳羡买田。对苏轼来说，漂萍半生，今又终被朝廷赦免，委实想与众友人亲近安度余年。蒋之奇在真州重提的当年之愿，也时时在苏轼心中萦绕。苏轼在金山与友人夜饮后写下的"夜半潮来风又熟，卧吹箫管到扬州"（《金山梦中作》）句，就恰到好处地阐明了当时的心境。

当时夜饮，是润州知州许遵（字仲涂）设宴。为助雅兴，许遵召来不少营妓献歌起舞，其中有个叫郑容的营妓在献舞后请求落籍，另一个叫高莹的也大胆请求从良。许遵不答，要她们去求苏轼。郑容、高莹二人果然转向苏轼恳求，盼其相助。苏轼虽点头答应，却只饮酒相谈，对该事无只言片语。等筵席散后，苏轼下山登船，郑、高二人又赶至船上，再次恳请苏轼。苏轼随即动笔挥毫，稿成后交与郑、高二人，说道："尔当持我之词以往，太守一见，便知其意。"这阕《减字木兰花》的附言是，"赠润守许仲涂，且以'郑容落籍、高莹从良'为句首"。全词如下：

> 郑庄好客，容我尊前先堕帻。
> 落笔生风，籍籍声名不负公。
>
> 高山白早，莹骨冰肤那解老。
> 从此南徐，良夜清风月满湖。

这阕藏头词既见苏轼填词功力已至炉火纯青之境，也见其不无白居易当年面对琵琶女而发"同是天涯沦落人，相逢何必曾相识"

的人生感慨。许遵收读该词后，如何不知苏轼及郑、高二营妓心愿？

此事可见苏轼的同情之心，另一事则见其越至晚年越豁达的胸襟。

苏轼在金山停留的时日不长不短，前后约半月之久。秦观前来与苏轼相见后，很快便因公返回高邮。苏轼在金山送别的却不止秦观一人。当金山寺内一个法号为圆宝的乡僧归蜀，苏轼写下了"振衣忽归去，只影千山里"（《送金山乡僧归蜀开堂》）的送别诗。接着，苏轼又送别一人，这人是沈括之侄沈逵。苏轼自然记得十一年前，自己任杭州通判时，沈括借视察之机向己索求近作后，随即以该诗为罪状对宋神宗称内含"讪怼"之句。若今日穷究往事，沈括实乃苏轼遭遇"乌台诗案"不折不扣的始作俑者。自那以后，苏轼与沈括无缘再见，如今却在金山见到了当年诬陷自己的仇人之侄。

苏轼对沈逵的态度也见出他自己对人生的态度。在苏轼看来，他与王安石都能相逢一笑泯恩仇，料想见到沈括也当不再为往事萦怀了。沈逵虽在《宋史》无传，但从《续资治通鉴长编》中"诏新知永嘉县沈逵相度成都府，置市易务利害"可推断，其为官清正、行事磊落。当苏轼与沈逵在金山分别时，苏轼写下了一首《送沈逵赴广南》，颇见其对贬谪生涯的总结心态。兹录如下：

> 嗟我与君皆丙子，四十九年穷不死。
>
> 君随幕府战西羌，夜渡冰河斫云垒。
>
> 飞尘涨天箭洒甲，归对妻孥真梦耳。
>
> 我谪黄冈四五年，孤舟出没烟波里。
>
> 故人不复通问讯，疾病饥寒疑死矣。

相逢握手一大笑，白发苍颜略相似。

我方北渡脱重江，君复南行轻万里。

功名如幻何足计，学道有涯真可喜。

勾漏丹砂已付君，汝阳瓷盏吾何耻。

君归趁我鸡黍约，买田筑室从今始。

对于此时的苏轼来说，实觉"功名如幻"，莫如"买田筑室"。从诗中"学道有涯真可喜"句看，能见沈逵对道学颇有研究。苏轼、沈逵二人相聚时，自然免不了坐而论道。就宋时而言，道教正试图超越各种"旧法"而成主流思潮。若非苏、沈二人谈得投机，苏轼也不会有"我方北渡脱重江，君复南行轻万里"的无尽惆怅，从中也见苏轼将沈逵视为知交的不舍留恋。

七

在金山送别友人后，苏轼自己也终于别过许遵离开金山南下，于九月到了太湖之滨的常州。一入常州，苏轼便想起蒋之奇反复言及的阳羡。阳羡属常州辖地，两处相距不过一百二十里。到常州后不过数日，苏轼便兴致勃勃地前往阳羡。

阳羡果如蒋之奇描述过的那样山清水秀，令苏轼大为喜爱，不仅给当地欣济桥题上"晋征西将军周孝公斩蛟之桥"字句刻石道旁，还特意寻访一个叫慕容辉的人。倒不是慕容辉学识如何声震八方，而是苏轼听说他嗜酒好吟、不务进取，其居室前有两株楠树且树冠如盖。想起当年在西湖之畔见到的僧人清顺，其僧舍前也有两株古松。当苏轼听闻慕容辉居所后，心中大起"我辈中人"之感。当苏轼寻见到慕容辉后，更是称其为"双楠居士"。后来，苏轼与参寥说起慕容辉，参寥也生神交之意，写了首《慕容居士双楠轩》的诗作见寄，其中尾句"闭门陋巷聊自隐，箪瓢屡空心晏然"活脱脱刻画出一位心安自足的隐士形象。

桥古人异，原本已有吸引力，更令苏轼流连忘返的是县东南三十八里处还有座蜀山。苏轼见"蜀"字而思故土，遂前往观看，只见蜀山孤峰挺立、水绕山麓，情趣旷达。苏轼决心立下，从一曹姓人手上购置一处庄田。从苏轼买田后填写的《菩萨蛮》词中"买田阳羡吾将老，从来只为溪山好。来往一虚舟，聊随物外游"句看，苏轼对阳羡委实一见即喜。此时，苏轼年近半百，终于实现了二十七年前的心愿，不无往日恍如隔世之感。在给王定国的信中，苏轼颇为兴奋地说"近在常州宜兴，买得一小庄子，岁可得百余硕，似可足食"，然后又详细介绍"田在深山中，去市七十里，但便于亲情蒋君勾当尔"。这里说的"蒋君"是蒋公裕，从当时苏轼"买少漆器，仍于公裕处支钱"句可见，蒋公裕当为替苏轼管理账目之人。另外，苏轼还给秦观去函说道："某宜兴已得少田，至扬附递乞居常，仍遣一倅孙子赍钱往宜兴纳官，盖民田也。须其还，乃行。"自然，苏辙是漏不了的，从后者"誓将老阳羡，洞天隐苍崖"（《和子瞻和陶渊明杂诗十一首·其一》）诗中自注明确的"兄已买田阳羡"句看，可知是苏轼告知后所题。

对苏轼来说，此时已尝遍悲欣交集的种种人生滋味，能终于在世外桃源般的阳羡买田置居，内心不觉涌上与陶渊明相似的畅快之感。十月二日，在舟中泛水时，苏轼遍望青山绿水心有所感，提笔将陶渊明的《杂诗·其四》抄录了下来。陶渊明的起笔"丈夫志四海"虽借曹植《赠白马王彪·并序》诗句,全诗主题却是骨肉之情和天伦之乐。在苏轼那里,没有哪位诗人比得上陶渊明那样对自我的执着追求了,自己如今在阳羡,不是实现对陶渊明的追慕了吗?苏轼委实不想再离开,遂与十九日上表朝廷,"乞常州居住",结果从给王定国的信中"某在扬州,入一文字乞常州住,得耗,奏邸拘微文,不肯投进"可见,这次上表,根本未至宋神宗手上,便在半途就给否决了。

不过,"不肯投进"的结果并未影响苏轼的内心。或许,事情的结果早在他意料之中。自离开黄州以来,苏轼始终有重见天日之感,尤其一路行来,新知旧友不断,当年在御史台"仓皇出狱,死生未分,六亲不相保"的凄凉已烟消云散。在阳羡买田却不能终老之后,苏轼不得不再次启程,从常州前往汝州。一路上,苏轼至京口、扬州、竹西、高邮、龟山、泗州等地,与徐大正、吕公著、杜介、秦观、辩才、蔡承禧、刘士彦等官员老友把酒言欢。在泗州时,兴致大起的苏轼在泗水舟中填了阕《行香子·与泗守过南山晚归作》,其中有"何人无事,宴坐空山。望长桥上,灯火乱,使君还"句。当词中的"泗守"(泗州知州)刘士彦读后,顿时吓了一大跳,他知苏轼名满天下,新作一出必立传京师,赶紧给苏轼致函称"泗州夜过长桥者,徒二年,况知州耶!切告收起,勿以示人"。苏轼读函后,哈哈笑道:"我一生罪过,开口常是,不在徒二年以下。"从中可见,苏轼虽因言惹祸,也有过"平生文字为吾累"的切肤之感,终在大悲大痛的经历之后彻底走向了超然。俗话说"吃一堑长一智",苏轼"吃一堑"是真,"长一智"却不是此句原意中的接受教训,相反苏轼之"智"是看透了人世本质，如陶渊明那样更为决然地走向真实自我。

八

在泗州留了月余，苏轼又于元丰八年（1085）正月四日发舟北行，十五日至宿州，二月抵南都，与张方平父子相见。在苏轼一生中，自青春岁月始，张方平便始终对苏轼兄弟抱以温暖关注，尤其对苏辙更时时将其举荐身边。今苏辙刚任绩溪令，绩溪位于安徽宣城，距南都千里之遥，苏轼自无法与弟弟相见了。入三月后，传来令天下震惊的消息，时年三十八岁的宋神宗驾崩，年仅十岁的太子赵煦即位，是为宋哲宗。因宋哲宗年幼，遂由奉遗诏辅佐新君的太皇太后高滔滔（宣仁圣烈皇后，宋神宗之母）于福宁殿垂帘听政。

自古"一朝天子一朝臣"，苏轼不敢想象，新帝登基对自己意味着什么。苏轼和张方平均知，太皇太后素来反对新法，或许表明自己的仕途将再遇转折。此时，回想宋神宗在位的十七年，苏轼认为宋神宗对自己不可谓无恩，其虽将自己贬谪黄州，毕竟是自己写过令李定等人言之凿凿的诗文，今将重新起用自己的也还是宋神宗。"老去君恩未报，空回首，弹铗悲歌。"这阕写于南都的《满庭芳》词，既是由衷，也是矛盾。从苏轼给王定国书信中的"无状坐废，众欲置之死，而先帝独哀之，而今而后，谁复出我于沟渎者"看，既能体会苏轼深觉宋神宗实乃自己恩遇之君，又能感觉到他对仕途确已心灰意懒。另外，从苏轼《神宗皇帝挽词》中"余生卧江海，归梦泣嵩邙"句可见，苏轼的内心颇欲就此长居阳羡了。

四月初时，苏轼终于决定返回常州，完成自己隐居之愿。十二日，途经扬州，与州守吕公著相会后，轻舟前往常州。但朝廷变化既生，苏轼如何能躲过渴望励精图治的太皇太后高滔滔之眼？五月六日，苏轼尚在半途，风闻朝廷欲将自己任为登州（今山东省蓬莱市）知州，虽传闻不敢信，但也不能不信，而若再为知州则是自己至半百之龄的重大转折了。

　　此时，朝廷已出现一连串激流般的剧变。五月二十六日，尚书右仆射兼中书侍郎蔡确被转任为左仆射，韩缜为右仆射，因反对变法而退居洛阳的司马光被任命为资政殿学士、通议大夫、知陈州加守门下侍郎。到六月下旬，已然入朝的司马光上书举荐苏轼和苏辙兄弟，同时范纯仁、吕公著、吕大防、王岩叟、王存、孙觉等人也上呈举荐名单，苏氏兄弟皆在其内。当月，苏轼果然得旨，"责授汝州团练副使、本州安置苏轼复朝奉郎、知登州"。到七月下旬，苏轼从常州动身，前往登州赴任。

　　整整三个月，离开常州的苏轼一路过金山、泰州、扬州、楚州、泗州、密州，于十月十五日抵达登州。不料，上任仅过五日，又再次接诏，以礼部郎中召还朝廷。十一月初，苏轼交完公事，又别登州、抵莱州、出青州、过齐州、经郓州、穿南都，到十二月上旬终于再抵京师开封。

　　抬头见城门依旧、楼宇依旧，再望长空，冬云也依旧。此时，苏轼想起在徐州时写过"十年身不到朝廷"之句，若撇开在御史台的百余日囹圄之灾，自己已整整十四年未以朝廷命官的身份至京师了。在苏轼看来，这十四年的颠簸起伏似乎就为了让自己完成一趟归京之路，曾经的青春与梦想、抱负与激情都在十四年的时光中逐渐消磨，一切都恍如一梦，一切都物是人非。苏轼在城门前久久伫立，只见那些砖瓦门楼与自己记忆中的一模一样，倘若砖石有情，它们还能认出自己的模样吗？苏轼叹息摇头，历十四载风霜归来青丝早成白发，若此刻有一个当年的自己从城内走出，也必定认不出自己归来时的容颜了。但无论怎样，面对敞开的京师城门，苏轼依然感到久违的激动，孔圣人早就说过"不患无位，患所以立；不患莫己知，求为可知也"（《论语·里仁》）。圣人便是圣人，无一言有差。

进得城门，苏轼眼前处处寒风呼啸，大雪飞扬。回想过往人生，苏轼经历的冬天委实不少，每一次人生转折都发生在冬天，没有哪一次不体会到"年来转觉此生浮"（《与孟震同游常州僧舍三首·其一》）的怅惘。但此时此刻，苏轼眼望京师深处的皇宫大殿，他有理由相信，今番冬天过去、雪尽花开的汴京，会给自己一个"四朝耆旧冰霜后，两郡风流水石间"（《送穆越州》）的暖春。

第十章　再度京城

——当时无限人，毁誉即墨阿

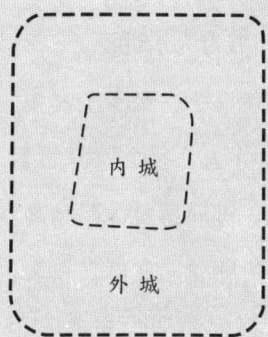

内城

外城

◎开封

一

在跨度一百六十七年的整个北宋期间，自宋神宗驾崩后的元丰八年（1085）三月至宋哲宗元祐八年（1093）九月的九年间，掌朝廷大权，是年过半百的太皇太后高滔滔。倒不是太皇太后高滔滔有什么架空皇帝的政治手腕，而是宋神宗驾崩时才三十八岁，即位的太子赵煦年仅十岁。因新帝尚未成年，宋神宗临终前颁下遗诏，令太皇太后高滔滔垂帘听政，以免大权旁落。

素来反对新法的太皇太后高滔滔能被后人称作"女中尧舜"，自非长居深宫就会成为强臣把控的柔弱女性。宋神宗驾崩不过数月，朝中已天翻地覆，以司马光、吕公著为首的保守派重臣被驿召入京，正赴汝州的苏轼也被任命为登州知州，旋即又被诏令回京。这是苏轼一生中从未遇到过的闪电晋升之路。当苏轼于元丰八年（1085）十二月上旬抵达京师后，先就任礼部郎中，到十八日又被任命为起居舍人（专门记录皇帝御殿时言行的侍从官），堪为天子近臣。

苏轼见自己入京十天不到接连擢升，心中却是不安多于喜悦。历官场二十余年，苏轼无事不见，无事不历，无人不接触，知青云直上与低谷坠落实为转眼之事。如今愈近中枢，苏轼感觉风险愈高。所谓"高处不胜寒"，既是思想境界，也是政治感受。在苏轼看来，高位未必是好事，太皇太后虽明确称"以复祖宗法度为先务"而逐废新法，但朝中百官靠新法上位的不少，居心叵测之人自占绝大多数，自己一旦身入高位，素无遮拦的牢骚性格只怕免不了遭小人暗算。

擢为起居舍人的诏令刚下，苏轼遂对宰相蔡确说出请辞之想。蔡确素来支持王安石变法，此见朝廷风向大变，总担心自己相位不保，曾不无居心地建议太皇太后恢复其从父高遵裕的官位——高遵裕数年前因西征战败，被撤官抵罪。对蔡确的献谀之举，太皇太后答道："遵裕灵武之役，涂炭百万，先帝中夜得报，起环榻行，彻旦不能寐，圣情自是惊悸，驯致大故，祸由遵裕，得免刑诛，幸矣。先帝肉未冷，吾何敢顾私恩而违天下公议！"由此可见，太皇太后高滔滔虽为女性，却实非常人。蔡确马屁拍到马蹄上，惊得冷汗淋漓，哪敢再劝？今蔡确见苏轼连升官职，自是太皇太后信任所致，颇想拉拢对方，便一本正经地劝道："公徊翔久矣，朝中无出公右者。"不论于公于私，蔡确这句话说得真还没错，但苏轼深知朝廷凶险，又觉自己离京师过久，言辞间觉就资历而言，也轮不到自己。蔡确问道："今日谁当在公前者？"苏轼答道："昔林希同在馆中，年且长。"林希与苏轼有同科之谊，往日在苏州时苏轼曾填《西江月·送别》相赠，称林希"使君才气卷波澜"，也见二人交情厚密。蔡确听后一笑，说了句"希固当先公耶"，坚决不允。

接着发生之事，令苏轼无论如何也想不到。在接到太皇太后宣见的懿旨后，苏轼第一次见到了对自己恩厚的太皇太后。太皇太后问苏轼："爱卿前年何官？"苏轼答道："黄州团练副使。"太皇太后又问："今是何官？"苏轼如实答道："臣今待罪翰林学士。"太皇太后便问道："何以升迁如此之快？"苏轼的回答是"仰太皇太后恩典"。太皇太后摇摇头否认，苏轼心觉诧异，便说："是陛下？"太皇太后还是摇头，苏轼更为奇怪："是朝中大臣举荐？"说完，又即刻补充一句"臣虽无状，然不敢自他途以进"，意思是自己不敢在朝中结党营私，以谋官位。太皇太后叹息一声，说道："先帝在日，每诵卿文章，必叹曰'奇才、奇才'，但未及用卿，今老身替先帝完成此愿。"苏轼听后，心中感动，不觉痛哭失声。太皇太后也随之流泪。一旁的宋哲宗尚是孩子，见祖母和苏轼痛哭，也禁不住号啕。对苏轼这样的士大夫而言，素有"士为知己者死"的思想，如今面对太皇太后的知遇之恩，遂不再有辞位之想。

二

京官果然难当。此时，朝廷起用的保守派官员，必然与改革派官员发生冲突。太皇太后虽逐废新法，但不等于改革派官员便将尽数离京。天子与太皇太后面对保守、改革两派自是高高在上，以平衡之术制驭，对苏轼来说，却很快就发现，自己面临两难之境。原因是入朝举荐自己的司马光与己素通声气、节义互勉，自然亲近，但另一位改革派官员也与苏轼情谊不薄，这人便是与苏轼同科及第的章惇。二十四年前，苏轼金榜题名后于凤翔为判官，章惇任商州令，二人同在陕西，书来信往不少，后二人同往长安任永兴军进士考官时结下深谊。不过，私谊归私谊，二人的政治取向却截然相反，当苏轼对王安石变法心生抵触和反对时，章惇则以激进之态得王安石赞许，入其一手创建的"制置三司条例司"为官。至于王安石与吕惠卿日后反目，在章惇眼里不过是私人恩怨，与变法与否无关。今太皇太后重启旧法，身为知枢密院的章惇自然反对，在与太皇太后交锋之前其冲突，便对着门下侍郎司马光而来。

苏轼虽历二十多年宦海，却始终不是政客，"抱素琴，独向银蟾影里，此怀难寄"（《水龙吟（小沟东接长江）》）的至情至性才是他的全部底色。司马光与章惇的水火难容，令苏轼左右为难。司马光虽年长章惇，算是前辈，但毕竟久离朝廷，哪里有章惇久经朝廷争斗的老辣心机。更何况，从二人官位看，司马光"掌贰侍中之职，省中外出纳之事"的门下侍郎，也比不得章惇"掌军国机务、兵防、边备、戎马之政令，出纳密命，以佐邦治"的知枢密院实权之位。被章惇时时谑侮后，司马光极感苦恼，求助于苏轼。苏轼遂对章惇恳切地说道："司马君实时望甚重，昔许靖以虚名无实，见鄙于蜀先主，法正曰：'靖之浮誉，播流四海，若不加礼，必以贱贤为累。'先主纳之，乃以靖为司徒。许靖且不可慢，况君实乎？"

苏轼这段话既委婉，又明白。意思是司马光今日名重当时，三国时许靖因只有虚名被刘备轻视，法正还是劝谏刘备，说"许靖不论有无真才实学，毕竟四海知名，若不礼遇，恐怕天下人会说陛下不敬贤重才"。听了法正之谏后，刘备遂封许靖为司徒。苏轼在这里着重强调的是，连许靖这样的虚名之人都不可怠慢，何况是有真才实学的司马光呢？章惇听后，觉其言之有理，遂收敛了对司马光的谑侮之举。

苏轼缓和他们二人关系，终究是私人之事，从朝事来看众人面对的仍是新党与旧党的明争暗斗。当年王安石变法，重要一项是改革"贡举法"，即进士殿试时，不以诗、赋、论三题而为，改做试时务策。此举虽使朝廷得政治人才，弊端却是宋神宗晚年见朝中"文字之陋"，竟至觉"一时文章不足用"。章惇虽是新法赞同人，却也发现了贡举法之弊，此时太皇太后正废新法，便涌起"复以诗赋取士"之法。但贡举法已流于天下，改回不易。朱弁《曲洧旧闻》中记载的一则逸闻很能说明问题，当苏轼晚年从儋州（今海南）遇赦北归后，在广州与知州朱行中言谈中回忆往事，朱行中说宋神宗晚年"深患经术之弊"，当时自己尚为国子监，曾亲见宋神宗宣谕，令教学者看史，当月还以《张子房之智》为论题，不料看到被考官列为第一的考卷后，宋神宗就"览之不乐"。苏轼当时答道："予见章子厚言，裕陵元丰末，欲复以诗赋取士，及后作相，为蔡卞所持，卒不能明裕陵之志，可恨也。"这就是说，当时章惇即章子厚虽有改法之想，终究因王安石女婿蔡卞阻挠而未能实现宋神宗之愿，令苏轼颇觉可恨。

但在当时，章惇毕竟想改法，与苏轼并无冲突。真正与苏轼发生冲突的居然是多年来同进同退、惺惺相惜的司马光，二人的冲突也为日后的"洛蜀党争"埋下了伏笔。

事发原因是苏轼、司马光二人论及当今要务时，司马光欲废"免役法"而复"差役法"。在司马光眼里，倒非"免役法"出自王安石之手而决然欲废，而是该法推行以来，"使户差高下出钱雇役，行法者过取，以为民病"。但司马光忽略了一点，在苏轼任密州知州的熙宁八年（1075）十一月时，曾在"免役法"基础上推行过"给田募役法"，收到"民甚便之"的效果。因此，面对司马光指责"免役法"有"出钱比旧费特多"等五大罪状时，苏轼以自己的经验之谈说道："差役、免役，各有利害。免役之害，掊敛民财，十室九空，敛聚于上，而下有钱荒之患；差役之害，民常在官，不得专力于农，而贪吏猾胥，得缘为奸。此二害轻重，盖略相等，今以彼易此，民未必乐。"

在指出差役、免役二法的弊端后，苏轼又着重言及"免役法"

之利，"民户率出钱，专力于农，虽有贪吏猾胥，无所施其虐。坊场河渡，官自出卖，而以其钱雇募衙前，民不知有仓库纲运破家之祸"。随后，苏轼还坦然告知，自己在"熙宁中，常行给田募役法，其法以系官田及以宽剩役钱买民田以募役人，大略如边郡弓箭手"。

苏轼说这番话的内心所想，原本只是分析"差役""免役"二法利弊而已。没料到如此一说后，在司马光眼里便是指责其只知免役之害而不知其利，苏轼却是那个既知利也知弊的人。司马光极为不快，坚持要废"免役法"，二人不欢而散。苏轼又恼火又压抑，回府后卸巾弛带，连声大喊："司马牛！司马牛！"司马牛是孔子的弟子，《史记·仲尼弟子列传》中称其"多言而躁"。苏轼以"司马牛"称之，实觉司马光固执如牛，不知轻重，自需如此发泄一番不可。

以上便是苏轼入京首月内所遇之事。过完该月便到宋哲宗元祐元年（1086）正月了，苏轼的京师生活将卷入更深的朝廷漩涡。

三

与司马光政见分歧令苏轼心头郁闷，但欣悦之事也接二连三到来。首先，苏轼与神交已久的黄庭坚终于见面。按黄庭坚的说法，"元祐之初，吾见东坡于银台之东"。所谓"银台"，是"掌受天下奏状案牍，抄录其目进御，发付勾检，纠其违失而督其淹缓"的官邸。早在苏轼任杭州通判时的熙宁五年（1072）十二月，他便于孙觉宴上读到黄庭坚诗词时就极为赞赏，后为徐州知州时又与黄庭坚彼此赠诗相和。今苏轼终在京师与黄庭坚相见，距初读黄庭坚诗歌竟过去了整整十四年，令人唏嘘。

其次，二人相见时，恰逢苏轼以七品服入侍延和殿，被赐银绯官服。宋时官员的品级高低以服色区分，其中金紫为尊，以下依次为绯色、绿色、青色、皂色或白色。穿绯色袍服的，便是四五品之官了。另还有重要一点，王栐在《燕翼诒谋录》中说得清楚，"旧制品官服绯、紫者，皆以品格，故选人久次多服绯、紫"。苏轼被赐银绯，是指绯色公服之外，还赐佩银饰鱼袋，此乃朝廷赐予的绝大荣耀，也是对苏轼品格的赞扬。此外，苏辙也于该月返回京师，更令苏轼欣喜。

与黄庭坚相见便是知己相逢，苏轼自与其饮酒题诗、泼墨画竹、入寺观庙。从苏轼写下的《和黄鲁直烧香二首》来看，第一首中的"不是闻思所及，且令鼻观先参"句可见苏轼的兴致勃勃，但从第二首尾句的"一炷烟消火冷，半生身老心闲"中又能体会，苏轼对与司马光发生分歧之事难免有淡淡惆怅不散。苏轼自然知道，比起自己来，司马光终究更得太皇太后之宠。果然，当苏轼于二月一日奏请行"给田募役法"后，仅过五天，朝廷颁下的诏令却是废"免役法"，复用"差役法"。苏轼深为叹息，回府后以读《汉书》来抚平心情。两日后，苏轼写下一首《元祐元年二月八日，朝退，独在起居院读〈汉书·儒林传〉，感申公故事，作小诗一绝》。如下：

> 寂寞申公谢客时，自言已见穆生机。
>
> 绾臧下吏明堂废，又作龙钟病免归。

这首诗自是借古抒怀。诗中的"申公"即西汉学者申培。少年时，申培与后来的楚元王刘交一起求学于浮丘伯门下。刘交死后，其子刘郢继楚王之位，令申培为太子刘戊之师。但刘戊觉得申培管教严厉，竟在继位后将申培罚为服劳役的刑徒。申培不堪羞辱，被迫回转山东故里闭门授学，终身不出，除求学弟子外谁也不见。后来，出自申培门下的王臧、赵绾，在汉武帝朝时分别任郎中令和御史大夫之职。在位高权重后，王臧、赵绾二人请立明堂以朝诸侯，却终发现自己能力有限，效果不佳，便联袂举荐老师申培。汉武帝闻有高士，即命人"使束帛加璧，安车以蒲裹轮，驾驷迎申公"。入京后，汉武帝随即召见，问治乱之事，年过八旬的申培只回答一句"为治者不在多言，顾力行何如耳"。汉武帝原以为申培会滔滔不绝，今只闻一语，颇感失望，默然不答，但既已请来，仍将其封为太中大夫。不料，当时窦太后喜《老子》的道家学说，不喜儒术，当她找到王臧和赵绾的过失后，汉武帝遂废明堂。王臧、赵绾二人被迫自杀，申培因年高体病免死，数年后去世，算是寿终正寝。

苏轼这首诗的意思非常明确，申培、王臧、赵绾的往事在历史中屡见不鲜。在苏轼看来，读史最令人扼腕的是无非在史中人物那里见到自己身影，回想二十余年的官场经历各种滋味俱尝，今自己亲身试验过"免役法"应强于"差役法"，但朝廷所选，仍是司马光之议，不禁对仕途更加心灰意懒。是以，写下此诗的苏轼颇有闭门谢客之意。但随后发生之事，令苏轼再次有了进言之心。

四

写下该诗仅过两日，即元祐元年（1086）二月十日，年已八旬的范镇以银青光禄大夫身份退休，其与司马光、苏轼交往颇多。早在宋神宗熙宁三年（1070）六月时，范镇便举荐苏轼为谏官，时因谢景温诬奏苏轼贩卖私盐未果，遂愤然辞官。在朝时，范镇与司马光交情至厚，不仅议论如出一口，还彼此相约"生则互为传，死则作铭"。果然，司马光为范镇写下生前传记，当司马光于范镇退休八个月后去世时，感伤不已的范镇依约为司马光写下墓志铭。

范镇的退休对苏轼触动不小，种种旧事不觉涌至心头。当年王安石欲将"常平法"改为"青苗法"时，范镇率先反对，并直接进言说道："常平之法……最为近古，不可改。而青苗行于唐之衰世，不足法。"当宋神宗五下诏令，时为知通进银台司的范镇五次封还；后新法颁布，王安石见到范镇将新法称为"残民之术"的奏章后，怒到"持其疏至手颤"。在范镇这里，体现的是"攻其恶，无攻人之恶，非修慝与"的君子风范。有意思的是，当司马光复"差役法"，范镇未加多思，其从子范百禄却大有从父之风，与司马光争论道："民今日执事，受谢于人，明日罢役，则以财赂人。苟绳以重典，黥面赭衣，必将充塞道路。"当时，司马光惊讶地说了句"微君言，吾不悉也"。这句回答也堪玩味，与苏轼谈论时，司马光极为强硬，而面对范百禄的反对时，司马光竟变得谦虚起来，足见其与范镇的交情已扩及下一辈。

苏轼将事情看在眼里，既感慨范百禄的士人风范，又觉自己遇些挫折便有闭门谢客之想，岂非连晚辈也比之不及？又过数日，年幼的宋哲宗驾临迩英阁，听侍讲学士韩维读《三朝宝训》。当读到宋真宗好生恶杀之事时，韩维顺谏宋哲宗多施仁政于百姓，在旁记载的苏轼心增感慨。到了二月二十二日，又传来太学博士李大临谢世的恶讯。李大临生前"识蕴纯深，风局冲远"的行事颇得张方平欣赏，乃至于熙宁二年（1069）六月举荐他和苏轼同为谏官。可见，二人必有往来。如今故人去世，其身后之憾只怕也难逃当时的新、旧法之争。若活着不去争取，死后还能做什么呢？苏轼决心一下，遂于二月二十八日将抵京后不久所撰的《论给田募役法》重新修订，极言"役法可雇不可差，第不当于雇役实费之外，多取民钱，若量入为出，不至多取，则自足以利民"，上呈朝廷。

苏轼的奏折，自然引发朝廷争议。心头不快的司马光说得毫不含糊，"差役已行，续闻有命：雇募不足，方许定差。屡有更张，号令不一。又转运使欲合一路共为一法，不令州县各从其宜，或已受差却释役使去，或已辞雇却复拘之入役，或仍旧用钱招雇，或不用钱白招，纷纭不定，浸违本意"。

御史中丞刘挚专门针对苏轼密州"弓箭手"的经验说道："弓手不可不用差法者，盖乡人在役，则不独有家丁子弟之助，至于族姻乡党，莫不与为耳目，有捕辄获；又土著自重，无逃亡之患。自行雇募，盗寇充斥，盖浮惰不能任责故也……"侍御史王岩叟也觉"差役法"刚行数日，苏轼又来此议，"恐不能任事"。尽管支持苏轼的朝廷官员除苏辙之外还有范纯仁、范百禄、李常等人，却终比不得司马光一众大臣，尤其太皇太后有废全部新法之意，旧有的"差役法"遂重新诏令天下。

此事倒不足以使苏轼陷入与群臣对立之状，毕竟新法繁多，苏轼反对的仅此一项。对保守派而言，着重需做的是将改革派驱逐出朝。到二月底时，新擢为殿中侍御史的吕陶率先发难，将改革派与保守派的争辩称之为"邪正之辨"，直接将蔡确、韩缜、张璪、章惇、李清臣、安焘等人称为"小人"。太皇太后下旨，几人相继被贬。尤其章惇，曾与司马光在太皇太后帘前争辩，以维护新法，并口吐"奉陪吃剑"之语。太皇太后震怒，将章惇贬出朝廷，外任汝州知州。章惇离朝后，仍被保守派不断攻击，这也为他日后东山再起时尽驱元祐朝臣埋下伏笔。但在当时，保守派得太皇太后支持而满朝崛起，明确的标志是日感惶恐的左仆射蔡确于闰二月二日被罢为陈州知州，并在同日擢升司马光为左仆射。此外，侍御中丞刘挚也于当日上奏，请改科举制，"乞试法复诗赋，与经义兼用之。进士第一场试经义，第二场试诗赋，第三场试论，第四场试策。经义以观其学，诗赋以观其文，论以观其识，策议观其才"。司马光三月五日以此上奏，称将"伏睹朝廷改科场制度"。自此，新法渐废，旧法依次登场。

五

转眼到了三月。苏轼提请的"给田募役法"虽被司马光等人批驳，但太皇太后仍对苏轼才学另眼相看，于三月十四日将其再擢为中书舍人，赐金紫官服。《宋史》说得清楚，中书舍人"掌行命令为制词，分治六房，随房当制，事有失当及除授非其人，则论奏封还词头"，实乃位高权重。苏轼自己也料想不到，入京短短三月，竟连升三级，直入中枢。苏轼深知树大招风，即刻请辞，但太皇太后不允，只得上谢表。值得一说的是，苏轼对此次擢升感到意外，是因未按常例经过考试。徐度在《却扫编》中说得好，"旧制，凡掌外制，必试而后命，非有盛名如杨文公、欧阳文忠、苏端明，未尝辄免，故世尤以不试为重"。意思是掌外制官员，必得考试，除非名望极大，则可以免试，对文人来说自然更看重免试而官。这也充分说明苏轼名望之高，已到非同凡响的地步。

但对苏轼来说，升官只是升官，内心所想仍是"给田募役法"的经验告诉自己新复的"差役法"弊端重重，深思熟虑之后于四月六日再次上书请详细再论定役法。对司马光等人来说，料到苏轼对新法不会死心，早有对策。苏轼奏折方上，刚升左司谏的王岩叟当日便以措辞强硬的《论给田募役法十弊》作复。这里全录"十弊"无必要，且看第一弊即可，"无知之民，苟于得地，初或应募佃地，三五岁间，或以罪停，或以疾废，或老且死，其家无强丁以代役，则当夺其田而别募，此乃是中路而陷其一家于沟壑，此一弊也……"

王岩叟的"十弊"答复，令苏轼也自深省。不多久，又发生一事，一个叫张耒的人入京任"太学禄"之职。张耒小苏轼十七岁，二人在苏轼为杭州通判时便书来信往，当苏轼至密州建超然台后还特意邀其作赋。今番来京，张耒已先致函，苏轼的回复是盼其"以振当时趋于衰陋之文字"为勉。

历史的当时小事，对后世影响却委实不小。张耒来京，意味着后人眼里的"苏门四学士"齐聚京师了。第一个是元丰八年（1085）八月以秘书省校书郎身份召入京师的黄庭坚；第二个是秦观，从陈师道《后山集》中"元丰之末，余客东都，秦子从东来"句可知，秦观当时早在京师；第三个是晁补之，早在苏轼为杭州通判时便拜其门下，眼下在朝为太学正；现第四个张耒到京，对苏轼来说，不仅多了"以振文字"的文学知音，更添了份政治力量。苏轼对张耒的评价在朱弁《曲洧旧闻》中可见，"秦少游、张文潜才识学问，为当世第一……然而气韵雄拔，疏通秀朗，当推文潜"。文潜即张耒，可见苏轼对其寄望之重。

理所当然的是，苏轼觉得张耒等人可为政治臂助，自非要与司马光等人为敌，众人矛头所向仍是当年依靠王安石入朝的改革派官员。顺便说一句，在王岩叟以《论给田募役法十弊》作答那日，正是王安石去世之日。王安石晚年凄清，与被自己一手提拔的吕惠卿压制不无关系。自太皇太后垂帘听政逐废新法后，吕惠卿便陷惶恐之境，自太原移扬州后，上表乞求修建道宫，随即又以台官有言，不分掌州事。朝廷议而未决间，已为右司谏的苏辙上书将吕惠卿比作汉武时张汤和唐德宗时卢杞，"诡变多端，敢行非度，见利忘义，黩货无厌"，而且吕惠卿对有恩于己的王安石也"发其私书"以为陷害，其人品卑劣如三国吕布，"背逆人理，世所共弃，故吕布见诛欲于曹公……皆以其平生反覆，世不可存"。

当日朝廷诏令下，吕惠卿责授建宁军节度副使、本州安置，不得签书公事。吕惠卿至贬地后上谢表，表末写道："龙鳞凤翼，固绝望于攀援；虫臂鼠肝，一冥心于造化。"这句话的意思是指苏轼兄弟与自己争抢的不过是些"虫臂鼠肝"而已。苏轼在邸报中见到该文后，笑着说了句"福建子难容，终会作文字"。此时苏轼自无法预料，当自己十二年后被贬儋州时，时为宰相的章惇极为险毒地欲派吕惠卿的弟弟吕升卿前往按察苏氏兄弟的违规之事，若非当时知枢密院事曾布和左司谏陈次升进谏阻止，苏氏兄弟十有八九性命难逃。此为后话。

六

王岩叟虽以《论给田募役法十弊》驳回苏轼进谏，但不等于苏轼会就此罢休。元祐元年（1086）七月二日，苏轼"再乞罢详定役法"，其意思很明确，"免役法"的弊端自然应当去除，"但不当于雇役实费之外多取民钱。若量出为入，无多取民钱，则亦足以利民"。但司马光委实只知"免役法"之害，不知其利，一切以"差役法"取代。苏轼于政事堂与司马光再谈时，详细说明"差役法"不可，司马光听得极不耐烦，喝止其再说。苏轼忍不住说道："昔韩魏公刺陕西义勇，公为谏官，争之甚力，魏公不乐，公亦不顾。轼昔闻公道其详，岂今日作相，不许轼尽言耶！"司马光闻言，一笑而止。苏轼见司马光始终固执己见，心中失望，索性提出外任，司马光又坚决不允。

司马光既不采苏轼之议，又不允外任，说明他还不至于与苏轼反目成仇。或许，司马光自己当年被王安石逼得外任的往事还历历在目，但在旁人看来就不是如此了。司马光时为宰相，以其马首是瞻的台谏官们如孙永、傅尧俞、韩维等人暗自揣摩司马光之意，不觉均以仇视之眼对待苏轼。尤其司马光、苏轼、傅尧俞三人某日相谈时，当苏轼对司马光的"大更法令"提出"宜虑后患"的建言后，司马光起身而立，厉声说了句"天若祚宋，必无此事"。苏轼闻言愕然，没料到司马光竟将法纪后果归于天意，自是无法相谈了。当时，一心巴结司马光的傅尧俞看在眼里，自对苏轼抱以幸灾乐祸之心。今从司马光这句颇不负责的话来看，真还应了邵伯温在《邵氏闻见录》中说的"荆公与司马温公皆早贵，少历州县，不能周知四方风俗，故荆公主雇役，温公主差役"之言。这是邵伯温拉开一段时间后将王安石与司马光的短处看得分明。后人读到该言不免唏嘘，这也难怪苏辙后为苏轼撰墓志铭时仍叹息司马光"忠信有余而才智不足"。

暂时撇开"差役法"与"免役法"，就王安石当年颁布的新法看，"青苗法"乃为重要之法。苏轼、司马光当年就先后提出反对和废除建议，但新法颁布已久，绝非一日间便可作废。八月三日，苏轼接门下、中书、尚书三省同上司马光《约束州县抑配青苗钱白札子》，读后颇恼，不肯签署。虽然当年苏轼与司马光对"青苗法"俱为不满，但就该法初衷看，王安石本意为利民，条文也明确有"人户情愿"四字，只是到州县执行时却成了"抑配"，民怨极大——司马光当年就称"青苗法"导致"天下怨谤"。今苏轼见司马光札子，上面居然又称"只为人户欲借请者及时得用……不得抑配，一遵先朝本息……须候人户自执状结保，赴县乞请常平钱谷之时，方得勘会，依条支给"云云，自是恼怒。

苏轼不肯签，便是缴奏了。不过，苏轼这次倒是误会了司马光。当时，司马光正染疾卧床，时枢密院范纯仁感"国用不足，建议复散青苗钱"。当听得台谏"皆不报"后，司马光将札子拿过看后恍然大悟，当即与群臣于太皇太后帘前对质，并厉声说了句"不知是何奸邪劝陛下复行此事"，吓得范纯仁脸色苍白不敢接言。翌日，苏轼趁热打铁地呈上《乞不给散青苗钱斛状》，当日准奏。到八月六日，朝廷诏令，"青苗法"罢除。

此事颇能弥合苏轼与司马光之间出现的裂缝。司马光有意将苏轼荐为台谏，他问苏轼自己的看法时，苏轼不无抵触地答道："犊子虽俊可喜，终败人事，不如求负重有力而驯良服辕者，使安行于八达之衢，为不误人也。"司马光知苏轼不入台谏之心坚决，遂不再相劝。

谁也料不到的是，事情未过多久，重病缠身的司马光竟于九月一日去世了，时年六十八岁。噩耗传开，满朝震惊。苏轼心伤司马光之死，但他再次没有料到的是，司马光之死却使其与其他朝臣猝然发生了巨大而无法挽回的冲突。

七

当朝宰相去世，朝廷自需办理丧事，受命主持的是崇政殿说书程颐（字正叔）。程颐原为河南隐逸之士，别名"伊川先生"，博学好古，潜心孔孟之道，与其兄程颢同列周敦颐门下。程颢、程颐兄弟俩共创"洛学"，追崇朱熹"去人欲，存天理"的重要思想，提出"饿死事小，失节事大"的观点影响千年，被后世称为"二程"。当宋哲宗登位后，经司马光、吕公著等人推荐，程颐以布衣受诏，任崇政殿说书，也就是教皇帝读书。

司马光去世之日，恰好是朝廷祭祀明堂的礼成之时。当苏轼和苏辙兄弟一路痛哭前往司马光府邸时，路遇程颐的弟子朱光庭，后者时为御史。当知晓苏轼、苏辙二人欲吊唁司马光后，朱光庭说道："往哭温公，而程先生以为庆弔（吊）不同日。"意思是明堂礼成为喜事，程颐以为今日不宜吊唁死者。这是程颐的古板之处，也是他思想的支撑之处。苏轼无奈，只得和苏辙返回，路上忍不住讥讽道："麤糟陂里叔孙通也。"麤糟陂是京城外一处沼泽地名，叔孙通则是为刘邦制定朝廷礼制的大儒。这句话的意思很清楚，在苏轼眼里，程颐不过是从肮脏之地来的迂腐假学究而已。

再从《伊川先生年谱》中记载的侍御史吕陶之言来看，除地点、人物稍有出入外，其事情本质未变，"明堂降赦，臣僚称贺讫，而两省官欲往奠司马光。是时，程颐言曰：'子于是日哭则不歌，岂可贺赦才了，却往吊丧？'坐客有难之曰：'子于是日哭则不歌，即不言歌则不哭。今已贺赦了，却往吊丧，于礼无害。'苏轼遂以鄙语戏程颐，众皆大笑。结怨之端，盖自此始。"

从这段话能看出，程颐的迂腐不只令苏轼一人反感，还有其他大臣也觉礼成明堂之后自可吊唁司马光，喜丧同日，与礼教无关。程颐坚持当日不能吊唁，苏轼遂当众讥讽程颐，说的恐怕也就是"鏖糟陂里叔孙通也"句，遂引来众人大笑。这件事也就成为苏轼与程颐交恶的导火索。

另从南宋张端义的《贵耳集》见，当司马光去世时，苏轼原本有意主持丧事，却被程颐抢先。苏轼心中不满，见程颐以古礼的锦囊裹尸时，便讽刺说了句"欠一件物事，当写作信物一角，送上阎罗大王"。程颐见苏轼当众刻薄自己，如何不恼？

人与人冲突，多半是性格冲突。苏轼素来随性，实在见不得程颐等人的一本正经。朱光庭为程颐弟子，自秉承师训，每次上朝都端笏正立，显出严毅不可侵犯的样子。苏轼忍不住对旁人说道："何时打破这'敬'字？"在苏轼这里，倒不是说上朝可随性而为，但朱光庭的样子实在是严肃到难以忍受的地步。苏轼称要打破"敬"，不是说不要"敬"，但在程颐和朱光庭那里却是苏轼对礼法的肆意嘲笑，如何能忍？后来，素服二程（程颢、程颐）的朱熹也绵里藏针地说道："东坡与伊川是争个甚么？只看这处，曲直自显然可见，何用别商量？只看东坡所说云：几时得与他打破这'敬'字。看这说话，只要奋手捋臂，放意肆志，无所不为便是……若说争，只争个是与非。若是，虽斩首穴胸，亦有所不顾，若不是，虽日食万钱，日迁九宫，亦只是不是。"

苏轼倒未想与程颐争个是非，只是程颐的诸多做法令其着实反感。譬如到司马光忌日之时，众臣聚于相国寺祷告。身为主持的程颐命给众人只上素食，苏轼便问程颐道："正叔不好佛，胡为食素？"这句话的意思是，你自己不信佛，怎么要我们吃素？程颐答道："礼，居丧不饮酒食肉。忌日，丧之余也。"苏轼懒得再问，命人端上肉食，竟是没把程颐之言放在眼里。就此可见，苏轼与程颐的性格委实大不相同。

但也恰是性格尖锐，苏轼在朝中得罪的大臣或不喜苏轼的大臣也自不少。当朝廷于九月十二日再次擢苏轼为翰林学士、知制诰时，监察御史孙升即于九月二十八日上奏说道："苏轼文章学问，中外所服，然德业器识有所不足，此所以不能自重，坐讥讪得罪于先朝也。今起自谪籍，曾未逾年，为翰林学士。讨论古今，润色帝业，可谓极其任矣，不可以加矣。若或辅佐经纶，则愿陛下以王安石为戒。"说到最后，竟是提醒朝廷为防止苏轼成为第二个王安石，绝不可拜其为"辅佐经纶"的宰相。朱熹后来说得更为不屑，称苏轼"只管骂王介甫，介甫固不是，但教东坡作宰相时，引得秦少游、黄鲁直一队进来，坏得更猛"。

从孙升上奏后的事实看，苏轼的仕途之路也确在翰林学士、知制诰这里止步。苏辙后为苏轼撰墓志铭时说得更为清楚，"时台谏官多为君实之人，皆希合以求进，恶公以直形己，争求公瑕疵，既不可得，则因缘熙宁谤讪之说以病公，公自是不安于朝矣。"其中，"缘熙宁谤讪之说"，便指孙升奏言中"坐讥讪得罪于先朝"之句了。

可见苏轼当时在朝，确因性格树敌颇多。

八

苏轼自然清楚自己是何性格，因此入京后的每次擢升没有哪次不首先谢辞，乃自知性格不宜为官。今苏轼处翰林学士、知制诰的高位，更切身体会到无论身至何位，总有无形之力逼迫自己改变以及与人的交往方式，偏生自己绝无可能做到。苏轼回想二十多年的官场经历，竟忽然发现贬谪黄州的数年生活，才是自己拥有过的"谁道人生无再少"的纵意生活。在旁人看来，"本州安置、不得签书公事"为人生的沉沦表示，但在苏轼自己看来，却在这些字眼之下而得纵情山水和"一蓑烟雨任平生"的无拘无束。现在，苏轼体会尤深的是，自己两度京师，都极少写诗作词。此时已是元祐二年（1087）正月末，苏轼想起黄州后便看向窗外，残雪未化，春雨又飘，不觉内心情动，提笔写下了两阕《如梦令·有寄》。且看第一阕：

> 为向东坡传语，人在玉堂深处。
>
> 别后有谁来？雪压小桥无路。
>
> 归去，归去，江上一犁春雨。

词虽短小，只三十三个字，却极耐咀嚼。苏轼难与人说的千言万语都压缩在这阕短调当中。在苏轼看来，一年前自己是被贬之人，一年后已成朝中高官，若换作旁人，只怕除了欣喜，便再无其他感受，但自己越来越无欣喜之感，相反黄州的"东坡雪堂"时时入梦；观今日自己，委实太像三国时"身在曹营心在汉"的关羽了——自己不就是"身在庙堂，心在江湖"，当时人为贬官虽有心中苦恼与不甘，但"东坡雪堂"前的小桥，长江上飘逝的春雨，仍给自己渐趋心安的慰藉——此刻想来，说慰藉真还未必准确，说它们给自己带来由衷喜悦才更为恰当。苏轼越是探索答案，越令他自己有离开京师之欲。世间之人无不如此，走过千山万水，品尝过何谓庙堂与江湖的滋味后，才知自己究竟要什么和渴望什么。对苏轼而言，如今"人在玉堂深处"，与念念不忘的"何夜无月，何处无竹柏，但少闲人如吾两人耳"的黄州惬意已有了很远的距离，再看今日自己周围，"玉堂"内的哪处不是人为？不论如何金碧辉煌和气势磅礴，无处不弥漫人的气息，虽然自己的气息也在其中弥漫。人在这里能认出自己吗？每日见到的群臣，谁不官服光鲜，谁的举手投足不像事先约定？但他们的内心呢，能看透吗？苏轼摇摇头，叹息一声，看透与看不透的区别究竟何在？就连自己的内心，也恐怕很久没去凝视了。遥想黄州的春雪春雨，它们曾与自己无一丝一毫的距离，看它们便如看自己，此刻的"玉堂"外也是春雪春雨，但真的不同，因为两处的气息不同，一切也就自然不同了。真是怀念黄州啊，不知自己还能不能与它再见？苏轼再次摇摇头，恐怕没有再见的机会了，自己在黄州不是写过"人生如梦"吗？也许，黄州就是自己一个找不回的梦了。

有梦就有清醒，而清醒的是什么呢？苏轼回想起正月十七日那天，他之所以再复奏《辩试馆职策问札子》，便是因"试馆职策题"出考题。札子上奏后，朱光庭、傅尧俞、王岩叟等人屡次反对题目而不报，此次复奏已是第四次了。苏轼出的题目不过为"齐、鲁皆圣人之后，起政化之弊，至于衰乱……国家承平百年，六圣相授，为治不同，同归于仁……今朝廷欲师仁祖之忠厚，而患百官有司不举其职，或至于偷；欲法神考之励精，而恐监司守令不识其意，或流于刻"等。但在朱光庭等人看来，苏轼将"不当置祖宗于议论之间"，认定"偷"与"刻"为讥讽宋仁宗先帝，这已足够说明苏轼与台谏官们的水火难容了。

对苏轼来说，此乃令背脊发凉之事，八年前李定等人对自己诗歌捕风捉影而炮制的"乌台诗案"还历历在目。当时，李定们尚不过说苏轼作诗讥讽新法，今日朱光庭竟诬称苏轼的所撰策题是讥讽宋仁宗，若太皇太后一怒，结局就绝非再次被贬那么简单了。

苏轼凝视刚刚写下的"归去，归去"，实在感慨，人在朝堂，能归到何处？一股不祥的气息再次笼罩全身。

九

为苏轼辩护的吕陶看到了点子上。当朝廷逐人面论时，吕陶在辩言中没忘记以"乌台诗案"相比，"今日光庭中伤苏轼之心，颇类前事，欲使朝廷为之报怨，不可不察也"，并强调说"然喋喋不敢自默者，非特为一苏轼，盖为朝廷救朋党之弊也。孤忠危迹，敢以死请"。吕陶的话很明确，担心朝廷从此陷入党争。当年，改革派与保守派之争对朝廷不可谓无伤，如今太皇太后掌政后改革派土崩瓦解，若再继之以党争，绝非天下幸事。吕陶接下来说得直接，今朱光庭攻击苏轼无非"苏轼尝戏薄程颐，所以光庭为程颐报怨而屡攻苏轼……戏程颐为不慎言……若指其'策问'为讥议二圣而欲深中之，以报亲友之私怨，诚亦过矣"。

右正言王觌也异常担心地说道："若悉考嫌疑之迹，则两歧遂分，朋党之论起矣。夫学士命辞，有罪无罪小事也，使士大夫有朋党之争大患也。"具体到苏轼这里，王觌直言说道："朱光庭之论策题，言者既以谓苏轼与光庭之师程颐有隙而发矣；吕陶之言朱光庭，论者又谓陶与苏轼同是蜀人，而遂言光庭也。"

王觌的话很明白，朱光庭对苏轼的指控不宜深究，以防朝廷起朋党之争，而且还指出了党争的苗头已显露，否则朱光庭等人不会拿吕陶和苏轼都是蜀人说事。在王觌看来，"原轼之意，不过设疑以发问，按轼之言，乃失轻重之礼也"，实欲轻描淡写地将苏轼面临的险境化解于无形。

但傅尧俞、王岩叟等人不肯罢休，于四月十八日再称"苏轼策题不当"，好在太皇太后深觉吕陶和王觌之言有理，不欲追究。当傅尧俞将苏轼的札子面读后，太皇太后说了句"此小事，不消得如此"。王岩叟闻言，干脆从袖中抽出苏轼的"策问"札子要递进帘中，太皇太后从帘后厉声喝了句"更不须看文字也"。

傅尧俞见状，心有不甘，当即拐弯抹角地说道："爱而知其恶，憎而知其善，今待轼如此，轼骄，将何以使之？"太皇太后听后觉其有理，便答道："便总由台谏官。"意思是由台谏官们处理。王岩叟随即也展现出老奸巨猾的一面，"若台谏所言，陛下能尽听纳，自足以成陛下之美也，台谏何与焉，尧俞与岩叟家居待罪，伏俟谴斥"，竟以退为进将难题交给了太皇太后。

消息传开，同知枢密院范纯仁立刻上奏，称"苏轼止是临文偶失周虑，本非有罪"；曾担心苏轼成第二个王安石的孙升也上言说道，"若谓轼有意于讥讽，则轼非丧心病狂，何至如此"。不过，事件的主角朱光庭自不与群臣斗口，只暗地行事。四天后的四月二十二日，门下、中书、尚书三省进呈傅尧俞、王岩叟论苏轼的状奏。宋哲宗虽年幼，也知太皇太后重视苏轼，便欲降旨明言苏轼无罪。太皇太后虽因傅尧俞和王岩叟挤对自己心下颇恼，却也觉傅尧俞那日所说的"今待轼如此，轼骄，将何以使之"不无道理，便答道："轼与尧俞、岩叟、光庭皆逐。"结果竟是要将四人一并驱逐出朝。幸好四朝老臣、仆射吕公著冷眼旁观，自知原委，经其谏阻后朝廷于四月二十三日下诏："苏轼所选策题，本无讥讽祖宗之意。又缘自来官司试人，亦无将祖宗治礼评议者。盖学士院失于检会。"

一锤定音的诏令颁下，朱光庭等人自是悻然。在四天后的四月二十七日，朝廷再命苏轼、傅尧俞、王岩叟、朱光庭依旧供职。这就说明，直到四月二十七日，苏轼因"策问"引来的一场惊心动魄的争斗才告一段落。回顾事件全程能看到，朱光庭力攻苏轼，胡宗愈弹劾傅尧俞，王岩叟支持朱光庭，吕陶则力护苏轼。事件虽表面结束，后果却是朝廷的"洛党""蜀党""朔党"终至形成，大宋一朝的朋党之祸就此拉开序幕。邵伯温《邵氏闻见录》说得清楚，"洛党"以程颐为尊，朱光庭、贾易等人为羽翼；"蜀党"以苏轼为首，吕陶等为羽翼；"朔党"以刘挚、梁焘、王岩叟、刘世安为领袖，羽翼尤众。"党迭相攻"的后果，"皆衔怨刺骨，阴伺间隙，而诸贤者不悟，自分党相毁"。此时三方都无法预料的是，当八年后太皇太后高滔滔薨逝，宋哲宗以章惇为相，后者将三方悉数视为"元祐党人"，尽皆发配。此为后话。

十

朝廷分党，自波涛暗涌。元祐二年（1087）六月二十六日，苏轼接到诏令，为翰林学士、知制诰外，"除兼侍读"，这就是命他为宋哲宗之师了。对此时的苏轼来说，仕途起伏繁多，儒、道、释三家之言在内心交错，但儒家终至占据上风，不仅儒家为士林主流，更重要的是人在朝廷便为最大的入世，况且孟子的"君子之事君也，务引其君以当道，志于仁而已矣"（《孟子·告子下》）之言实为儒生的至高梦想，今侍读天子便到了"引其君以当道"之时。宋哲宗究竟年幼，苏轼"每进读至治乱兴衰、邪正得失之际，未尝不反复开导，觊有所启悟。上虽恭默不言，闻公所论说，辄首肯，喜之"。除此之外，文彦博、吕陶、范纯仁等重臣也时常入侍听苏轼讲读，每次出来后，几人均相顾感叹道："真侍讲也！"一时士人或慕其学识，或欲靠其位，归入门下甚众。此时，苏轼也以天下自任，谈起话来无所规避，殊不知如此一来嫉恨之人也众，尤其程颐的"洛党"人物，无不挖空心思行谤讪之事。

右司谏贾易为程颐重要羽翼，见文彦博等人也常听苏轼讲读，颇有盘算。某日，贾易瞅住机会，对太皇太后进言说道："吕陶等党助苏轼，文彦博实主之。"意思是文彦博才是苏轼等人的幕后主使。太皇太后位高目远，如何不知贾易为挑拨之言，震怒之下，欲严惩贾易。在旁的吕公著也觉贾易之言刺耳，当即说道："易所言颇切直，惟诋大臣为太甚，第不可复处谏列耳。"太皇太后遂将贾易贬为怀州（今河南省沁阳市）知州，程颐也被罢为西京国子监。

此事对朝廷震动颇大，人人皆知事情岂是简单的贾易进言，实为程颐与苏轼的两党之争。对此，素持公允的侍御史王觌上奏说道："苏轼、程颐向缘小怨，浸结仇怨，于是颐、轼素相亲善之人，亦为之更相诋讦以求胜，势若决不两立者。乃至台谏官一年之内，章疏纷纭，多缘颐、轼之故也……近日既察颐而逐之，惟轼尚存，公议未允。臣今日所论，但欲且更无进用轼，徐察其为人。"王觌不为程颐求情，而是直接劝太皇太后不宜重用苏轼。

苏轼又如何不知，程颐与贾易的罢职虽是咎由自取，却和自己密切相关，当即也请求外任，称"兄弟孤立，自来进用，皆是皇帝与太皇太后主张，不因他人。今来但安心，勿恤人言，不用更入文字求去"。太皇太后接奏后，惜苏轼之才，没有批允。

其实，苏轼所言的"孤立"并未夸张。元祐二年（1087）年底，学士院策试馆职廖正一等人，被命为考官的苏轼举荐黄庭坚自代事。监察御史赵挺之随即上奏，称"苏轼专务引纳轻薄虚诞有如市井俳优之人以在门下，取其浮薄之甚者力加论荐。前日十科乃荐王巩，其举自代荐黄庭坚。二人轻薄无行，少有其比……公然欺罔二圣之聪明而无所畏惮，考其设心，罪不可赦。轼设心不忠不正，辜负圣恩，使轼得志，将无所不为矣"。事情结果虽未如赵挺之所愿，但能见出苏轼在朝中的政敌层出不穷，党争的恶果已然显现。同时，"朔党"的刘世安也无中生，认为苏轼"若恃其才，欲变乱典常，则不可"。

接下来的一年，朝廷党争愈演愈烈。苏轼为"蜀党"之首，自被对手视为眼中之钉。元祐四年（1089）二月十五日，监察御史王彭年又上奏，称苏轼对皇帝进读内容"多以人君杀戮臣下及大臣不禀诏令，欲以擅行诛斩小臣等事为献……殊非道德仁厚之术，岂可以上渎圣听。轼之性识险薄以至如是，轼之奸谋则有所在……伏愿二圣深垂鉴照，特行诛窜，以谢天下"。王彭年竟是奏请将苏轼斩首，以断绝异日天下之祸。可见在当时朝廷中，苏轼的处境不仅孤立，甚至有性命之忧。苏轼实觉朝廷非自己停留之地，厌倦至极，遂再次提出外任之请。

太皇太后虽贤德圣明，但王彭年的上奏仍令其震动。与贾易、赵挺之、刘世安相比，王彭年所言并非空穴来风，毕竟宋哲宗年幼，乃最易接受思想教诲之龄。若果如王彭年担忧的那样，年幼的宋哲宗从此背离"仁厚之术"，岂非天下要乱？孟子说得没错，"君仁，莫不仁；君义，莫不义；君正，莫不正。一正君而国定矣"（《孟子·离娄上》）。太皇太后虽欣赏苏轼之才，却知才华也为双刃剑，用得好，于人于己都是幸事；用得不好，历史上的桩桩过往已提供了太多恶例。若苏轼不能教授宋哲宗以"仁"，待其日后亲政，会成为天下明君吗？太皇太后深思之后，于三月十六日颁诏，令苏轼以龙图阁学士出为杭州知州。

对苏轼来说，此为自己人生的又一个转折。从黄庭坚一句"从轼请也"可见，苏轼去杭州为知州，在他自己这里倒是"为得其所"。离京前，苏轼自与众友人相别，到与文彦博辞行时，后者意味深长地嘱咐了一句："愿君至杭少作诗，恐为不相喜者诬谤。"苏轼坐在马上笑道："若还兴也，但有笺云。"黄庭坚说得没错，杭州确是苏轼的渴望之地。对此时此刻的苏轼来说，在朝廷不如远朝廷，越是金碧辉煌之地，也越是藏污纳垢之所。其实，入官场便如攀山峰，越往上走面积越小，峰顶愈尖，给人的立足之地就愈少，被挤下之人几人能有善终？在苏轼这里，人心的可怕，已经一次次领教，尤其利益当头时，己不想害人，人却想害己。经过二十多年的宦海沉浮，苏轼终于发现，自己最学不会的便是做官了，实不知该为之叹息还是庆幸？

从开封城门出去时，苏轼自然记得十八年前的熙宁四年（1071）六月，自己第一次自请外任便是去往杭州，今日再请外任居然又是杭州，命运真是有轮回啊。对苏轼而言，杭州委实为其心爱之地。此次苏轼赴杭，除次子苏迨、三子苏过、夫人王闰之及秦观相陪同往之外，还特意载麦百斛，以作在杭州酿酒之用。就此可见，苏轼对再去杭州，隐有兴奋之感。苏轼想起当年离杭赴密时的依依难舍，今日终于可以旧地重游，不知当年的西湖、孤山、吉祥寺、六和寺还是不是旧日模样？"使君能得几回来"，这是苏轼当年在西湖之畔的"有美堂"写给将离任知州陈襄的《虞美人·有美堂赠述古》词句，如今陈襄已谢世九年，自己仍在人世飘荡。今日苏轼想起这阕词来，恍如当年自己并非写给陈襄，而是写给今日的自己。如丝如缕的感伤和如丝如缕的渴盼交织在苏轼漫长的行程中，任马车远去，也任京城在身后远去。当苏轼回头看城楼时，心里不禁自问，异日是否还会回来？凝视片刻后，终还是缓缓摇头——这座"八荒争凑，万国咸通"的天下京城，真的再也不想重临了。此刻脚下的长路，也又一次铺开了。

第十一章　钱塘江上

——谁似东坡老，白首忘机

◎开封

◎杭州

一

　　宋哲宗元祐四年（1089）七月三日，历两个月行程的苏轼再次从京师到达杭州。光阴如箭，此时距苏轼熙宁七年（1074）九月离杭州赴密州，已过去了整整十五年，年华如水间自己的经历委实跌宕起伏，就连生死垂于一线的牢狱之灾和随之而来的贬谪流放也成为活生生亲历的现实。算上这次，苏轼已两度在杭州为官，离京外任均缘于朝中政敌的明枪暗箭。早在三国时期，魏人李康就在《运命论》里说过，"木秀于林，风必摧之；堆出于岸，流必湍之；行高于人，众必非之"。这句话对苏轼贴切至极，它蕴含的真理也冷酷至极。说经历容易改变人，就因随经历体会的残酷本质在改变人。有人从耿直变成圆滑，从单纯变成老辣，能保持不变的极其罕见，除非当事人内心异乎寻常的坚定——他知道自己是谁，知道自己在做什么、要什么、希望什么，最后想得到什么。

　　从苏轼身上能体会，重来杭州，哪怕已经历了十五年的变迁，改变的也只是他已至五十四岁的年龄和青丝变白发的外在，内在始终和当初没什么不同。不是说苏轼的内在不会变，而是他的内在本质不变——从本质出发，岁月会使一个内心坚定的人变得更加丰富、更多感慨，也更为充分地认识人生，有了这些，人才能由衷体会什么是"物是人非"。具体到苏轼身上，从他迫不及待地重游西湖并挥毫写下七律《去杭十五年复游西湖用欧阳察判韵》可见，十五年后的旧地重游，委实有万千心绪涌至心头：

我识南屏金鲫鱼，重来拊槛散斋余。

还从旧社得心印，似省前生觅手书。

莼合平湖久芜漫，人经丰岁尚凋疏。

谁怜寂寞高常侍，老去狂歌忆孟诸。

在这首诗中，苏轼以自己舟至南屏山后，与一个叫斋余的道士倚槛投饵戏鱼的闲心入笔。说是闲心，苏轼彼时彼刻也不过是俗务暂离，在他内心翻滚的始终是情难自禁的岁月感慨，尤其"老去狂歌忆孟诸"七字令读者难免生发流年似水的感叹。

一个诗人的作品不见得越有深度就越易流传。在很多时候，古人喜用典故和复杂手法入诗，这易给今天的读者造成阅读上的难度。写作当然要有难度，但即便作者对难度挑战成功，也不等于读者——尤其是后世读者会甘愿接受难度。读者更愿意的是在平易中体会更多的深刻，所以大凡至今耳熟能详的古典诗词，无论是作品的画面感还是对读者内心的触动感，都更能使人融入今时今日。苏轼此次重来杭州旧地，舟游西湖是理所当然之事，常常"饮于湖上"的雅兴也顺理成章。就今日来看，面对西湖的苏轼既是当年的苏轼，也是被岁月催老的苏轼，西湖既是当年的西湖，也是在无穷岁月中永恒的西湖，但在今日的苏轼和西湖之间，相隔着一言难尽的岁月沧桑。苏轼的不凡之处，是既能以复杂之句写复杂，也能以平易之句写复杂。从苏轼另一首同样抒发感慨的七绝《与莫同年雨中饮湖上》就能看出，这首七绝比前面那首七律《去杭十五年复游西湖用欧阳察判韵》更易拨动读者的心弦，它是更直接地出自诗人的瞬间感受。这是最易成诗的瞬间时刻，在速度上来不及思考，在力度上来不及打磨，但它的瞬间降临保证了诗作完成后的非凡效果。这里不妨比较一读：

> 到处相逢是偶然，梦中相对各华颠。
>
> 还来一醉西湖雨，不见跳珠十五年。

莫同年即莫君陈，时为两浙提刑，曾在朝中任朝奉大夫大理少卿，与苏轼素为旧交。元祐三年（1088）五月，朝廷诏令莫君陈为舒州（今安徽省安庆市）知州，后至杭州为两浙提刑。在苏轼履任杭州一个月后的八月中旬，莫君陈又被改任蕲州（今湖北省蕲春县）知州。据此能够判断，该诗写于苏轼到达杭州的元祐四年（1089）七八月间。正因如此，这首诗才有情感凝于瞬间的猝涌效果，从中足见苏轼对杭州和西湖的念念不忘。十五年来，苏轼的南北舟行何止百次，舟行途中遇雨又何止百次，唯独在西湖舟上遇雨令其有格外不同的感受。在十五年前的《六月二十七日望湖楼醉书》组诗中，苏轼就因在西湖望湖楼上见雨而写下"黑云翻墨未遮山，白雨跳珠乱入船"的不朽诗句，今日再次于西湖上遇雨，雨依然、船依然、人依然，唯感受不再依然。所谓"不见跳珠十五年"，岂止是所见的白描，而是蕴含了太多随风而逝的岁月和积满胸腔的人生体验：越觉得西湖的雨水如初，便越觉得自己人生已然大变；越愿回想曾经的美好年华，越表明其内心始终未变的核心存在。

在苏轼这里，无论自己的人生出现过多少变化，没变的始终是自己的情感核心和做人做事的一如既往，其他的如身份、年龄、思想、感受等都已改变，所以苏轼的感慨是面对流年的变化而感慨。那么西湖呢？西湖变了吗？"物是人非"虽然是说事物不会变，但经过漫长的十五年，西湖也不知不觉地变了。

二

苏轼上任伊始，正是盛夏七月，恰逢天旱少雨，止于钱塘江的京杭大运河也日益干涸，州民慌乱。作为诗人，苏轼可以西湖泛舟，但作为知州，他又必然要面对旱灾造成米价上涨的急迫之事。从苏轼笔下的诗句"菑合平湖久芜漫，人经丰岁尚凋疏"可见，当时杭州面临的问题不小，苏轼作为今日的知州，面对的问题也不同于往日的通判。知州是解决辖地事务之人，眼下旱灾已导致"运河干浅，出入艰苦，谷米薪刍缘此暴贵"，不容漠视。

当时，在两浙路任职的官员除莫君陈外，还有同为两浙提刑的杨杰，两浙转运判官周焘，杭州通判罗适、梅灏，两浙路转运副使叶温叟，浙西路兵马都监刘景文，法曹毛滂，签书杭州判官厅公事程遵彦等人。当莫君陈八月十四日离杭后，王瑜继任两浙提刑。此外，苏轼还命临濮县主簿苏坚监杭州在城商税。另有令苏轼意外而喜的事是，其妻舅王箴也从眉山到了杭州。

苏轼一边治旱，一边筹措粮源，以备赈济。进入八月后，诸事更繁。八月十六日，苏轼意外收到苏辙寄来的《将使契丹九日对酒怀子瞻兄并示坐中》一诗。苏辙未因苏轼离朝而受排挤，恰好相反——苏轼辞京不久，苏辙于六月初一被命为吏部侍郎，仅过十天又被擢为翰林学士、知制诰。或许，在太皇太后那里，她将苏轼从京师外放地方原非本意，面对朝廷"洛党"与"朔党"的联手攻讦，不能不退让而已。当苏轼离朝后，苏辙得以飞快擢升，隐隐有太皇太后对苏门的弥补之意。今朝廷命苏辙出使契丹，委以重任，更见太皇太后对苏轼兄弟的私心看重。当苏轼收到苏辙寄诗，得知弟弟将被朝廷派往辽国，以"国信使"身份前往贺辽主生辰后颇为振奋，遂提笔写了一首《送子由使契丹》的七律相赠：

> 云海相望寄此身，那因远适更沾巾。
> 不辞驿骑凌风雪，要使天骄识凤麟。
> 沙漠回看清禁月，湖山应梦武林春。
> 单于若问君家世，莫道中朝第一人！

写这首诗的苏轼虽因旱灾而殚精竭虑，但一字字读下来，颇能体会苏轼随诗歌推进而愈加饱满的情绪。自宋真宗与辽签订"澶渊之盟"后，宋辽两国息边火已八十余年。尽管宋神宗登位时，辽兴宗趁宋与西夏交兵之际再次大军压境，迫使宋对辽再增岁币十万两，终究没有刀兵相见，但宋朝的屈服不可避免地使辽国对宋的孱弱有所轻视，是以出使契丹，绝非简单之事，对方的倨傲将时时考验使者的能力，尤其此次将直接面对辽主本人，若拿捏上稍失分寸，难免酿出祸事。另外，这首诗的尾联取自一典故，当年唐肃宗以"门地、人物、文学皆当世第一"之言盛赞出使吐蕃的李揆，当后者到吐蕃后，吐蕃主果然问是不是"大唐第一人"李揆？李揆极为机智地以"彼李揆安肯来邪"一句作答，意思是自己虽叫李揆，但不是唐肃宗说过的"第一人"李揆。苏轼用此典故，是嘱弟弟在辽主前可以尽显才华，但不要说自己是"中朝第一人"，这样便能显出大宋朝廷人才济济，自己并非特别突出的那个，如此方可震慑辽主，令其对中原不敢动非分之想。

但在杭州，趁天灾而动非分之想的大有人在。就在该月，苏轼将一对犯事的颜姓兄弟刺配牢城，结果却令苏轼再次体会朝廷党争向外辐射的恶果。

<h1 style="text-align:center">三</h1>

颜氏兄弟乃杭州豪强，哥哥叫颜章，弟弟叫颜益。天灾之日，百姓自然活得艰难，但对豪强来说，却是借机发财的机会。从苏轼后来的奏文可见，颜氏兄弟所犯之事乃"倡众胁制官吏，不纳好绢"。从"倡众"二字看，颜氏兄弟不仅"不纳好绢"，还于幕后煽动民众闹事，对监管官进行"胁制"。在苏轼眼里，此举便是欲凌驾于法度之上了，因此在判决中毫不姑息地说道："颜章、颜益，家传凶狡，气盖乡间，故能振臂一呼，从者数百，欲以动摇长吏，胁制监管，蠹害之深，难从常法。"

对颜氏兄弟的嚣张，苏轼没有采取息事宁人的态度。苏轼下令将颜氏兄弟拘捕后，即"刺配本州牢城"——这是"擒贼先擒王"的手段，若非如此，很难控制局面。苏轼也知道，对方让自己抓住的仅仅是"胁制官吏，不纳好绢"的过错，依常法来判不过是拘人罚银，未到"刺配"的地步。苏轼令行"刺配"，便有执法过度之嫌了。苏轼当即上书朝廷，"乞重行朝典"，意思是甘愿朝廷给自己降罪。

陆游的《老学庵笔记》将后事说得清楚，苏轼越权"刺配二颜"——陆游笔下的"二颜"乃"颜巽父子"，与苏轼奏文中的"颜氏兄弟"有异，此处采用苏轼本人之言，或更为准确——导致"御史论为不法，累章不已"。这句话说得极其明确，苏轼的越权之举立刻引发了朝廷纷议，身为"洛党"的御史们自不遗余力连续上章，希望将苏轼论以刑法。不过，朝廷好在知苏轼虽越权却无罪，遂免其罪责，但取平衡之术竟将颜章也一并释放。颜章出狱后，嚣张更甚，擅自以药水涂抹监钞使用。当苏轼后来再次被贬，颜章又一次违法被治时，竟无中生有地指控当地官员"乃元祐奸党苏某亲旧，故观望害我"。当时因章惇上台为相，大肆流放元祐臣僚，苏轼也被贬惠州。当颜章称欲惩治自己的杭州官员不仅是"元祐奸党"，还是被贬的苏轼故旧时，官员自惊吓得战战兢兢不知如何处理，幸好提举监事胡奕修实证涂抹监钞的乃是颜章所为。颜章闻上奏后逃窜化州，家产也全部被抄，杭州人尽皆称快。此为题外话，略过不表。

从此事可见，杭州本地豪强与苏轼这样的外来知州颇为对立。一是双方看法相左，就算苏轼依法办事，也难免触动地方利益；二是天灾之际，苏轼的性格便自然凸显。有天灾，便有惯常的生活秩序被打乱，浑水摸鱼的和忠于职守的就不可能不冲突。从上述事情的结果还见，不是忠于职守就会得到朝廷支持，如苏轼看似将颜氏兄弟"刺配"，固然是"难从常法"的处置，却不得不上奏"待罪"，他也知道朝中政敌时时都在伺机而动。到今日，苏轼受过的教训已然不少，但教训只是教训，能指引人的最终还是性格。所以，颜氏兄弟事情过后不久，仍自赈济的苏轼又惹一事，这一次不是因本地豪强，而是牵涉国外人事，动静自然更大。

四

早在周代，中国就有"溥天之下，莫非王土；率土之滨，莫非王臣"一说，意思是海内皆为王土。但彼时先人究竟视野有限，从秦到宋的历朝所控范围，无非南北中原。对宋朝来说，连"燕云十六州"也不在政令之内，何况更远之地？好在四方之国，面积均小，为求天朝大国庇护，便行纳贡之事。

杭州所靠的杭州湾乃入海口，与高丽等国的船舶往来方便，于是杭州便成了高丽与中原的交汇之地。当时，杭州有个叫净源的僧人，因居于海滨，自然靠海吃海，利用海运从南来北往的舶客手中牟利，但高丽舶客回国后皆极力称赞净源。到了元丰末年，即苏轼从黄州贬地返京之年，高丽王子义天来朝拜见宋哲宗及太皇太后，顺便命人去杭州见净源，自己则先启程回国。不料，净源却恰好在这时圆寂，其弟子便将净源的画像附于义天船上，随船入高丽告知净源圆寂之事。义天遂又派手下乘来船再次入杭，拜祭净源。颇为奇怪的是，高丽人拜祭完后与苏轼相见，拿出了两座金塔，称是义天给宋哲宗和太皇太后的寿礼。

送寿礼不在京师而在杭州，岂是礼诚之举？苏轼未接金塔，上奏朝廷称"高丽久不入贡，失赐予厚利，意欲来朝矣，未测朝廷所以待之薄厚，故因祭亡僧而行祝寿之礼，礼意斟（鲜）薄，盖可见矣。若受而不答，则远夷或以怨怼，因而厚赐之，正堕其计。臣谓朝廷宜勿与知，而使州郡以理却之。然庸僧猾商，敢擅招诱外夷，邀求厚利，为国生事，其渐不可长，宜痛加惩创"（苏辙《亡兄子瞻端明墓志铭》)。

这段话意思很明显，高丽很久都未纳贡，从天朝得到的好处自然不多，今意欲来朝不过是想摸朝廷之底，其方式却是借祭拜净源而给天子和太皇太后祝寿，礼物轻薄自是可见。天朝若接受而不回赐，高丽难免对朝廷有怨怼之心；若接受而回赐厚礼，又不免中计。因此，在苏轼看来，朝廷不如装作不知此事，由他以知州身份摆出道理拒绝。这件事的可恨之处，在于净源那样的庸僧竟敢招惹外夷牟取私人利益而给国家添乱，此风决不能姑息，应严加惩处。

当时净源已死，其弟子还在。经奏准朝廷后，苏轼将其弟子发配充军。

从整件事的表面看，似乎没有苏轼以为的那样严重，但从《东坡志林》记载的两件事联系来看，则能见出苏轼对高丽的排斥。第一件事是两年前的元祐二年（1087），朝廷命一个叫张诚一的武将出使契丹，不料在契丹帐中却见到高丽使者也在。高丽使者见到张诚一，即对其俯耳称高丽国主最为仰慕中国。张诚一回朝后即刻奏明该事，朝廷遂有招徕之意。当时，枢密使李公弼为迎合上意，亲自写下一篇招徕文，命发运使崔极遣派商人送至高丽。对高丽明显的谎言，天下人后来都只斥责崔极，却不知崔极背后的李公弼，至于张诚一，更无人知其为始作俑者了。

另一件事是苏轼与淮东提举黄实相见时，后者说起高丽使者将朝廷赠送的金银锭全部坼坏，宋廷使者自然发怒置询，高丽使者却辩解说不是他们怀疑金银有假而是担心契丹人不接受。苏轼这才发现，朝廷赠给高丽的赏赐，竟被高丽人分给了契丹。高丽使者还继续狡辩称若不检察，契丹恐怕还不知高丽正朝拜宋廷，若异时有变高丽还可以牵制契丹。苏轼对该言极为愤怒，尤其亲见高丽使者过泗州时当地官吏与其招妓为乐，足见高丽人对中原除了侮慢哪里还有其他。忍无可忍的苏轼给朝廷奋笔直书，"臣伏见熙宁以来，高丽人屡入朝贡，至元丰之末，十六七年间，馆待赐予之费，不可胜数。两浙、淮南、京东三路筑城造船，建立亭馆，调发农工，侵渔商贾，所在骚然，公私告病，朝廷无丝毫之益，而夷虏获不赀之利"，直称朝廷实无必要费钱费民为高丽使者修亭建馆、赏赐礼物，做得不偿失之事。同时，苏轼还称，若有钱给高丽，不如在"民之艰食，无甚今岁"的此时此刻赈济浙西七州；就旱灾而言，目前"浙西七州军，冬春积水，不种早稻，及五六月水退，方插晚秧，又遭干旱，早晚俱损"，因而请求朝廷免去三分之一的上供米，以此降低米价。令苏轼稍感安慰的是，上书之后，"朝廷皆从之"。

精神一振的苏轼面对天灾现状，又想起曾在密州推出的"给田募役法"。苏轼在京师时，虽因请朝廷不废"免役法"而与司马光发生争执，但这些往事并没有使他转而支持"差役法"。苏轼毕竟为地方官，对民间认识更深，深思熟虑的结果是又在十一月十日再次上奏，面对"臣到杭州，点检诸县雇役，皆不应法"的状况，直陈"今后六色钱，常桩留一年准备（原注：如元祐四年，只得用元祐二年钱，其二年钱桩，留准备用）。及约度诸般合用钱（原注：谓如官吏请雇人钱之类）外，其余委自提刑、转运与守令商议，将逐州逐县人户贫富，色役多少，预行品配，以一路六色钱通融分给，令州县尽用雇人，以本处色役轻重为先后，如此则事简而易行，钱均而无弊，雇人稍广，中外渐苏，则差役良法，可以久行而不变矣"。

若按苏轼议请，无非是在"给田募役法"的基础上做一些改进。

由此可见，在苏轼内心，对朝廷重新恢复"差役法"始终耿耿于怀。朝廷虽对苏轼的赈济方案可以接受，但若改法度就坚决不允了，苏轼的心情不免再次低沉。半个月后的十一月二十六日，当苏轼收到出使契丹至涿州（今北京西南部）的苏辙来诗后，从其回诗中"那知老病浑无用，欲向君王乞镜湖"（《次韵子由使契丹至涿州见寄四首·其三》）句能体会，苏轼的失望再次到了难以忍受的地步，退隐之想重涌心头。

五

但想法只是想法，苏轼眼下还是杭州知州，诸事得做。写下给弟弟这首诗的翌日，苏轼打起精神给朝廷再次上书，"乞度牒二百道赈济"。苏轼这么做的目的，无非想以度牒（旧时官府发给僧尼的证明身份的文件）于诸县纳米，然后减价出卖，以作赈济之事。

朝廷准奏后，给两浙路降度牒三百道。按理说，上奏乞求二百道却降下三百道，是令人喜悦之事，但事情坏就坏在僧多粥少上。两浙路分浙西和浙东，浙西下辖七州，分别是杭州、苏州、湖州、常州、秀州、睦州和润州；浙东下辖同样是七州，分别是越州、明州、台州、婺州、温州、衢州、处州。苏轼只是杭州知州，为十四州之一。朝廷所降度牒，由两浙路转运司通管，具体到人，则由从两浙路转运副使擢为转运使的叶温叟分配。叶温叟只将杭州分得三十道度牒，润州人口不及杭州的十分之一二却分得一百道，苏轼自是不满。

此时的杭州，旱灾方去，水灾又来，饥民遍布。苏轼遂与叶温叟争辩，望杭州能得一百五十道，换大米赈济灾民。但在叶温叟那里，觉得转运司应"视他州灾伤重轻分与之"，因此冷冷地答道："使者与郡守职不同，公有志天下，何用私其州，而使吾不得行其职。"苏轼听叶温叟称自己抱有私心颇感恼怒，遂于元祐五年（1090）二月十八日上《杭州乞度牒开西湖状》书，奏称叶温叟分配不公，乞将杭州分度牒一百五十道。朝廷既未拒绝，也未全部满足，将杭州度牒增至一百道了事。苏轼遂将分得的度牒全部换米，赈济杭州饥民。关于此事，叶梦得在《避暑录话》中说得不失公允，"子瞻之志固美，虽伤于滥，不害为仁，而公（指叶温叟）之守，不苟其官，亦人所难，可见前辈居官，无不欲自行其志也"。

苏轼上奏名为"开西湖状"，是因此刻西湖先旱后涝，已然淤塞。早在熙宁五年（1072）秋，苏轼为杭州通判时，新任知州陈襄到任后，发现"六井不治，民不给于水，南井沟废而井高，水行地中，率常不应"。意思是西湖上六井都淤塞，民无水用，急需处理。当时，苏轼颇为自信地答道："吾在此，可使民求水而不得乎？"当即命僧人仲文、子珪办理此事。二僧又召来徒弟如正、思坦相助，并得官府二十多人同心协力，"发沟易甃，完缉罅漏"。到翌年（指熙宁六年）春，六井全部修毕，该年恰逢大旱，西湖果然未受半分影响。没料到十八年过去后的元祐五年（1090），西湖竟又重新淤塞，自然得拨款重修。这点从苏轼重回杭州写的第一首七律诗《去杭十五年，复游西湖用欧阳察判韵》中的"葑合平湖久芜漫"可见，他首次游湖时已见西湖触目惊心的淤塞之况，所谓"葑合平湖"，就是成片的野草相互交织占据湖面，眼中所见，自然是"久芜漫"的场景了。

将二月十八日上奏所得一百道度牒用于赈济后，苏轼于四月二十九日再次上《杭州乞度牒开西湖状》书，并乞"仍勒转运、提刑司于前来所赐诸州度牒二百道内，契勘赈济支用不尽者，更拨五十道价钱于臣"。

但上奏归上奏，不等于立刻便有回音。转眼到了五月五日端午节，苏轼在自己位于西湖北山的治所眺望西湖。该治所位于钱塘门二里之外，年代颇为悠久，乃后晋天福二年（937）一姓钱的大户所建，名为相严院。相严院有十三层楼，楼上存有三世佛像。当日，苏轼远见西湖上船只来往，州民仍于船上供出祭品，又闻歌声传来，心有所动，泼墨提笔填下了两阕《南歌子》。副题为"钱塘中秋"的第一阕词《南歌子·游赏》如下：

> 山与歌眉敛，波同醉眼流。
>
> 游人都上十三楼。
>
> 不羡竹西歌吹、古扬州。
>
> 菰黍连昌歜，琼彝倒玉舟。
>
> 谁家水调唱歌头。
>
> 声绕碧山飞去、晚云留。

若单独来看该词，无人不觉苏轼流露内心的欢快之意，但结合当时之事就能体会苏轼的欢快不过是见州民忘灾度节，忍不住将瞬间快意付诸笔端罢了。有此快意，苏轼的第二阕词落笔而下的"古岸开青葑，新渠走碧流。会看光满万家楼"（《南歌子·湖景》）句，就见出其对治理西湖充满内心的赤诚和完工后的设想。所以，词方填罢，又急不可耐地给门下、中书、尚书三省上《申三省开西湖六条状》，恳切称"杭州之有西湖，如人之有眉目，盖不可废也"，并详尽利害将今日西湖面临的境况和不治的后果和盘托出，从其"水浅葑横，如云翳空，倏忽便满，更二十年，无西湖矣"句可见，苏轼内心十分焦虑。奏中六条所指，为西湖闸门启闭、运河河岸修补、西湖水面清理、湖上种菱人户、湖上新旧菱荡课利及管理人员与其职责规定，同时还表示，要将六条刻石于杭州知府及钱塘县尉厅上。说到底，苏轼为求"新渠走碧流"，已动上筑堤西湖之想了。

六

苏轼知筑堤工役太大，先访询杭州一百五十多名长者请求修浚之策，然后将各人所议条分缕析，再亲率僚属躬亲检视。与僚属商议时，众官皆说可行，唯转运司公事陆傅以"费财动众，以营不急"的理由提出反对。苏轼颇为不快，对陆傅说诸监司都同意，唯独你喋喋不休地举这一二事阻挠令人反感，竟将陆傅僵在当场。当然，陆傅提出反对，不表示存有他心，从其"宁知小儿辈，竟坏好家居"（《闻乱》）句可见，陆傅实系忧时之士。陆傅反对苏轼筑堤，原也是担心劳民伤财，与苏轼身为知州的视野不同而已。

到五月二十八日，朝廷诏令颁下，杭州得开西湖度牒五十道，加上四月二十九日"更拨五十道价钱于臣"的上奏，苏轼共得开西湖度牒一百道，折合银钱便是万贯。随即，苏轼先命捍江船务的五百名军士除草搬泥，再以工代赈，组织十万民工共同参与，并日日亲临现场，与民同食。施德操在《北窗炙輠录》中记载道，"筑新堤时，坡日往视之。一日饥，令具食，食未至，遂于堤上取筑堤人饭器，满贮其陈仓米，一器尽之"。这里说的是苏轼某日视察堤岸时，到吃饭时间了，家里还未送饭过来，苏轼就用民工的饭盒盛饭而食。由此可见，苏轼在修堤和与民工相处之时无一丝一毫的知州身份之尊，孟子所说的"与民同乐也"在其身上委实体现得淋漓尽致。

当然，筑堤不是苏轼一声令下就可完成。从苏轼六月给好友王定国信中可见，"开西湖"月余后，长堤已有必成之势，苏轼托王定国上言侍御史刘挚，以获朝廷后续支持。在杭州，苏轼则得三人同心协力：一是浙西路兵马都监的刘景文，二是监杭州在城商税的临濮县主簿苏坚，三是钱塘县尉许敦仁，或调度军士，或习水道工程，尽皆用命。当发现船只缺乏时，苏轼又亲给秀州知州章衡去函求助，称"赃罚船子，告为尽数划刷，多多益佳，约用四百只也。仍告差人驾来，本州全然缺兵也"。章衡尽拨船只，解决了苏轼的燃眉之急。另外，苏轼还从明州（今浙江省宁波市）知州王子渊那里补筹船只。到八月底时，苏轼又在《答监司》中写明了筑堤进度，"西湖虽已开十七八，然须常得千人，功役乃可趁秋末了当"。按此速度，苏轼预料九月便可竣工。

疏浚西湖是必然之事。修筑长堤，倒不是苏轼突发奇想，唐朝白居易任杭州刺史期间，见西湖淤塞导致农田干旱，便修堤蓄水灌溉农田，其所筑长堤"由石函桥逶北至余杭门"。今苏轼效仿前人，将疏浚时所挖的葑草和淤泥堆积成一条起南迄北、横截湖面的长堤，其规模在苏轼四个月后给章衡的信中可见，"葑葸初无用，近以湖心叠出一路，长八百八十丈，阔五丈，颇消散此物"。这是苏轼的灵感，从西湖挖出的葑草和淤泥原本无用，又无处可放，恰好可作修堤材料，堪为一举两得。该长堤从大佛头至净慈寺前，堤上有六桥和九亭。苏轼给六桥分别命名为映波、锁澜、望山、压堤、东浦、跨虹，名称之美，不愧诗人所取。苏辙在苏轼的墓志铭中将筑堤的前因回溯得更远，后果也说得更为清楚：

> 杭本江海之地，水泉咸苦，居民稀少。唐刺史李泌始引西湖水作六井，民足于水，故井邑日富。及白居易复浚西湖放水入运河，自河入田，所灌至千顷。然湖水多葑，自唐及钱氏，岁辄开治，故湖水足用，近岁废而不理，至是，湖中葑田积二十五万丈余，而水无几矣。运河失湖水之利，则取给于江潮，潮浑浊多淤，河行阛阓中，三年一淘，为市井大患，而六井亦几废。公始至，浚茅山、盐桥二河。以茅山一河专受江潮，以盐桥一河专受湖水，复造堰闸，以为湖水蓄泄之限，然后潮不入市，且以余力复完六井，民稍获其利矣。公间至湖上，周视良久，曰：今欲去葑田，葑田如云，将安所置之？湖南北三十里，环湖往来，终日不达，若取葑田积之湖中，为长堤以通南北，则葑田去而行者便矣。吴人种菱，春辄芟除，不遗寸草，葑田若去，募人种菱，收其利以备修湖，则湖当不复堙塞。乃取救荒之余，得钱、粮以贯、石数者万。复请于朝，得百僧度牒以募役者。堤成，植芙蓉、杨柳其上，望之如图画，杭人名之苏公堤。

且不说苏辙这段文字写得如何文采飞扬，单令人看到长堤竣工后夹道所种花柳，便美不胜收。唯末句的"杭人名之"，与《皇朝郡县志》稍有不同。县志称"苏公堤"一名，乃翌年继苏轼为知州的林希所题。当苏轼日后再遭流放，一直视苏氏兄弟为仇的吕惠卿将林希题碑奏毁。至于林希，与苏轼原有同科之谊，三十多年下来堪为肝胆之交，却不料在短短四年后，竟与章惇沆瀣一气，充当陷害苏轼的打手。就此来看，苏辙自有不写林希的道理。今人习惯将"苏公堤"简称"苏堤"，从其衍生而出的还有列今日"西湖十景"之首的"苏堤春晓"一名。面对再无淤塞之祸的西湖，"明代三大才子"之首的状元杨慎也盛赞苏轼的施政才能，"不数月之间，无糜百金，而成百世之功，其政事之才，岂止十倍时流乎！"

七

苏轼的施政才能并非因开湖筑堤才被广知。从苏轼数十年的起落看，不论在朝中还是在地方为官，施政经验均堪称丰富。苏轼在朝廷待不下去，实因党争剧烈，尤其王彭年的上奏，直接称苏轼趁侍读之机将年幼的宋哲宗带离"仁厚之术"，终引得太皇太后同意苏轼的外任之请，但即便如此也不表示朝中无人为苏轼惋惜和鸣不平。在苏轼离开京师仅半年后的元祐五年（1090）正月十九日，范祖禹就上书朝廷，建议将苏轼召回京师，"臣伏见知杭州苏轼，文章为时所宗，名重海内，陛下所自拔擢，不待臣言而可知。臣窃观轼忠义许国，遇事敢言，一心不回，无所顾望。然其立朝多得谤毁，盖以刚正疾恶，力排奸邪，尤为王安石、吕惠卿之党所憎，腾口于台谏之门，未必非此辈也。陛下举直错枉，别白邪正，以致今日之治，如轼者岂宜使之久去朝廷？况轼在经筵进读，最为有补。臣愚伏望圣慈早赐召还，今尚书缺官，陛下如欲用轼，何所不可？朝廷选授常患乏才，每一官缺，久之不补。今有一苏轼而不能用，不知更求何者为才也。臣窃为陛下惜之，取进止"。

不论范祖禹的奏章写得如何动人，反对将苏轼召还朝廷的仍占多数，这就是《秋涧先生大全文集》中所说的苏轼"刚直不容于朝"。太皇太后难排众议，未予准奏。

在苏轼这里，他却连遇灾事，当开湖筑堤之事尚未完毕时，风灾又来。苏轼忧心如焚，上赈灾状给朝廷，乞"宽减转运司今来上供额斛一半，仍依去年例，令折价钱，置场收买金银绸绢上供"，并乞"特与截拨本路或发运司上供斛斗三十万石，令本路减价出粜，或用补军粮之缺"。该状写于九月七日，仅过十天，苏轼再上赈灾第二状，乞于"丰熟州、军，籴米五十万石"，朝廷终于准奏。到二十七日，苏轼又上《乞检会应诏所论四事行下状》，所谓"四事"分别为申明给还市易折纳产业、除放积欠盐钱、积欠酒钱只纳官本、除放人户欠买退绢钱。上奏后，苏轼仍不放心，又于三十日给时为左仆射的吕大防上书，将浙西灾伤详细告之，并强调自己给朝廷的两次上奏均旨在"乞宽减斛米，截赐上供"，因此次风灾不仅杭州有，秀州也有，"八月之末，秀州数千人诉风灾，吏以为法有诉水旱而无诉风灾，拒闭不纳，老幼相腾践死者十一人，方按其事。由此言之，吏不喜言灾者，盖十人而九，不可不察也"。这段话很尖锐地指出了当时官吏对天灾的态度，即在不少人眼里，旱灾是灾，水灾是灾，风灾却不是灾。苏轼为一州之知州，替民说话，确能看出其内心悲愤。此时也正是长堤竣工之时，苏轼虽有堤成的兴奋，同时又难掩风灾带来的苦痛。从这里再看范祖禹奏言中"今有一苏轼而不能用，不知更求何者为才也"之言，委实准确。

今天的读者面对苏轼的杭州时日，总愿将目光集中在他的诗词之上，但若将其元祐年间的杭州之作与熙宁年间的杭州之作相比，会发现整体上逊色不少，其原因大概是政务牵扯了太多精力。这与苏轼当时的身份有关，也与他当时要面对的一桩桩连续不断的事情有关，尤其开湖筑堤虽只耗时百余日，却是他毕生从政的巅峰事件。倒不是苏轼的仕途上刻意需要这么一个巅峰，而是当时知州之责，必须而为。从苏轼在杭州的官务往来看，知州与通判的责任之分，有云泥之别。前文叙过，苏轼开湖时缺舟，曾去函向秀州知州章衡求助。长堤九月竣工后，章衡于十月调离秀州，接任其位的是朝奉郎胡深父。苏轼给胡深父的信函中所谈，是为风灾而提的建议之事，"自浙西数郡，例被霆雨飓风之患，而秀之官吏，独以为无灾，以故纷纷至此。想公下车倍加抚绥，不惜优价广籴，以为嗣岁之备。宪司移文，欲收糙米，此最良策"。

给胡深父去过信函后，苏轼眼见苏州、湖州、杭州、秀州等地米价日涨，又于十一月二十一日连续上疏，乞添钱招买，减常平米价，以便让灾民起码得贱米可吃。尤其入秋以来，太湖泛滥，庄稼被淹，苏轼料得来年必有饥荒，又复请于朝：一是乞免上供米一半，二是多乞度牒以恢复米价。自天灾始，苏轼已连续七次上奏，终得朝廷批允。第二年，吴越之民才幸免于饥荒，也无怪以孝闻名天下的宣德郎徐积盛赞苏轼为民，这也是苏轼与其他大多数官僚的相异之处。

苏轼不仅为民，对有才官吏也极尽举荐之事，譬如在杭州，与苏轼情谊日浓的当数浙西路兵马都监刘景文。苏轼此次任职杭州，笔下最脍炙人口的诗作便是《赠刘景文》的七绝："荷尽已无擎雨盖，菊残犹有傲霜枝。一年好景君须记，正是橙黄橘绿时。"刘景文助苏轼筑堤，堪为全力以赴。按《春渚纪闻》的说法，在"开治西湖"这段时间，刘景文"日由万松岭以至新堤"，可见其日日奔波，不辞辛劳。今天的读者若只看官职，会以为刘景文为赳赳武夫，但其诗作质量之高，连当年王安石首次见到后也大为惊叹。在苏轼眼里，刘景文博学笃志，实为难得一见的慷慨奇人。当苏、刘二人某日西湖泛舟时，苏轼与刘景文谈起先帝宋神宗，叹息宋神宗改变了自己的毕生抱负，如今从朝廷外任地方自是降职，若追根溯源，实从宋神宗信任王安石就开始了。这些是不敢对他人而言的心腹密语，足见苏轼对刘景文极为信任。元祐五年（1090）十一月底时，苏轼着意上书，请朝廷将刘景文擢为隰州（今山西省临汾市隰县）知州。可惜的是，刘景文至隰州不久后病逝。有人整理刘景文遗物时发现，刘景文竟家无一钱，只有三万轴书、数百幅画。此为后话。

八

除了刘景文，还有一人值得补叙，他就是苏轼十八年前的熙宁五年（1072）到杭州任通判时结识的僧人参寥。关于二人相识经过，后辈诗僧惠洪在《冷斋夜话》中有记载："东吴僧道潜，有标致，尝自姑苏归湖上，经临平，作诗云：'风蒲猎猎弄轻柔，欲立蜻蜓不自由。五月临平山下路，藕花无数满汀洲。'坡一见如故。"文中的道潜即参寥。从参寥这首挥洒而成的诗句看，其诗风的确太符合苏轼的个性，也难怪苏轼会与他"一见如故"，并称其诗才不亚于有"梅妻鹤子"之称的前辈高人林逋。后苏轼到徐州为知州时，参寥不远千里前往拜访，苏轼自是大喜，二人登黄楼、走马台，诗词唱和。特别有意思的是，当徐州士大夫慕名纷纷前来想结识参寥时，苏轼索性大摆筵席。席后，苏轼遣一歌妓至参寥前求诗，参寥当即口占了一首"寄语巫山窈窕娘，好将魂梦恼襄王。禅心已作沾泥絮，不逐春风上下狂"（《口占绝句》）的七绝，满座皆惊。参寥诗名遂播于海内。

最值得一说的是，当苏轼后来因"乌台诗案"被贬黄州，面临"平生亲友，无一字见及，有书与之亦不答"的凄惨之状时，参寥再赴千里前往黄州看望，并在"东坡雪堂"居一年之久。二人一起郊外踏青，西窗剪烛，游定惠院，泛舟赤壁，以诗记游，情谊日增。当苏轼奉诏离开黄州，参寥又相送至江西，同游庐山，后至九江话别。直到苏轼这次再履杭州知州后，二人才又相逢，但已是五年光阴弹指间了。

当时，参寥居于后晋开运元年（944）钱氏所建的智果寺中。苏轼到杭州后，见寺庙年久失修，遂重建法堂。从苏轼撰写的《参寥上人初得智果院，会者十六人，分韵赋诗，轼得心字》诗题可见，苏轼对与自己共患难的友人满怀感激，携十六位僚属同往庆贺法堂落成。苏轼写下的这首诗有二十行，其中既有"念君忘家客，亦有怀归心"的羡慕和归隐之欲，又有"相携横岭上，未觉衰年侵"的豁达挥洒，更有"愿君更小筑，岁晚解我簪"的来日期待。不过，人生很多期待，最后都难以实现。就在开湖筑堤半年后，苏轼第二次离开杭州，从此再也无缘见到自己为之题名而念念不忘的"云崖有浅井……遂名参寥泉"的泉水了。

元祐六年（1091）二月，苏轼得知自己将离开杭州的讯息。满打满算，苏轼此次杭州为知州，仅三个年头。或许，在太皇太后那里，终究还是觉得苏轼大才可用。二月四日，朝廷颁诏，苏轼为翰林学士承旨，苏辙为龙图阁学士、御史中丞兼尚书右丞。苏氏兄弟同为中枢最重要的职事官。按太皇太后原意，拟封苏轼为吏部尚书兼承旨，以苏辙为执政亲嫌，但将苏辙命为尚书右丞后，便另将苏轼改为翰林承旨了。苏辙因官位在苏轼之上，接旨后当即上奏，称"凡臣之宦学，皆兄所成就……况兄轼文学、政事皆出臣上，臣不敢远慕古人举不避亲，只乞寝臣新命，得与兄轼同备从官，竭力图报，亦未必无补也"，但朝廷不允。

对苏轼来说，倒无所谓官职大小，毕竟往事历历在目，知官场实为最凶险之地，比不上令其情动心安的大自然。但令苏轼感念的是，朝廷擢升自己和弟弟苏辙的同时，还"赐父洵坟侧精舍为旌善广福禅院。父洵赠司徒，母程氏追封蜀国太夫人"。苏轼内心深知，朝廷越是重用其兄弟，越惹"洛党"和"朔党"的大臣之恨。是以，当苏轼二月二十八日接到以翰林学士承旨制诰召还的诏令后，即刻上《杭州召还乞郡状》一书，请求辞免乞郡——自己在地方更好，但朝廷很快以"不许固辞"作答。

又要离开杭州了，苏轼和友人们一一道别。三月六日，与参寥在巽亭道别时，苏轼填了一阕《八声甘州·寄参寥子》相赠。这是苏轼的代表词作之一，如下：

有情风万里卷潮来，无情送潮归。

问钱塘江上，西兴浦口，几度斜晖。

不用思量今古，俯仰昔人非。

谁似东坡老，白首忘机。

记取西湖西畔，正暮山好处，空翠烟霏。

算诗人相得，如我与君稀。

约他年、东还海道，愿谢公、雅志莫相违。

西州路，不应回首，为我沾衣。

　　我已步入五十六岁的年龄，没必要再说苏轼的作品已臻于化境，从这阕词来看，一如既往的真情流露，千年后依然打动人心。所谓真情，在苏轼这里不单纯是对友人充满留恋，而是字里行间若隐若现地体现了自己对仕途奔波的厌倦。"雅志莫相违"的临别之语，表明了苏轼对异日重归的期待。人生变幻莫测，人往往无法左右自己的命运。从参寥的"惭愧高人能见忆，为余西望立溪桥"（《卜居智果方外以诗见寄次韵奉酬·其二》）诗句看，世间的惺惺相惜始终存在，尤其对苏轼这样走遍坎坷的人而言，什么对自己重要，什么没那么重要，区分得极为清楚。后世，清人郑板桥的名言是"难得糊涂"。苏轼追求的，则是人生最不可缺少的清醒，哪怕清醒只带来苦痛。苏轼的内心矛盾，在这阕词中体现得最为明显。苏轼深知，越在官场如鱼得水就越易失去自我，但他偏偏是不想失去自我的人，所以他将官场的荒谬看得越通透，就越明白自己不适合官场。在千年后的今天，重读苏轼作品的读者也很少将他视为当时的官场人物——多数人甚至说不出他担任过什么样的职位，就因他笔下千百首诗词流露的，始终是生活和他对生活的投入与感悟，那些作品超越了官场和世俗，真实刻画了人在生活中的种种状态和起伏，也刻画了人对生命的全部体认。通过这阕词能看到，苏轼无论经历过什么颠簸险阻，生活中总存在着懂己与惜己的人生知音——有知音，人就会觉得生而无憾，就会觉得生命中有股支撑的力量，让自己拥有继续生活下去的热望与勇气。

第十二章　颍州悲欢

——愿言指松柏，永与霜雪期

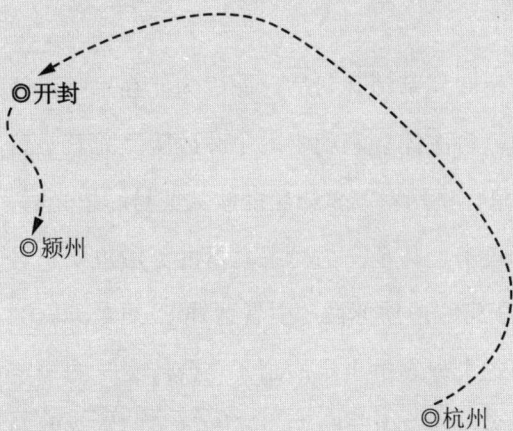

◎开封

◎颍州

◎杭州

一

　　当苏轼于元祐六年（1091）闰八月十七日舟入颍州境内时，内心感慨良多。在二十年前的宋神宗熙宁四年（1071）九月，苏轼第一次到颍州，那一次是因前往杭州任通判。途经陈州时，苏轼与弟弟苏辙会面，然后兄弟同往颍州，拜见退居该地的恩师欧阳修。彼时欧阳修六十五岁，苏轼三十六岁，正是年华鼎盛之时，但已体会太多政治搏杀的残酷。苏轼自不会忘记，当年欧阳修接待自己兄弟二人，谈及政敌所施的种种明枪暗箭时，轻描淡写地说了句"罪在我，非其过"——这是欧阳修晚年致仕退居后，回首往事时，对政敌抱有的通达思想。今苏轼揽镜自照，见自己虽也如恩师欧阳修晚年般鬓霜发白，却仍在风狂浪急的政治旋流中泅渡，如何能不思潮起伏？

　　三个月前，苏轼从杭州回到京师开封后，原以为能在京师再施抱负，不料短短百日未到，再次体会到朝中的争斗凶险。尤其是昔日好友、已为右仆射的刘挚，也网罗苏轼当年的政敌贾易、朱光庭、杨畏等人于门下对其展开攻击，甚至已为尚书右丞的苏辙也被赵君锡指斥为对苏轼泄露朝廷机密，迫使苏辙"引咎请外"。更令苏轼倒吸一口凉气的是，贾、赵二人竟效仿当年炮制"乌台诗案"的李定等人的手段，将苏轼写于扬州的"山寺归来闻好语"（《归宜兴留题竹西寺·其三》）句诬陷为对宋神宗驾崩时的幸灾乐祸。好在太皇太后不但未上钩，还觉得"贾易排击人太深刻"，但即便如此终还是接受吕大防"不如并苏轼两罢为便"的主张。在苏轼一连七次上章请去后，朝廷于八月初五诏令"翰林学士承旨侍读苏轼为龙图阁学士知颍州"。

在京师的三个月时日虽短，苏轼已痛感今日朝廷哪里还有欧阳修、司马光在朝时的模样？在苏轼看来，如今为求高官，人人皆不择手段，你没得罪人，人却觉你挡了路，什么卑鄙手段都使得出来；太皇太后虽圣明，却在朝臣争斗时只以安抚为主，以求保全祖宗江山。苏轼此次外任，心中所想便是再也不入朝廷了。

看着舟前粼粼颍水，苏轼想起恩师欧阳修当年也是走此水路进入颍州，当年的恩师与此刻的自己终究不同。欧阳修是以致仕身份入颍州，已卸下一生官务，可全心投入不问政事的晚年生活了；今日自己却是以颍州知州身份来此，有官务，便有责任。苏轼转而想起自己任过知州之地的密州、徐州、杭州等地，是否真的实现了少年时的抱负呢？不知不觉间，苏轼又设想恩师欧阳修退休后回顾平生，是否觉得实现了毕生抱负呢？孔子曾言"君子义以为质，礼以行之，孙以出之，信以成之。君子哉"（《论语·卫灵公》），难道自己苦苦奋斗一生，只为成为一个君子吗？当然，恩师欧阳修是君子，而且是自己一生中见过的最大君子。但成为君子又能怎样呢？即便如恩师欧阳修那样的盛名，却还是在王安石的权势之下，连留在京师的权利也都失去了。

但不做君子，难道要做小人吗？

很多时候，苏轼总觉得自己和恩师欧阳修相似的地方太多，或许是自己继承恩师的地方甚多，唯独欧阳修那份"罪在我，非其过"的自承还是无法做到。难道炮制"乌台诗案"的李定、舒亶、何正臣、李宜之等人不是对己犯罪，而是自己对他们犯罪吗？哪怕这次的三个月京师生活，贾易、赵君锡等人也在刘挚授意下对自己全力攻击，使自己兄弟二人乃至秦观等人都难以在朝中立足，也是自己对他们犯了罪吗？"年年芳信负红梅，江畔垂垂又欲开"（《谢关景仁送红梅栽二首》），是苏轼在京师时写给后辈进士关景仁的诗句，如今作诗，与早年委实两样了，岁月带给人的总是感慨，感慨越多，越易被春花秋月触动万般心思。苏轼虽感仕途不得意，但能离开京师，也算是离开了是非之地。苏轼想到这里，终于精神振作起来。然后，苏轼又想起当年与恩师欧阳修在颍州相见时，欧阳修身心愉悦，自是颍州风俗淳朴，彼时的自己对颍州人事也怀颇深印象，难不成自己尚未告老，就得如欧阳修那般在颍州以诗酒度日吗？

苏轼转念再想，又觉得以诗酒度日也没什么不好，朝廷争斗凶狠，毕竟天下还太平，尤其颍州不像杭州有赈济筑堤之事要做。倒不是苏轼不愿为民做事，而是颍州风调雨顺，晏殊、欧阳修的遗风深入民间，均为快慰之事。当苏轼想到颍州也有一西湖时，更觉安慰，只此湖名便是自己最爱。至此，苏轼终于眉头舒展，心情也变得开朗起来。

舟行数日，苏轼于闰八月二十二日到达任上，当日即进谢上表。搁笔后，苏轼想起欧阳修夫人薛氏于两年前去世，欧阳家人尚在孝中，自当前往一拜。

二

公务交接完后，苏轼先谒孔子庙，并写下祝文，再于九月一日前往祭拜薛氏。时在颍州守孝的是欧阳修三子欧阳棐和四子欧阳辩，几人十余载后重逢，不觉有恍如隔世之感。苏轼想起恩师欧阳修虽已去世二十个年头，但昔日的容颜和教诲无不历历在目；至于薛氏，虽两年前才去世，但自己始终宦海沉浮，哪里能尽得弟子之事？苏轼心中感伤，遂情难自禁地提笔写下《颍州祭欧阳文忠公》（又作《祭欧阳文忠公夫人文》）一文："……轼自龆龀，以学为嬉。童子何知，谓公我师。昼诵其文，夜梦见之。十有五年，乃克见公。公为抚掌，欢笑改容。此我辈人，余子莫群。我老将休，付子斯文。再拜稽首，过矣公言。虽知其过，不敢不勉。契阔艰难，见公汝阴。多士方哗，而我独南。公曰子来，实获我心。我所谓文，必与道俱。见利而迁，则非我徒。又拜稽首，有死无易。公虽云亡，言如皎日。元祐之初，起自南迁。叔季在朝，如见公颜。入拜夫人，罗列诸孙。敢以中子，请婚叔氏。夫人曰然，师友之义。凡二十年，再升公堂。深衣庙门，垂涕失声。白发苍颜，复见颍人。颍人思公，曰此门生。虽无以报，不辱其门。清颍洋洋，东注于淮。我怀先生，岂有涯哉。"

比较苏轼在欧阳修去世之时写下的《祭欧阳文忠公文》，这篇祭文则四字句密集，文体上读来如珠落玉盘，情感上也深了不止一个层次，二十年的人生颠沛后苏轼内心已沉积了太多难对他人倾诉的千言万语。此时面对薛氏灵位，脑中浮现的仍是欧阳修与自己之间的种种往事。时间的奇妙也在这里体现，越是时光流逝，越令人咀嚼出当年咀嚼不到的种种滋味。当年，苏轼尚未到不惑之龄，如今已年近花甲，人最深的认识和感受无不随时间而来。自欧阳修去世后的二十年，是苏轼人生最为跌宕的二十年，是他将世间万象尽收眼底的二十年，同时也是"不辱其门"、愈加抱紧自我的二十年，所以这也是他最为艰难的二十年，更是他将自我展现得最为淋漓尽致的二十年。有了这二十年，苏轼才真正成了苏东坡，即便他还预料不到数年后命运将对他再次发起冷酷攻击，但有了这二十年苏轼就有了面对世间任何风雨的承受力，再没有任何打击能让他屈服。欧阳修"言如皎日"的教诲是苏轼的支撑之一，也是他与恩师合而为一的情感源泉之一。

唯令苏轼感到诧异的是，无论生前还是身后，欧阳修文名已然不朽——这点从他在颍州西湖听渔舟莲女仍唱欧阳词便能可见一斑，欧阳棐与欧阳辩却与父亲颇不相同，二人对作诗填词毫无兴趣。欧阳棐早在宋英宗治平四年（1067）就中了进士乙科，欧阳辩后来也官至承议郎、宝德所监澶州河北酒税，二人才华自不待言，但即便其父生前为文坛领袖，所在的时代也为诗文时代，他们兄弟却对诗词均采取敬而远之的态度，不免令人诧异。

苏轼性格原本洒脱，倒颇想能和恩师之子欧阳棐、欧阳辩诗词唱和。那首《景贶、履常屡有诗，督叔弼、季默唱和，已许诺矣，复以此句挑之》就写得清楚，苏轼不惜以挑逗手法来激发欧阳兄弟作诗，事虽未果，其洒脱的诗风却见出苏轼愈老愈随心的性情。诗录如下：

> 君家文律冠西京，旋筑诗坛按酒兵。
> 袖手莫轻真将种，致师须得老门生。
> 明朝郑伯降谁受，昨夜条侯壁已惊。
> 从此醉翁天下乐，还应一举百觞倾。

这首七律的语气与其说真挚，不如说确如诗题中自承的那样有点戏谑，像是一边和欧阳兄弟认真谈论恩师欧阳修的成就，一边以开玩笑的口吻希望兄弟二人继承乃父之风。这首诗的确是苏轼的性格体现，同时从诗题中的"景贶、履常屡有诗"还能看到，到颍州后苏轼与人多为诗词唱和，算是真的过着诗酒度日的悠闲生活了。所以，苏轼身边的"景贶、履常"们就值得一谈，看看他们对颍州时期的苏轼有何意义。

三

先说景贶，景贶即赵令畤，为签书颍州公事。从苏轼一生来看，与文人交往，多半就是与当时的官员们交往。从苏轼"太守例能诗"句能体会，不是其热衷交游官场，而是宋时官员无不为文人，越是高官，越近文豪。这也是大宋一朝"重文轻武"造成的最大特色。苏轼每到一地，与手下官员无不打成一片。颍州官员除公事赵令畤外，还有京西路转运副使刘昱、权府提刑弓允、本路转运使朱勃、颍州州学教授陈师道。苏轼上述诗作中提到的"履常"，便是陈师道。众所周知，"苏门四学士"为黄庭坚、秦观、晁补之、张耒，后加上陈师道和在黄州拜谒苏轼的李廌，又有"苏门六君子"一说。

能列入"苏门"，倒非他们跟苏轼从头习文，而是苏轼对此六人格外赏识。一到颍州，苏轼便对陈师道"待之绝席，欲参诸门弟子间"。陈师道曾在访欧阳修故宅后写有一首四十行的《观兖文忠公家六一堂图书》诗作，开篇所写"生世何用早，我已后此翁。颇识门下士，略已闻其风"句，就表达了他对欧阳修及"门下士"苏轼的由衷敬慕。陈师道诗句酣畅，文采飞扬，苏轼极为欣赏。至于与赵令畤的情感，则从两年后御史黄庆基攻击苏轼的奏文中可见，黄庆基称苏轼与赵令畤"往还甚密，每赴赵令畤筵会，则坐于堂上，入于卧内，惟两分而已，其家妇女，列侍左右"。这段话委实令人吃惊，大宋乃礼教至严的朝代，苏轼去赵令畤家中赴宴时，竟能随意入其卧室，不避女眷。可见，即便黄庆基的奏文是为攻击而写，倒确实让人看到了苏轼与赵令畤的关系十分亲密。

文人相聚，多为泛舟唱和，尤其颍州还有苏轼极为喜爱的西湖。虽此西湖不同于杭州的西湖，却均为游赏胜地，风景绝佳，乃至苏轼在《谢执政启》中不无幸运地说道："入参两禁，每玷北扉之荣；出典二邦，辄为西湖之长。"每到湖上，苏轼都不觉有"酒余欢适似还乡"的怡然，随着年龄和对人事的体悟加深，一股悲悯也不知不觉进入苏轼的内心。譬如，苏轼与陈师道及颍州僧人结伴游湖时，抓到鱼后又随即放生，"正似此鱼逃网中，未与造物游数外"，这是他写给陈师道的第二首"放鱼诗"了。在苏轼看来，人在山川自然，也未必能真正与造物融为一体，唯山川中的自然生命才是造物的本来创造；唯怜惜生命，才是真正热爱自然。苏轼正是理解到这点，才有了"放鱼"的行为。九月十五夜，又到月圆之时，苏轼与陈师道、吴则礼等人兴致勃勃地再次于西湖上听琴赏月，赋诗相和。从吴则礼《无著以东坡西湖观月听琴诗示予因次韵》诗中"白月在湖底，脱冠睇微云""东坡只饭豆，未办汁滓醐""东坡拍手笑，俗耳曾不闻"句可见，苏轼超越尘世的本心时时显露。从苏轼一生行事看，光风霁月是其性情不假，却和足履四方时所交往的各方僧人不无关系。

时颍州有个被称作月长老的人，从苏轼写给他的"今宵恨客多，污子白毹巾。后夜当独来，不须主与宾"（《赠月长老》）诗句可见，苏轼对佛门中人总怀有特别的亲近之感。其诗是写某日邀众宾客相聚时，苏轼发现月长老因人多声杂而难以与己交流，便单独再发邀请。另外，远在杭州的参寥、辩才等佛门友人，更是频通信函。

九月三十日那天，到颍州已然逾月的苏轼想起杭州僧友辩才入山已整整一年，遂动手去函，劝其"少留山中，勿便归安养"。在苏轼的佛门友人中，年过八旬的辩才"梵学精深，戒行圆洁，为二浙所归重"；与苏轼刚结识时，辩才对诗文之道从不置言，某日忽然和了一首参寥寄秦少游（秦观）的诗，当苏轼读到"台阁山林本无异，想应文墨未离禅"（《和参寥寄秦少游》）句时大为惊异。此时，写信的苏轼没有料到，恰在当日，辩才于山中圆寂。不久，当苏轼得知此事后又给参寥去信，不无伤感地说道："辩才遂化去，虽来去本无，而情钟我辈，不免凄怆也，今有奠文一首，并银二两，托为致茶果一奠之。"

辩才圆寂，对苏轼颇有触动。此时，苏轼对佛学虽多有接触，其性格也与佛学的出世精神相近，但他终究是红尘中人，执念难放。一个来月，苏轼游山玩水，与陈师道、赵令畤以及欧阳兄弟日相唱和，竟写了五六十首诗，堪为其毕生创作的一个高潮。不过，即便苏轼这些诗中不无"书窗拾轻煤，佛帐扫余馥"（《欧阳季默以油烟墨二丸见饷各长寸许戏作小诗》）之句，但他自己就真能如佛家那样做到出世吗？

刚入十月，陈州知州李承之、府界提刑罗适、督水监所差官及本路提刑、转运司等人齐至颍州，与苏轼议开州北八丈沟，原因是八丈沟"遇淮水涨溢，颍河下口壅遏不行，则皆横流为害"。从颍州地形看，北高南低，颍河在南，八丈沟于北，诸沟水远者数百里，近者五七十里，均自北而下，穿八丈沟向南，其间有二水最大，一条叫次河，一条叫江陂。罗适的意思是为绝水患，可塞此二河，不使大水南流，若开八丈沟，则可使二河流向东。其中，赞成罗适之议的有胡宗愈、崔公度、李承之等人。不过，曾肇、陆佃、朱勃以为不可，理由是罗适等人只乘马经过八丈沟，拿出的目测数字不足为凭。苏轼毕竟初来，不敢掉以轻心，遂命专人从蔡口至淮上，从颍州各县官吏处统计数字，在得出地面高下和沟身深浅的准确数后，发现淮水若涨将高于沟面一丈有余，淮水只会顺流南下，侵入州境，哪会东流？苏轼知开沟绝不可为，遂向朝廷上疏，详叙八丈沟不可开的理由，朝廷依从苏轼奏请。

四

开沟之事作罢，不等于州中便无他事。秋冬以来，颍州久旱无雨。对苏轼来说，旱涝之灾已不新鲜，当他听说颍上有座应验极灵的张龙公神祠后，便一边斋戒一边写下《祈雨迎张龙公祝文》一文。十月二十六日，苏轼与赵令畤、陈师道、欧阳兄弟前往颍上神祠求雨，刚及弱冠的次子苏迨也提前沐浴斋戒数日后一同前往。这次求雨效果在苏轼的《祷雨帖》中可见，"明日，当以龙骨至。天色少变，庶几得雨雪乎"。意思是求雨翌日，苏轼等人迎张龙公骨于西湖行祠后，果然下起雨来。帖中说到的"雪"，是指五日后的十一月一日众人再度祈雨张龙公时，竟得一场小雪。当日，苏轼又与赵令畤、陈师道、欧阳兄弟会饮"聚星堂"，该堂是欧阳修生前所建。饮酒间，众人既感龙公威德，又想起欧阳修四十年前为颍州知州时于雪中约客赋诗的雅事，今日会饮，恍如彼景重临。众人追慕先贤，遂各人步欧阳修当年《雪》诗韵赋诗。欧阳辩不作诗，只取出笔墨将众人诗歌抄下，"以为异日一笑"。赵令畤还特地将苏迨所写的"吾侪归卧髀肉裂，会有携壶劳行役"诗句拿出，苏轼不无得意地说了句"是儿也，好勇过我"。桩桩事件，无不见苏轼的颍州时日实乃纵情恣意，对自我既是释放，也是回归时日。

数日后又发生一事令苏轼由衷大喜，事情是忽接杭州刘景文来诗。从诗句"聚星堂上谁先到，欲傍金樽倒玉壶"（《寄苏内翰》）可见，刘景文不日将至颍州。"聚星堂"声名赫赫，时人多以此代指颍州。

在杭州疏湖筑堤时，刘景文为浙西路兵马都监，出力极多，与苏轼私交甚密。苏轼在去年十一月将离杭时，曾给朝廷上疏，举荐刘景文为隰州（今山西省临汾市隰县）知州。朝廷准允，刘景文此时正从杭州经高邮赴任，特迁道颍州来见苏轼。在刘景文到来之日，尚抱恙的苏轼兴奋不已地写下《喜刘景文至》一诗，字字句句将刘景文抵颍的细节和自己的心情全部尽显笔端：

> 天明小儿更传呼，髯刘已到城南隅。
>
> 尺书真是髯手迹，起坐熨眼知有无。
>
> 今人不作古人事，今世有此古丈夫。
>
> 我闻其来喜欲舞，病自能起不用扶。
>
> 江淮旱久尘土恶，朝来清雨濯鬓须。
>
> 相看握手了无事，千里一笑毋乃迂。
>
> 平生所乐在吴会，老死欲葬杭与苏。

过江西来二百日，冷落山水愁吴姝。

新堤旧井各无恙，参寥六一岂念吾。

别后新诗巧摹写，袖中知有钱塘湖。

从这首诗可见，刘景文在苏轼内心的位置颇重，不仅以"古丈夫"称之，还"病自能起不用扶"了。无论从哪个角度来看，杭州对苏轼的意义都大于其他州地。苏轼两度杭州为官并疏湖筑堤，都是其毕生难忘之事，竟至生出了"老死欲葬杭与苏"的想法。今日，苏轼能与当时一并筑堤的刘景文重逢，内心的喜悦实是难以言表。

刘景文到颍州后，正雨雪皆来。从苏轼的《祷雨张龙公，既应，刘景文有诗，次韵》诗来看，因见求雨灵验，刘景文即撰诗为贺。再从苏轼另一首《和刘景文见赠》诗中的"留子非为十日饮"能知，此次刘景文途经颍州，只停留了短短十日。在这些时日里，心情振奋的苏轼连日与刘景文唱和，写下了六首诗。在苏轼眼里，刘景文不仅为人慷慨、性格豪迈，而且文采不凡，连家中藏书也令人艳羡。其中，苏轼为刘景文所写的"渊明形神自我，乐天身心相物。而今月下三人，他日当成几佛"一诗，就题写在刘景文家藏的白居易《身心问答三首》的真迹之后。

十日短暂，苏轼对刘景文虽然不舍，但后者是赴任途中，终不能将其长留，只得将万般情感倾注于诗中，尤其送别诗中的"一朝寂寞风雨散，对影谁念月与吾"（《次前韵送刘景文》）之句，依依惜别之情溢于言表。就苏轼一生的作品来看，自是纵情豪放，但面对友人的态度，又能令人发现苏轼实乃柔肠之人。从苏轼早前给弟弟苏辙的"但愿人长久"，到今日给刘景文的"一朝寂寞风雨散"，能见苏轼除有豪情一面外，还有柔情一面，唯其如此，苏轼才是一个完整的人。说人很复杂，大多是因为只愿认定人只有一面，当发现还有其他侧面时，既不愿相信，也不愿接受，但活在尘世的人，谁又是真的单面人呢？金刚怒目与菩萨低眉，从来就是一个真正进入生活中人的本来面目。

五

人生的送别总是接二连三，也正因有了送别，人的情感才有了起伏和丰富。在刘景文离开不久，孝期结束的欧阳棐受封为礼部员外郎，离颍在即。苏轼与赵令畤、陈师道等人于新渡寺设宴相送。看着朋友们一个一个离开，以苏轼不无伤感的话说，"郡中，日与欧阳叔弼、赵景贶、陈履常相从，而景文复至，不数日，柳戒之亦见过。宾客之盛，顷所未有。然不数日，叔弼、景文、戒之皆去矣"。此次新渡寺送别，倒有件事令苏轼意外而喜：离情满怀的欧阳棐始终袖手旁观，听苏轼等人彼此一首首唱和，到席散之时，从不作诗的他竟陡然吟出一诗，颇有陶渊明的风致，举座皆惊。苏轼不禁豪气陡生，又当场作诗一首，从"清朝固多士，人门子皆冠。莫言清颍水，从此隔河汉。异时我独来，得鱼杨柳贯"，一直吟到"百篇倘寄我，呻吟郑人缓"方止。

但豪情难续，欧阳兄弟离开后，苏轼身边的知己便只剩下赵令畤和陈师道了。此时，苏轼已经五十六岁，"飞扬跋扈为谁雄"的青春早已逝去，再回想起风雨颠簸的一生，不免最是易感到孤单。从不久前的"宾客之盛"到今日的"月下三人"，苏轼对离开的欧阳兄弟愈加怀念，三人便时常小饮西湖，赋诗为念。不料，怀念之情未散，刚入十二月时，一个晴天霹雳般的噩耗传来，退居南都的张方平于十二月二日去世了。

在苏轼的一生中，最为敬仰的便是恩师欧阳修和对苏氏一门恩义至重的张方平了。时年张方平已八十五岁高龄，撒手西归已算自然之事，但噩耗传来，苏轼还是痛苦难当，不禁想起三十五年前，自己和弟弟苏辙在父亲苏洵陪伴下，第一次在成都见到年方半百的张方平，后者对二十出头的自己竟立以"国士待之"，不仅给关系不睦的欧阳修亲笔去函予以举荐，还在自己父子赴京之时置办行装，派人陪送；当自己步入仕途之后，张方平的政治取向和自己无不一致，更将弟弟苏辙时时带在身边，在旁人眼里已情若父子。其余事情从苏轼悲伤难抑时写下的《祭张文定公文三首·其三》可见，"我游门下，三十八年，如俯仰中。十五年间，六过南都，而五见公。升堂入室，问道学礼，靡求不供。有契于心，如水倾海，如橐鼓风。风水之合，岂特无异，将初无同。孰云此来，恸哭不闻，高堂莫空。敛不拊棺，葬不执绋，我愧于胸。公知我深，我岂不知，公之所从。生不求人，没不求天，自与天通。天不吾欺，寿考之余，报施亦丰。一子四孙，鸾鹄在庭，以华其终。自我先子，逮今三世，为好无穷。以我此心，与此一觞，达于幽宫"。这篇祭文是苏轼一口气写下的第三首，第二首则称自己"轼行天下，未尝志墓。独铭五人，皆盛德故"。

至元祐六年（1091），苏轼只给五人写过墓志铭，除给张方平的墓志铭和前一年代张方平为滕元发撰过一铭外，其余三人分别是发妻王弗、乳母任氏、苏辙保姆杨氏，从中足见在苏轼内心，张方平早已与自己亲人无异。从篇幅看，《张文定公墓志铭》长达八千余字，为苏轼同类文之最。全文将张方平生平为人行政之事尽皆勾勒，最后对其盖棺论定，同时还包括"公性与道合，得佛老之妙"等文字。这点充分说明，张方平绝非只是因看重苏轼而得后者敬重，其思想对苏轼也不无塑造。儒、道、释三家的矛盾与融合，才最终塑造出思想境界至高的士大夫群体。欧阳修是一个，张方平是一个，承接他们衣钵的苏轼更是"青出于蓝而胜于蓝"的一个。

十二月十一日，苏轼为张方平举哀荐福禅院，录下逝者于元丰三年（1080）赠给弟弟苏辙的诗于院中。为感知遇之恩，苏轼身着缌麻衣，于僧寺举挂，再撰文祭奠。这件缌麻衣一穿，竟是三月未脱，而且举挂之时以"白酒真到齐，红裙已放郑"（《次韵赵景贶春思且怀吴越山水》）句来表示自己寺内不作乐之举。可见，张方平的去世对苏轼的影响和打击之大，似乎还超过了当年欧阳修去世。欧阳修去世之时，苏轼尚值三十七岁的壮年，虽外任杭州，终觉前途不过多些波折，仍有重回朝廷的一天，如此便可继承恩师事业，造福万民。如今，张方平去世，苏轼自己已近花甲，对朝廷人事早已看透，只觉往日太天真。此时，所谓"前途"，苏轼更是不再期许，毕竟人生过去了一大半，来日已清清楚楚，能做到曾经写过的"千钟美酒，一曲满庭芳"（《满庭芳（蜗角虚名）》）就已足够。当数日后苏轼生日来临，他在百感交集中写下感伤难抑的诗句"问子一室间，宁有千里廓。尘心洗长松，远意发孤鹤。生朝得此寿，死籍疑可落"（《生日蒙刘景文以古画松鹤为寿且贶佳篇次韵为谢》），尤其在回顾往事时，惆怅之情驱使他发出"高标忽在眼，清梦了如昨"的叹息。或许，这才是真正的人生送别——送走自己的年华，还送走万般不舍的亲人与恩人，想想谁的人生不是如此？所以，要认识人生，只有真正经历人生的一切，才会有刻骨入髓的感受，"纸上得来终觉浅"不也包含这个意思——没有人可以从纸上对人生进行切身体会。

但即便如此，人活着一天，也就得继续进行自己人生的一天。苏轼对张方平去世的心痛和伤感未去，颍州事务又藤蔓般缠绕了上来。

六

事情从苏轼于十二月二十五日所上奏状可见，"欲乞特赐度牒一百道，委臣出卖，将钱兑买前件小麦、粟米、菉（绿）豆、豌豆四色，封桩斛斗，候有流民到州，逐旋支给赈济"。其时，因天灾再起，苏轼料得淮、浙流民将拥入颍州，遂未雨绸缪，请朝廷提前赐下度牒，以便预先换成粮食，准备行赈济之事。这也是苏轼在多州为官后有了丰富经验，方能得以预判行事。

奏状送出后，连日大雪，颍州饥荒已现。苏轼彻夜难眠，左思右想，决定自己出千钱造饼，用以救民。妻子王闰之倒是说道："苏过前些日子过陈州时见到傅钦之，说陈州签判在陈州赈济有功，何不去问问陈州的赈济之法？"苏轼一听，觉得大有道理，便赶紧短函召赵令畤来见。赵令畤到后，笑着说道："已备之矣。今细民之困，不过食与火耳。义仓之积谷数千硕，可以支散，以救下民，作院有炭数万称，酒务有余柴数十万称，依原价卖之，二事可济下民。"苏轼没料到赵令畤对赈济之事早已胸有成竹，大喜地说道："吾事济矣。"随即写下"放积欠赈济奏"，檄上台寺。再以陈师道的说法，州府"是日赐柴米"。颖州民众有感说道："内翰但只逍遥湖中，便可以了郡事。"就连秦观听闻此事后，也写下"十里荷花菡萏初，我公所至有西湖。欲将公事湖中了，见说官闲事亦无"（《东坡守杭》）的绝句相献。

不过，对颖州本州饥民虽有赈济，淮、浙流民却仍是难题——说到底，流民乃水灾所致。苏轼初来时不同意开八丈沟，但沟内淤塞，非治不可。于是，苏轼再上奏疏，"乞留黄河夫万人修境内沟洫"。朝廷准奏。事情结果便如苏轼元祐七年（1092）所言，"去岁颖州灾伤，予奏乞罢黄河夫万人开本州沟，从之。以余力作三闸，通焦陂水，浚西湖"。

苏轼想起在杭州疏浚西湖之后，还兴致勃勃地给堤上六桥命名，如今疏颖州西湖却觉意兴阑珊，几无兴奋之感，实不知是年岁渐老还是对官务渐感厌倦。此次疏湖竟到苏轼离开颖州时也未竣工，遂留给赵令畤继续，至翌年三月十六日才彻底竣工。此时，苏轼当然不会忘记，便在上月，发生了监察御史史安鼎被罢为绛州（今山西省新绛县）知州一事，该事虽远在京师，但多多少少与自己有关。半年前，苏轼尚在朝廷时，赵君锡和贾易将其诗歌再行诬陷之时，史安鼎也暗中煽风点火，只是未明目张胆，是以赵君锡和贾易被驱逐出朝后，史安鼎仍官位甚稳。但史安鼎对苏轼兄弟不肯放过，遂想方设法，对苏辙展开攻击。这一次，太皇太后觉察史安鼎所奏为诬陷，便将其贬往绛州了。

表面上看，太皇太后对苏氏兄弟颇多维护，但在苏轼眼里却深感官场争斗凶险，内心厌倦。当正疏颖州西湖之时，苏轼接到李廌来函。作为"苏门六君子"之一，李廌是唯一未有功名之人。李廌来函表示"欲挈妇携子，受廛为氓，往从之游"，这是他觉苏轼所在的颍州民风淳朴，陈师道亦为友人，遂有投奔之念。苏轼即刻回函说道："吾将上书乞梓州（今四川省三台县），欲过家上冢而去，颍虽乐土，非能久留。"李廌接信后，果未动身。从苏轼回信可见，他到颍州时日虽短，却无三年磨勘之意。他乡千般好，终究非故乡。或许，苏轼内心里知道若上书乞还眉州故乡，朝廷多半不允，若能去梓州，好歹算归还蜀地。另外，张方平的去世带给苏轼太大触动，因此他既不想如早年般那样欲退隐阳羡，也不想如初来时那样"欲葬杭与苏"了。"叶落归根"乃中国人古来有之的情结。对传统士大夫们而言，在致仕后最终能回故乡，才是内心最深切的想法，也是到一定年龄后情不自禁会涌上的想法。

眼看这一年行将结束，元祐七年（1092）将临，苏轼对来年的期待便是自己上书乞梓州的愿望能够尽快实现。

七

朝廷接苏轼上书后，果然于元祐七年正月二十四日颁诏，但不是命其为梓州知州，而是命往郓州（治所在今山东省东平县）为知州。苏轼颇为不愿。从随后给王定国和汪道济的书简来看，苏轼对这次任命，采取了力辞之举。不料，仅过四天，朝廷第二道诏令又来，倒不是坚持让苏轼去郓州，而是改任扬州知州。

苏轼知道，对第二道任命，自己不可再辞了。扬州是苏轼熟悉之地，也是他喜爱之地：李白轻描淡写的一行"烟花三月下扬州"

（《黄鹤楼送孟浩然之广陵》）诗句，不知令多少后人对扬州心驰神往；晚唐杜牧也有"二十四桥明月夜，玉人何处教吹箫"（《寄扬州韩绰判官》）的诗句传世，无不说明扬州乃文人雅士聚集之地。更何况，对苏轼来说，还有一令其心动之处，"苏门四学士"的晁补之正在扬州任通判，自己若往扬州为守，便能与其朝夕相处，对自己晚年来说扬州确为绝佳去处。

苏轼虽然接诏，但颍州新任知州未至，州务未交，尚不能立时动身。苏轼想到自己将离，深感赵令畤等人该有更好前途，便于二月初五上疏举荐赵令畤入馆闲。太皇太后接疏后，说了句"宗室聪明者岂少哉，顾德行何如耳"，竟是不从。苏轼无奈，在给范祖禹的信中仍盛赞赵令畤的才学和能力。

对常伴苏轼身边的妻子王闰之来说，如何不知丈夫对友人的心中牵挂？二月十五日夜时，州堂前梅花盛开，月色如银，王闰之对苏轼说道："春月色胜如秋月色。秋月令人凄惨，春月令人和悦。何如召赵德麟辈来饮此花下？"王闰之说的赵德麟便是赵令畤了。"德麟"二字，尚是苏轼为其改字。苏轼没料到妻子王闰之能说出这番话，大喜说道："吾不知子亦能诗耶！此真诗家语耳。"便令人召来赵令畤夜饮。兴致之下，苏轼挥毫写下一阕《减字木兰花》，调下有"二月十五夜，与赵德麟小酌聚星堂"的自注文字。词如下：

> 春庭月午，摇荡香醪光欲舞。
> 步转回廊，半落梅花婉娩香。
> 轻烟薄雾，怎是少年行乐处。
> 不似秋光，只与离人照断肠。

这阕词实为苏轼对自己颍州生活的总结。苏轼以写实的"春亭月午"隐喻了自己半年来的知己欢悦和山水纵情，以"离人照断肠"的忧愁镂刻了自己对生者的送别、对死者的送别，同时还蕴含着自己与颍州的将别。种种情感，交织起苏轼内心的千回百转，哪怕这不是他第一次体验告别，但随着年华渐老，告别的意义也不由得变得更复杂和更多感慨。

　　到月底时，朝廷除命下，苏轼以龙图阁学士、左朝奉郎、知扬州军州事充淮南东路兵马钤辖。颍州的新任知州是少府监晏知止，其为晏殊第四子，早在宋仁宗皇祐元年（1049）就高中进士，但文采远逊其父，《宋史》也无单独列传。

　　告别颍州时正是三月，权府提刑弓允和赵令畤为其送行。苏轼舟出颍州，经濠州、抵泗州、过楚州，经过将近一月的行程，终于在三月二十六日到达扬州。此时，扬州百花盛放，似是种种美好都敞开胸臆，以迎候远道而来的诗人。"赖有风流贤别驾，犹堪十里卷春风"（《次韵和晁无咎学士相迎》），这首因晁补之相迎而挥洒的诗句便是苏轼一路心情到此的最好体现。

　　烟花三月的扬州，一定是它最美的样子。

第十三章　半载扬州

—— 俯仰四十年，始知此生浮

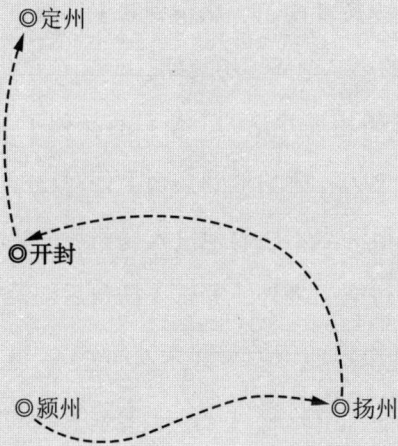

◎定州

◎开封

◎颍州　　　　　　　　◎扬州

一

关于扬州，南朝梁人殷芸在流传至今的《殷芸小说》中写有一个故事，有几个客人相聚时聊起志向，第一人希望自己能当上扬州刺史，第二人则希望自己成为富翁，第三人说自己想骑鹤上升（意为成仙），第四人说得极具浪漫感，以"腰缠十万贯，骑鹤上扬州"作答，便是将前三人的志愿集于一身了。故事充分说明，早在距北宋五百多年前，扬州就是天下驰名的风流胜地了。从历史看，汉朝时便设有扬州刺史部，到隋朝时因大运河开凿，扬州成为长江与京杭大运河的交汇地，经济与文学皆繁荣。唐时有"扬一益二"的俗谚称，说是"论天下之盛，扬州排第一"，有"天府之国"美誉的益州甚至只能屈居第二了，乃至唐代诗人张祜毫不含糊地说出"人生只合扬州死，禅智山光好墓田"（《纵游淮南》）。从隋到北宋的数百年间，扬州继汉朝之后，步入了它的第二个辉煌历史期。

在苏轼一生的任地中，能与杭州相提并论的，便只有扬州了。江浙之地，原本就适合苏轼这样的文人，哪怕他到扬州上任时已经五十七岁——在古时已算高龄——但一点不妨碍他进入扬州后的兴奋之情。除抵州当日例行公事地写过谢上表外，苏轼入扬州后的第一篇散文作品便是应潮州知州王涤所请而撰的《韩文公庙碑》。据《朱子语类》记载，苏轼为写好此文，"一日思得颇久，不能得一起头，起行数十遭，忽得两句，云'匹夫而为百世师，一言而为天下法'，遂扫将去"。意思是苏轼为韩愈撰写"庙碑"时，拟了数十次开头，终于写下"匹夫而为百世师，一言而为天下法"，随即一气呵成写下了这篇千字雄文。这是扬州赋予苏轼的灵感，尤其文章最后"公昔骑龙白云乡，手抉云汉分天章，天孙为织云锦裳。飘然乘风来帝旁，下与浊世扫秕糠。西游咸池略扶桑，草木衣被昭回光"等句，一股独特的扬州气息已跃然纸上。从随后苏轼写给蔡州知州邓润甫的信函中可见，苏轼由衷以"得扬州为荣"。

随后发生一事，苏轼虽当时不知，事情却隐隐预示了他两年后的命运激变。当时，扬州教授（学官）为曾旼。不知何因，苏轼到任后不久，曾旼被罢职。过真州时，曾旼见到了被贬出朝的苏轼的政敌吕惠卿，当后者问其"轼何如人也"时，曾旼以"聪明人也"作答。素对苏轼恨之入骨的吕惠卿听后顿时大怒，厉声说道："尧聪明耶？舜聪明耶？大禹之聪明耶？"曾旼虽见对方发怒，仍说道："非三者之聪明，亦是聪明也。"吕惠卿继续问道："所学如何？"曾旼答道："学孟子。"吕惠卿一听，无名火更盛，吐出"是何言与"四字。曾旼未管吕惠卿怒火，以自己对苏轼的理解说道："孟子以民为重，社稷次之，此其所以学孟子也。"意思是苏轼乃"以民为重"之人。吕惠卿闻言默然，良久不答。

这段话对话颇有意思，曾旼虽在苏轼到任后被罢职，实际上却与苏轼无关，就其与苏轼的短暂往来看，后者的人格魅力令人折服。曾旼亲眼所见的一件事是，当苏轼方抵任上，恰逢扬州一年一度的"万花会"将始，"万花会"倒非扬州传统，却是蔡京为扬州知州时，效仿洛阳万花会而做的"邯郸学步"之举。此事使扬州年年劳民伤财，州人无不背后诟病。几年下来，扬州官吏均习惯举办花会，以为苏轼自将依循旧例。不料，当官吏来州府请办花会时，三日已知民情的苏轼却下令罢免，其理由在给王定国的信中写得清清楚楚，

"花会检旧案，用花千万朵，吏缘为奸，乃扬州大害。已罢之矣，虽杀风景，免造业也"，结果是"人皆鼓舞欣悦"。是以曾旼看得分明，苏轼为政，实惠利于民。后人张邦基在《墨庄漫录》中也称苏轼罢扬州花会，"民到于今称之"。

此外，到扬州未过数日，苏轼接到赵令畤寄诗，得知颍州西湖浚治工成心中大喜，当即步赵令畤诗韵写下二十行的《轼在颍州，与赵德麟同治西湖，未成，改扬州。三月十六日湖成，德麟有诗见怀，次其韵》一诗作答：

> 太山秋毫两无穷，钜细本出相形中。
> 大千起灭一尘里，未觉杭颍谁雌雄。
> 我在钱塘拓湖渌，大堤士女争昌丰。
> 六桥横绝天汉上，北山始与南屏通。
> 忽惊二十五万丈，老葑席卷苍云空。
> 竭来颍尾弄秋色，一水萦带昭灵宫。
> 坐思吴越不可到，借君月斧修朣胧。
> 二十四桥亦何有，换此十顷玻璃风。
> 雷塘水干禾黍满，宝钗耕出余鸾龙。
> 明年诗客来吊古，伴我霜夜号秋虫。

这首诗颇能见出苏轼对天下山水的投入之情，"未觉杭颍谁雌雄"已表明他内心对自己走过的地方有种不偏爱的情感。这是真正的个人洒脱，同时也说明苏轼"以民为重"的胸襟出自先天与后天并行的思想气质。早在三十年前（嘉祐六年，1061），苏轼初仕凤翔时，其思想气质就已生根，然后随岁月不断生长。如今苏轼已老，这股气质却变得更为成熟和丰富。这就可以解释，无论苏轼到何处为官，其僚属与当地百姓都对他充满信任，绝非是他的诗词作得出色，而是作为个人的品质和为政的德行，以及他越来越展现出的"大千起灭一尘里"的高远境界。

二

人有什么行为，源于人有什么境界。此时，苏轼已到不断回望过往岁月与人生的年龄，自己的经历过于跌宕起伏，该经历的都经历了，不该经历的也经历了，能承受的也承受了，不能承受的也承受了，所有这些，将其带到对世事波澜不惊、对万物愈易动情的境界。对苏轼而言，人生已无任何谜底地在面前敞开：官场是什么样？寻常百姓是什么样？青云直上是什么滋味？跌落谷底又是什么滋味？到今日已无不遍尝。从苏轼金榜题名时与蒋之奇相约隐居阳羡至今，一次次退居的念头一次次泛起，但庙堂与江湖无异，都是身不由己之地。今日，苏轼自觉自己洒脱固然洒脱，但有没有比自己更洒脱的人？苏轼回望历史过往，一个始终喜爱的人物在眼前越发清晰，其人就是陶渊明。

凝望陶渊明的身影时，苏轼终于明白：为什么走过人生，陶渊明才是自己一直念念不忘之人；为什么除了他，再也没有第二人能让自己喜爱至今？原因无他，就因陶渊明做到了苏轼渴望去做却始终没做到的事。世人常说的"魏晋风骨"，却与陶渊明真没有多少关系。当时，不论魏晋诗人们如何连篇累牍地抒发对民生的疾苦，以及如何抒发对建功立业的壮志雄心，陶渊明都毫不在乎地背过身去，不知他是想避开自己身处的时代还是时代想要放弃他。当苏轼面对陶渊明的"劲风无荣木，此荫独不衰。托身已得所，千载不相违"（《饮酒二十首·其四》）等诗句时，不禁感慨万千：陶渊明写下堪为代表作的二十首《饮酒》五言诗时已年过半百，年龄与此时的自己相差无几，从表面上看，自己也做到了陶渊明笔下的"闲居寡欢，兼秋夜已长。偶有名酒，无夕不饮……聊命故人书之，以为欢笑尔"，但表面做到与真正做到终有本质区别。苏轼想起自己在黄州贬地写下的"只渊明，是前生"（《江城子（梦中了了醉中醒）》）句时不由得惭愧，从黄州到扬州，又过去了整整十二年，自己真的做到了像陶渊明那样挂印归隐、彻底步入自然了吗？苏轼摇摇头，一股"徒有羡鱼情"的感受涌将上来：世人以为自己洒脱，但只有自己知道，与陶渊明相比，终究还差得远，哪怕诗歌也自愧不如——苏轼曾一针见血地评价陶诗，"渊明诗初看若散缓，熟看有奇句"——尤其方到扬州时身体染恙，既无会客兴致，还在身心俱疲中写下"我生亦何须，一饱万想灭"（《到官病倦未尝会客毛正仲惠茶乃以端午小集石》）的低落之句，如何比得上陶渊明"吾生梦幻间，何事绁尘羁"的放旷自得？

苏轼心底一个念头涌起，自己曾与那么多友人诗词互和，为什么不与陶渊明隔世和诗呢？陶诗所展示的不正是自己渴望的境地吗？至于从哪首陶诗开始和起，苏轼倒是未多加考虑，既然陶渊明的二十首《饮酒》是他的至爱，自然就可从它开始了。于是，苏轼铺纸磨墨，在《和陶饮酒二十首》的诗前写下数语："吾饮酒至少，常以把盏为乐。往往颓然坐睡，人见其醉，而吾中了然，盖莫能名其为醉为醒也。在扬州时，饮酒过午辄罢。客去，解衣盘礴，终日饮不足而适有余。因和渊明《饮酒》二十首，庶以仿佛其不可名者，示舍弟子由、晁无咎学士。"

从苏轼一生来看，停留时间甚短的扬州时日，对其的意义实乃非比寻常。至少，"五十而知天命"的意思是人到半百后一切很难更改，不是人生难改，而是性格难改。对苏轼这样跃上巅峰的创作者来说，其形成的风格与手法更是难改，但他在将近花甲之龄时却再一次脱胎换骨，做出了"和陶诗"的决定并付诸行动。苏轼虽然一生都未像陶渊明那样毅然决然地弃官不做，内心却在后者的启示下做到了随性而为。所谓"随性"，也就是抛弃所有的姿态，回归自然与本性。

从苏轼这组《和陶饮酒二十首》的首篇起笔"我不如陶生，世事缠绵之。云何得一适，亦有如生时"来看，其语言既非豪放，更非婉约，而是直接出自心灵，朴素得令人心动和难以置信。这恰恰是陶渊明的鲜明特点，将一切都抛诸身外，只以平和的内心面对纷繁世事，然后在纷繁中进入最珍贵的平静。获得平静，历来都需旷日持久的修炼。苏轼的人生起伏太多，没有哪种起伏不是对他的塑造和修炼。从陶渊明身上，苏轼由衷体会到修炼的结果会是什么；或许，他终于发现自己与陶渊明有了不少契合点。

自东晋至今，热爱陶渊明诗歌的不计其数，却未必有几人能从他那里发现和自己的契合之处。对苏轼来说，与陶渊明的主动靠近，才使自己大半生的经历有了与之重合之处。所以，从扬州进入写"和陶诗"开始，苏轼的精神"再上层楼"，对其写作来说是到了"百尺竿头更进一步"的老辣阶段。今天回首宋时文人能发现，即便才华横溢如欧阳修等人，也未能达到苏轼的高度。苏轼的高度既是天赋才学所致，也与其主动靠近陶渊明不无关系。就此可见，即使是有天赋才学之人，真正走近一个高人殊为不易，再与高人进行有意识的心灵重叠更是千难万难。这也是苏轼终能抵挡未来剧变，将自我胸襟能再次拓展的内因之一。苏轼对笔下的"和陶诗"也极为重视，乃至五年后他在儋州结集时自认"不甚愧渊明"，甚至觉得能"遗后之君子，其为我志之"。

三

苏轼将《和陶饮酒二十首》"示舍弟子由"能够理解，同时还示"晁无咎学士"，则可稍作解释。晁无咎即晁补之，为"苏门四学士"之一。就"苏门四学士"其他三人来看，黄庭坚、秦观、张耒都未对苏轼正式拜师。所谓"苏门"，按苏轼自己在《答李昭玘书》中的说法，"如黄庭坚鲁直、晁补之无咎、秦观太虚、张耒文潜之流，皆世未之知，而轼独先知"。意思是黄庭坚等四人声誉未起之前，是苏轼自己率先知道并称赞而使四人天下扬名。晁补之与黄庭坚等人不同的是，他确为苏轼名下的入室弟子。

苏轼、晁补之二人相识，还要追溯到二十年前。当时，苏轼为杭州通判，正随父居杭州的晁补之得知后，迫不及待地想登门拜见。对晁补之的第一封投书，苏轼未予回复，年方弱冠的晁补之锲而不舍，又上一书。苏轼见晁补之意诚，答应来见。彼时，苏轼正有为杭州撰赋之想，晁补之登门后，以刚完成的《七述》一文求教。苏轼见晁补之对杭州人物与山川的描写，无处不笔墨酣畅、神采飞扬，拍案说了句"吾可以搁笔矣"，意思是不论自己怎么写，也写不过晁补之的《七述》。从中可见，少年晁补之确负奇才。正式拜师后，苏轼为晁补之优游讲析，竟达到"不记寝食"的地步。晁补之"乃知学之所趋"，后来感慨说道："末余从于东安兮，依哲人而闻谊。"话中含义是，苏轼既是自己的师长，还是哲人，更是忘年友人。后来，张耒也对此事说道："苏公以文章名一时，士争归之，得一言足以自重，而延誉公如不及，自屈辈行与公交。由此，公名籍甚于士大夫间。"从"屈辈行与公交"六字能看出，晁补之虽拜师苏轼，后者则更多地将其视为可与文字论交的友人。

当苏轼到扬州为知州时，晁补之正为通判。在职位上，通判是知州的首要副手；在私情上，苏、晁二人名为师徒，实则为抹掉辈分的文坛知交。是以，苏轼将首批"和陶诗"示于晁补之，实是自然而然之事。读者还能看到的是，在这组"和陶诗"中，苏轼特意为晁补之写有"晁子天麒麟，结交及未仕"（《和陶饮酒二十首·其十九》）的单独诗篇。

但不论苏轼对陶渊明充满何种向往，他自己毕竟乃一州之长，官务不得离身。病有起色后的五月十六日，苏轼写下奏章《论积欠六事并乞检会应诏四事一处行下状》，从中能见其到任后的主要行事，"臣自到任以来，日以检察本州积欠为事。内已有条贯除放，而官吏不肯举行者，臣即指挥本州一面除放去讫。其余理合放而于条未有明文者，即且令本州权住催理，听候指挥。其余理合放而于条有疑者，臣亦不敢住催"。

此状中所论，是指元丰三年（1080）至元祐六年（1091）间，朝廷曾以六道圣旨对扬州积欠之事所作的除放或催纳之命。五月底时，苏轼二次上书，禀陈两浙、淮东西路灾情，并再奏论积欠之事：

"臣敢昧死请内降手诏云：'访闻淮、浙积欠最多，累岁灾伤，流殍相属，今来淮南始获一麦，浙西未保丰凶，应淮南东西、浙西诸般欠负，不问新旧，有无官本，并特与权住催理一年。'"同时，苏轼还给颖州赵令畤去函，不无惆怅地言及"淮南夏颇热，然积欠为害，疾瘵殆未有安理"。这说明苏轼经过"得扬州为荣"的短暂欣悦后，深感官务、酷暑与疾病的困扰，还对官场的"上下欺罔"之举愤慨不已。

好在晁补之心思颇细，见恩师苏轼诸事繁多，身又染恙，便邀其往自己的"随斋"居室。晁补之在一大盆中汲得泉水，抛入白芙蓉，气温立时下降。师徒二人终得无拘无束之意，病暑之意也全消。苏轼诗情大涌，挥毫填下一阕《减字木兰花》：

> 回风落景。散乱东墙疏竹影。
> 满坐清微。入袖寒泉不湿衣。
>
> 梦回酒醒。百尺飞澜鸣碧井。
> 雪洒冰麾。散落佳人白玉肌。

从这阕词可充分看出，苏轼对州务之事委实厌倦至极，能得半日浮生之闲，便自觉不自觉地抒发对陶渊明式的自然生活的怡情追慕。今观苏词，其语言流畅中见华丽，但与"和陶诗"相比，后者还是更见性情。就词来说，苏轼始终保持奋力前行的孜孜探索，毕竟词是用来唱的，不一定需要像诗那样垂眸默读。在苏轼这里，填词也是暂时躲开俗事杂务的寄身之所。除填词作诗，令苏轼心中快慰的，还以识当时才俊为快。某日，晁补之将一些诗文呈苏轼过目。

一读之下，苏轼吃惊地说道："有才如此，独不令我一识面耶？"晁补之告知，该诗文出自己从弟晁咏之手笔。苏轼闻言大喜，乃以参军之职召晁咏之入幕。当晁咏之前来拜见时，苏轼走下堂，挽其手，对旁人说道："奇才也。"晁咏之也确为奇才，按《曲洧旧闻》的说法，"资敏强记，览《汉书》，五行俱下"，实乃非凡之人。

但不论诗词的寄身之所，还是对才俊的由衷赏识，苏轼身为一州之长就得面对自己必须面对的一切。六月一日，朝廷诏令到来，苏轼推开诗词履行自己作为知州的所有职责。

四

令苏轼颇感安慰的是，朝廷允其奏请，"特与权住催理一年"。苏轼随即给宰相吕大防去函，表示"顷者所论积欠，蒙示谕已有定议，此殆一洗天下疮痏也"。对苏轼的公务而言，能有一年时间用来办理积欠，顿时轻松不少。从苏轼七月二十七日再上的《论纲梢欠折利害状》可知，仅去年（元祐五年，1090）一年，扬州积欠，可折至数字惊人的三十余万石。接诏后的第八日即六月九日，另一令苏轼感念之事传来，弟弟苏辙从中大夫守尚书右丞被擢为大中大夫守门下侍郎，父亲苏洵被赠太子太师，母亲程氏也被追封为成国太夫人。撇开故去的父母，苏辙宦海数十年，达到了平生最高之位。至于苏轼，也在六月二十二日被加封为兵部尚书充卤簿使。与此同时，苏轼还听说赵令畤将从颍州调任扬州，替晁补之为扬州通判，遂给赵令畤去函相询。对苏轼来说，晁补之和赵令畤都是自己看重之人，谁来都感喜悦，谁去都将不舍。但该说法终逐渐散去，赵令時终未来扬州，晁补之也未离去。

　　苏轼接下来面对的，仍是一桩一桩官务，即便抽暇与当年同科及第的好友晁端彦、晁补之游大明寺，但紧要事仍为州中事务。前文已叙，苏轼对"上下欺罔"之事颇为愤慨，最主要的是他发现，真州、扬州、楚州、泗州等地尚在实施明确罢免的"仓法"。所谓"仓法"，是仓部专对仓吏所行之法。在宋神宗之前，仓吏无俸禄，到熙宁三年（1070）时出现了京师诸军粮仓吏随意克扣军粮一事。宋神宗当即命三司定下十条约束，同时给仓吏发俸禄。随后，朝廷各司及监司，乃至各州纷纷效仿，原本无俸禄的仓吏竟立得厚俸，原因倒不是朝廷给予的俸禄重，而是仓吏以斗或斛量租粮与税粮时随意多收，使自己的违法收入骤增。因此，"仓法"又被人戏称为"重禄法"，尤其被称作"纲运"的大宗货物需要斗量时，仓吏们的油水更厚——他们利用斗量，说多便多，说少便少，早先的勒索也自然伴随贿赂而来。

　　苏轼于七月二十七日上奏所论，正是针对仓吏的违法之举，以免"纲运败坏"，尤其乞转运司不得违法收纳粮纲税钱。当写毕《论仓法札子》后，苏轼又想到漕运，自宋仁宗奉行"恩逮于百官唯恐其不足"的政策以来，官员们已视官船为私产，当其下令不得私用后官船竟不得修葺。面对"舟怀人贫，公私皆病"的境况，苏轼索性就漕运之事再上一奏，明确请朝廷"废罢近日仓部起请之仓法，仍取问官吏擅立随船之法，罢沿路随船检税之法"。苏轼的确看得准确，"欠折之本，出于纲梢贫困；贫困之由，起于违法收税"。

　　数年后，"苏门六君子"之一的李廌在《济南先生师友谈记》一书中着意写到苏轼上奏所致的后果，"东坡为扬州，尝陈前弊于朝，请罢沿路随船检税，江淮之弊，往往除焉。然五十万之缺，未能遽复。数年之后，可见其效。淮南楚、扬、泗数州，日刑纲吏，不啻百人。能救其弊，此刑自省，仁人之言，其利溥哉"。从此言可见，朝廷虽同意苏轼提出的奏请，但效果出来时已到数年之后，彼时苏轼已被流放至天涯海角的儋州，自然是见不到了。

此时能见的则是苏轼与当地人的有关之事。上奏过后三天，苏轼特地率众前往石塔寺访一个法号为石塔禅师的老僧。此次拜访，是石塔禅师数日前遣弟子前来投牒，称自己意欲还山。苏轼遂问："长老欲何往？"该弟子称禅师欲归西湖旧庐。当时，苏轼正公务冗杂，不得抽身，便说道："传语长老，三十日奉谒，议去往。"意思是他将于七月三十日亲往寺庙，与石塔禅师商议其去留。

三十日这天，苏轼果然带上晁补之等一众僚属，前往石塔寺拜见石塔禅师。到寺前时，苏轼命人击鼓，引得无数人聚观后，又从袖中取出一疏交给晁补之朗读。后晁补之在《鸡肋集》中详细说到此事，"……从僚属过师，出疏袖间，师去而复留。初，师欲去甚确，众以为非东坡故不留也。师留而公去，室中尘凝，师坐晏然，如公未去时也。补之不学道，不足以知师得道之浅深，而徒识其貌渊然而靖，不可澄挠，忘其初不为东坡而去，亦忘其终为东坡而留也"。

这段文字写得明白，当晁补之诵读完苏轼的文字后，石塔禅师"去而复留"，初时欲走，旁人都以为是苏轼的缘故。到晁补之写这段文字时，石塔禅师仍在石塔寺，但苏轼已身离扬州。当晁补之再去拜访石塔禅师时，见对方晏然而坐，禅房的灰尘安静得像是凝固了。晁补之自谦才学不深，见石塔禅师静如深渊，难识其内心，时人也忘记禅师当初因苏轼而不去，更忘记了他实因苏轼而长留。或许，对此时的晁补之来说，他恍然明白了为什么苏轼当时愿亲率僚属前往，因石塔禅师被苏轼视为世外高人。

北宋诗僧惠洪在《冷斋夜话》中别出心裁地将苏轼与石塔禅师的关系比作杜甫与黄四娘的关系，"予谓戒公甚类杜子美黄四娘耳，东坡妙观逸想，托之以为此文，遂与百世俱传也"。"戒公"便是石塔禅师。今天的读者无人不知杜甫的绝句《江畔独步寻花·其六》——"黄四娘家花满蹊，千朵万朵压枝低。留连戏蝶时时舞，自在娇莺恰恰啼"，其诗句看起来似乎毫无深意，只是将一幅生活画面信笔成诗，但从杜甫的悲凉一生来看，此诗却表达了杜甫难得拥有的舒缓时光——不悲伤，不沉重，一闪而逝的黄四娘瞬间成为杜甫异常珍贵的明快瞬间。杜甫不也是对黄四娘家的花蹊猛然有了"妙观逸想"，才写下这首"百世俱传"佳作的吗？

从这里看苏轼行事，便能体会他对生活每个侧面的打开与深入，尤其对人的深度理解，确非"不学道"之人能够领悟。这是苏轼的经历带来的领悟，更未尝不是走近陶渊明所得到的领悟。

五

苏轼自己虽未全心学道，但对出家修炼之人，总怀有对寻常人不同的思想情感。留下石塔禅师后，苏轼又逢有客将离。客人是谁，史乘未载，从苏轼的"予在广陵，与晁无咎、昙秀道人同舟，送客山光寺"的自叙中可见，当时苏轼在扬州尚结识一道号为"昙秀"的道人。昙秀又称"芝上人"。苏轼写得清楚，三人同舟送客。待客人去后，已然酒醉的苏轼在舟中睡去，昙秀眼望山水，兴致勃勃地写下一诗《山光寺》。从此诗可见，能与苏轼往来，纵是出家人也文采非凡：

> 扁舟乘兴到山光，古寺临流胜气藏。
> 惭愧南风知我意，吹将草木作天香。

苏轼醒来后，读昙秀之诗，当即步其韵作了一首《山光寺送客回，次芝上人韵》：

> 闹里清游借隙光，醉时真境发天藏。
> 梦回拾得吹来句，十里南风草木香。

对苏轼来说，这才是他情之所钟的生活：没有太多的俗务牵绊，让全部心灵尽情在大自然中沉浸。另外，与昙秀等人交往，除这些异人颇具才华之外，还颇为钟情异物。据说，昙秀藏有一方龙尾石砚，自称其"涩不留笔，滑不拒墨"。苏轼一生所见异物不少，对昙秀的这方奇砚却是首次见到，昙秀说该砚为宋真宗朝进士蒋堂旧物。关于昙秀，在三人同舟送客后不久，苏轼又送昙秀去庐山，此一别，到两年后才在惠州重逢。时苏轼被贬惠州，昙秀闻讯后特意从扬州前往，行两千多里路程翻山越岭前去看望，足见苏轼与昙秀情谊极深。对晁补之来说，他是到十八年后才与昙秀相逢于金山寺。彼时苏轼已去世多年，晁补之自感慨万千，写下《与昙秀师别垂二十年而后，相会于金山寺》一诗。诗题中的"二十年"大约是取整数，因晁补之去世于宋徽宗大观四年（1110），与昙秀扬州别后未活满二十年。此为题外话，不叙。

在苏轼这里，扬州生活便是时而纵情山水，时而州务缠身，尤其入八月以来公事又变得异常繁杂。八月一日，苏轼上书《乞罢转般仓斗子仓法状》，五日又上书《乞罢税务岁终赏格》。得朝廷同意后，苏轼又再给吕大防去函，就税务事展开论说，称"轼自入淮南界，闻二三年来，诸郡税务刻急日甚，行路咨怨，商贾几于不行"，特别是扬州"许酒税监官分请增剩赏钱。此元丰中一小人建议，羞污士风，莫此为甚"。给吕大防上书刚刚写毕，苏轼还是坐不住，又再上书《乞岁运额斛以到京定殿最状》，以为"发运使岁课，当以到京之数为额，不当以起发之数为额也"，因此"乞立法，今后发运司岁运额斛，计到京欠折分釐（厘），以定殿罚，则发运使自然竭力点检"。该状也是苏轼对七月二十七日所上二状的补充。

翌日，苏轼又为扬州公使钱一事上状（《申明扬州公使钱状》），谓扬州"每年公使额钱为五千贯，只与真州、泗州等一般，较楚州则少七百贯"，以致支使不足；而且所谓"五千贯"，其中醋库"实得息钱，每年只收到一千六七百贯至二千贯，常不及元立额钱二千五百贯之数"，因此"乞从省官醋务钱内拨二千五百贯元额钱"。

上书之后，苏轼颇意外地接到陈师道来函，原本以为，自己在颍州时与赵令畴、陈师道及欧阳兄弟日日和诗，来函料为诗词之事。不料，陈师道虽为晚辈，却深知苏轼年近六旬，仍满怀忠愤之气，信中说最近与赵令畤相见时，后者言及与苏轼的书信往来。陈师道来函竟是劝说苏轼，"君子之于事，以位为限。居位而不言则不可，去位而言则又不可。其言之者义也，其不言者亦义也。阁下前为颍州，言之可也。今为扬守而与颍事，其亦可乎？……尝谓士大夫视天下不平之事，不当怀不平之意，平居愤愤，切齿扼腕，诚非为己，一旦当事而发之，如决江河，其可御耶！必有过甚覆溺之忧……"

在苏轼毕生接到的信函中，陈师道这封信堪为其晚年收到的最重要的信件之一。陈师道没有忌讳自己是苏轼的晚辈和曾经的下属，字里行间都是劝诫之意，毕竟人在官场，就得遵守官场规矩。苏轼明明才华盖世，当年宋仁宗也将其视为留给子孙的宰相，到今日却仍只是州守，其两次在朝，又两次外任，已经说明苏轼的性格于官场极不适应。今陈师道所言，句句说到了点子上。很难想象，苏轼面对陈师道这封信的心情如何：难道他不知道在官场应该怎样和不应该怎样吗？难道他不知道做官就当"以位为限"吗？难道他没有体会过"一旦当事而发之，如决江河"的滋味吗？对苏轼来说，一切都知道得清清楚楚，但他选择的终究是自己内心。陈师道所说的"平居愤愤，切齿扼腕，诚非为己"，委实说到了点子上，但苏轼根本就没想过采取另外的方法。在苏轼看来，自己为官数十年件件事都"诚非为己"，但为什么一定得"为己"？身为一州之长，为一州百姓所想，不是天经地义之事吗？对于陈师道在信中最后还着意提醒的"为朝重慎"，苏轼不禁苦笑起来：朝中种种，自己哪样不知？若真如陈师道劝诫行事，自己恐怕早入执政之位，不必再在外颠沛了，但颠沛又有什么不好？自己既亲身体验了人生的全部滋味，又目睹了大宋的万里江山，尘世要求的难道不是自己必须真实地袒露胸襟吗？若真的"为朝重慎"，得到的或许是高官厚禄，失去的却是自己的全部内心。在苏轼这里，高贵厚禄和自己的本心孰轻孰重，根本就不是一道选择题。陈师道固然理解人、理解官场，唯独或未能更深地理解苏轼，但反过来也可以说，陈师道太了解苏轼，才忍不住给其劝诫，免得其经受更多的人世之灾。

苏轼放下信，叹息难抑：没有人能强迫自己做什么，自己也不能强迫他人做什么，而人都在自己的命运中沉浮。所谓"命运"，就是每个人最后体会到的命中注定和身不由己。

收陈师道信后未过多久，苏轼便再次体会到了身不由己的滋味。

六

八月二十二日，朝廷诏令颁下，苏轼以兵部尚书、龙图阁学士除兼侍读入京。诏令很明确，于扬州任上仅只半年的苏轼又将回朝，陪皇帝宋哲宗读书。

此时苏辙已然在朝，在京师开封外奉诏相迎，等兄弟二人见面时已是九月。

无论第三次入京为官的苏轼有何感慨，终觉岁月如流。当苏轼在京师外见到相迎的弟弟时，恍然发现三十七年前入京赴考时的两个少年如今都垂垂老矣，只剩"客梦还家时一顷"（《召还至都门先寄子由》）的思乡之念。

此次回京，最令苏轼意外的是，四年前离京时，宋哲宗尚是懵懂无知的十四岁少年，如今数年过去宋哲宗身上不仅稚气全无，还处处有股委屈和压抑。对于宋哲宗的变化根源，苏轼当时所想不多。按晁补之对兵部侍郎杜纯称苏轼"尚气好辩"的答书所言，苏轼为人"刚洁寡欲，奉己至俭菲，而以身任官责，嫉邪爱物，知无不为，尤是不忽细务，其有所不得尽，视去官职如土芥"。

晁补之之言，说明此时的苏轼已到非庄子却能逍遥的境地。但即便苏轼"视去官职如土芥"，也不等于他目中无人。苏轼今番入京为侍读，帝前却还另有一侍讲，其人便是屡次请朝廷召回苏轼的谏议大夫范祖禹。在苏轼眼里，范祖禹"为今经筵讲官第一，言简而当，无一冗字，无一长语，义理明白，而成文粲然，乃得讲书三昧也"。

不过，即便有苏轼和范祖禹为宋哲宗之师，宋哲宗内心所感却不是跟随他们修习天人之道。在宋哲宗看来，自己登基已然七载，大权仍在太皇太后手中，徒有皇帝之名而无君权之实，此乃不可忍受之事；自己虽日日坐朝，太皇太后却在旁垂帘听政，朝廷百官眼里除了太皇太后外，何曾有自己这个皇帝？蔡绦在《铁围山丛谈》中写有一事，颇见太皇太后与宋哲宗关系。某日太皇太后在大臣奏事之后，见宋哲宗一言不发，便问道："彼大臣奏事，乃胸间且谓何，奈无一语耶？"宋哲宗答道："娘娘已处分，俾臣道何语？"可见宋哲宗竟是做了数年"恭默不言"的皇帝。

从宋哲宗后面的行事来看，终究因年少看不到太皇太后对赵宋江山如何呕心沥血：临朝九年，多用故老名臣，罢废新法苛政，使宇内复安，以她自己的话说，"九年间曾施恩于高氏否"。但在宋哲宗眼里，有名无实的滋味令其不知不觉对太皇太后心怀怨恨，尤其作为新党的宰相蔡确被贬后竟然散布"祖孙不协，太后有意废帝"的谣言至京师，更令宋哲宗对祖母恚怒。到元祐九年（1094）八月时，太皇太后病危，召吕大防、范纯仁、韩忠彦等人入见后说道："太皇（太皇太后的省称）以久病，惧不能自还，为之奈何？"意思是她自己怕熬不过这场大病。吕大防等人赶紧答道："愿供张大庆殿。"太皇太后还未回话，猛听宋哲宗在帘后说了句"自有故事"。吕大防等人语塞，退出后相顾说道："我辈其获罪乎？"

宋哲宗之言，表示自己将在太皇太后驾崩后临朝为政，同时其中暗含的信息也十分明确——对太皇太后信任的人将不抱信任，即太皇太后废除的新法将由自己重新颁布。是以，"自有故事"四字，竟是隐含杀机，令吕大防等人无不惊怖。

对太皇太后来说，她自己亡故后，皇帝将有何为其早已心知。《朱子语类》载有一事，"哲宗常使一旧桌子，不好。宣仁令换之，又只如此在。问之，云：'是爹爹用底。'宣仁大恸，知其有绍述意也"。到八月下旬，太皇太后病逝加重，先对宋哲宗说"老身没后，必多有调戏官家者，宜勿听"后，又对众宰执官说"公等亦宜早退，令官家别用一番人"。这段话委实能见太皇太后对政治的敏锐察觉，但她自己行将就木，已无力回天了。

在太皇太后九月三日薨逝前一个月，苏轼也遭遇自己的人生大恸。八月一日，伴其二十五年人生起落的第二任妻子王闰之病逝，时年四十六岁。在年近花甲的苏轼这里，实乃至痛打击。苏轼的悲哀之深，在其给友人的信中可见，"临老遇此灾，怀抱可知，摧剥衰羸，殆不能支……今乃愈北，牢落可量。冗迫中，不尽区区，但恃知照而已"。从"摧剥衰羸，殆不能支"八个字能体会，王闰之的去世使苏轼的人生支撑几近坍塌。从"今乃愈北"四字又可知，苏轼数次乞往越州未准后，太皇太后在薨逝前已命苏轼为距京师北一千一百二十里外的定州知州。这大概是太皇太后对"公等亦宜早退"的预先安排。

果然，宋哲宗对苏轼等老臣极感厌恶。当苏轼于九月二十六日朝辞赴定州时，宋哲宗连面辞的机会也不给。苏轼如何不知，随着太皇太后的薨逝和宋哲宗亲政，天下即将大变，只得上疏劝宋哲宗"以三年为期，切恐好利之臣，辄劝陛下轻有改变"。此言即便体现了苏轼"不以身退而废忠言"的忠亮风节，但毕竟一朝天子一朝臣，朝廷的风雨已隐隐欲来。早在苏轼刚回京师时，陈师道就来函劝其告老还乡，苏轼不是不想，却朝事连连、诸事不能由己，充其量只能提请外任。今日苏轼终于可离京了，他又收到陈师道寄来一诗《寄送定州苏尚书》。如下：

> 初闻简策侍前旒，又见衣冠送作州。
> 北府时清惟可饮，西山气爽更宜秋。
> 功名不朽聊通袖，海道无违具一舟。
> 枉读平生三万卷，貂蝉当复自兜鍪。

陈师道这首诗和之前信函的劝说相同，仍盼苏轼能及早致仕。苏轼虽有归乡之意，却总觉朝廷命己为官，实难谢辞。在苏轼看来，自己此次赴任的定州路途虽遥，终是远离朝廷，或也将远离祸患，自己已五十八岁之龄，能在定州任满三年，便有名正言顺的理由告老还乡了。但苏轼和陈师道都没有料到的是，后者诗中的"海道无违具一舟"便如不久后苏轼的命运预言，将笼罩苏轼凄凉不已的残余岁月。

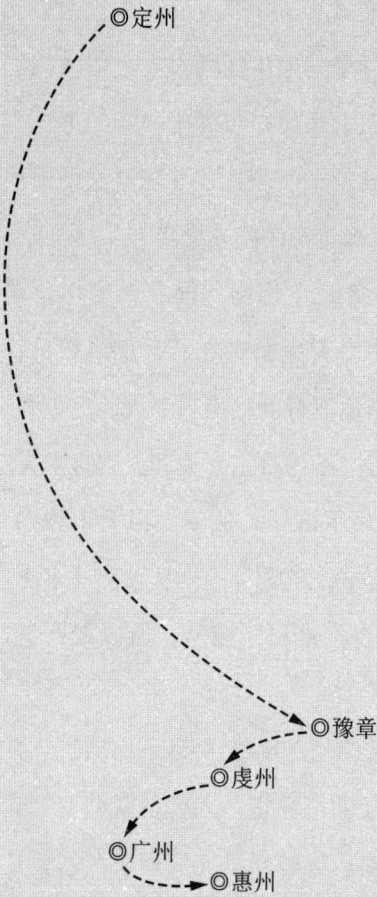

◎定州

◎豫章

◎虔州

◎广州　◎惠州

一

果不出文武百官之料，太皇太后尸骨未寒，终于主政的宋哲宗就迫不及待地下诏绍述，复行熙、丰新法。此时，朝中人人看得清楚，宋神宗年间的新党人物又将指日上台。随着吕大防、范纯仁、范祖禹等旧党人物的被黜，曾在元祐元年（1086）反对太皇太后废除新法而被贬出朝的章惇，终于志得意满地出任尚书左仆射兼门下侍郎，跃为群臣之冠。与此同时，到定州任知州尚未一年的苏轼也终于重蹈被贬的覆辙。与十四年前被贬黄州相比，苏轼这次贬得更远——位于今珠江三角洲的惠州，货真价实的南方之南。

在今天，惠州已是物产和各种资源丰富的"国家历史文化名城"。在苏轼时代则不然，不仅黄州为穷山恶水之所，惠州更是瘴疠蛮荒之地，山危路险尚在其次，当地流行的疟疾更令人谈虎色变。自宋立朝以来，因宋太祖赵匡胤留有"不得杀士大夫和上书言事人"的遗训，贬谪岭外就成为对文官的最重刑罚。从宋太祖至宋哲宗，居相位被贬过岭南的就有卢多逊、寇准、丁谓等人。从整部《宋史》看，被贬蛮荒的官员，多半都无可奈何地死于贬所。所以很明显，上台的新党非欲将苏轼置于死地不可。

苏轼被贬谪惠州的诰命在绍圣元年（1094）六月下旬到达。在两个月前的四月，从苏州抵京师赴任的章惇甫一入朝，就网罗羽翼对"元祐旧党"展开毫不留情的打击。哪怕司马光病逝已久，也被毁碑削谥，若非尚书左丞、中书侍郎许将一句"发人之墓，非盛德事"面谏宋哲宗，恐怕其还难逃断棺暴尸之辱。

对于苏轼，章惇则恨之入骨地说道："元祐初，司马光作相，用苏轼掌制，所以能鼓动四方，安得斯人而用之！"说这句话时，章惇还未到京师，已嗅到"国事将变"、一心依权附贵的御史虞策和殿中侍御史来之邵等人却心领神会，当即效仿十五年前何正臣、舒亶、李定、李宜之等人炮制"乌台诗案"的手段，上奏毁谤苏轼曾在起草的诏令中"语涉讥讪""讥斥先朝"。此举果然奏效，未及弱冠的宋哲宗勃然大怒，下旨免去苏轼的端明殿学士、翰林侍读学士之职，贬其为英州（今广东省英德市）军州事。

苏轼没有想到的是，在自己四月三日接旨离开定州不久，来之邵等人还嫌不够，于六月五日又上一疏，认为将苏轼贬往英州"罪罚未当"，应再降官职。是以，当苏轼携眷由真定过临城、内丘、经相、陈留，然后绕道临汝与弟弟苏辙告别，再冒毒暑入雍丘、抵汤阴、过高邮、辞长芦、泊金陵、渡慈湖，来到当涂姑孰后又接到诰命——从正六品的"左朝奉郎"降为从七品的"左承议郎"，贬为宁远军（今广西容县）节度副使，往惠州安置。

年已五十九岁的苏轼没料到得势的新党对自己竟有赶尽杀绝之心，不觉从"逐客何人着眼看"（《临城道中作》）的感伤到了"此生归路愈茫然"的难言痛苦。苏轼当然知道，党争的残酷容不得失势者半分辩解。在苦闷难消中，苏轼提笔给参寥去信，不无低头认命地说道："某垂老再被严谴，皆愚自取，无足言者……某一饱之外，亦无所须。"意思是知道自己已成俎上鱼肉，唯一能做的就是服从诰命。最令苏轼不得不苦笑的是，章惇与自己曾有同科之谊，二人终至分道扬镳的核心是政治取向不同，倒还不难理解；拟下将自己谪降惠州、含有"轼罪恶甚众，论法当死"制词的，竟是一直引为肝胆之交的林希。林希与苏轼也为同科进士，数十年交情厚密，你来我往的，诗书不断。当苏轼于元祐元年（1086）九月封翰林学士、知制诰时，林希还专门写下"父子以文章名世，盖渊云司马之才；兄弟以方正决科，迈晁董公孙之学"的贺信，今章惇仅以一个同省执政的高位就令其立刻甘为行贬黜制文的得力打手。

面对命运再次露出的獠牙，痛感"我行都是退之诗"的苏轼索性要家人都往长子苏迈提前安排好的阳羡安居，自己独自去惠州贬所。家人们如何能让年近花甲的老人千里独行，但拖家带口地去惠州实在不现实，最后决定由二十三岁的三子苏过陪苏轼前往贬地，不算意外的是堪为苏轼红颜知己的侍妾王朝云也一定要随行服侍。于是，众人在姑孰分手，三子苏过、侍妾王朝云连同二位老婢陪伴苏轼继续南下，次子苏迨则携全部家眷前往阳羡。

分手时间是六月二十五日，去往惠州的千里之途已在苏轼面前展开。

二

追补一句，苏轼从定州出发时，正逢闰四月，天旱暑毒。当数十口家眷于十八日乘驴车到陈留时，实觉酷热难当，抱着试试看的想法上书朝廷，请求赐舟，以便取水路前往贬地。陈留是汉末时曹操矫诏天下、征讨董卓的起兵之所，为名副其实的历史胜地。烈日炎炎下的苏轼哪有心情访古？稍感安慰的是，宋哲宗法外施恩，批准奏请，拨下一条官船供用。船上虽也闷热难当，终究比"陆走炎荒"好得多了。

和次子苏过等家人在姑孰（今安徽省当涂县）分手后，苏轼往西南向起帆，行两百多里水路，经芜湖和铜陵，到达池州青阳县。

心情郁结的苏轼一行登岸投宿，从窗口见远处"有山奇秀，其数有九"，这就是有"东南第一山"之称的九华山。虽是第一次登临，但饱读诗书的苏轼不会对其陌生：九华山素为佛教圣地，山腹香烟缭绕、钟磬声不断的寺庙即为开山主寺化城寺。关于该寺来历，明嘉靖年间王一槐撰写的《九华山志》说得很清楚，"化城，天竺国佛场名也，今寺在山之西南，自麓陟旋而上数里至其处，峰峦环列，泉壑纡回，中旷而夷，类其国郭，故名"。

步入化城寺的苏轼必定会想起，当年贬至黄州时，自己入住的首个寓所是一个叫定惠院的寺庙。对苏轼而言，此刻如同经历轮回，距遭贬黄州十余年后，自己竟再度遭贬，又再来暮鼓晨钟之地。游寺登山之后，苏轼到访一个叫李正臣的民家。颇感意外的是，苏轼在李家见到一壶，壶中矗一奇石，高五尺，宽尺余，通体成碧，并排九座雁齿样的峰峦，更奇妙的是奇石的腰部还有条白脉，呈云缭雾绕之势，模样与九华山无异。苏轼一见之下，极为喜爱，当即想以百金购入，再一想终还是觉此行路遥途险，遂放弃了携石之念。奇石虽没买，但不妨碍苏轼提笔写下一首《壶中九华诗》一吐块垒。全诗如下：

清溪电转失云峰，梦里犹惊翠扫空。

五岭莫愁千嶂外，九华今在一壶中。

天池水落层层见，玉女窗虚处处通。

念我仇池太孤绝，百金归买碧玲珑。

想重金买下石头，是觉如此奇石孤零零地在壶中"太孤绝"，它也映射了苏轼深感寂寞的内心。此时，苏轼虽有三子苏过和侍妾王朝云相陪，但其毕竟是苏门遭受重创的核心，尤其在鬓霜发白的今天，还要面对茫然不可知的前路，性格再豁达的人，也不可能在短短数日间恢复常态。苦恼有多深永远只当事人自己才能体会。

很难说清苏轼告别九华山时的心情如何。从苏轼的性格判断，他也许会宁愿惆怅未能买下奇石，也不愿纠缠在朝廷数改贬谪诰命的打击中。对此时的苏轼来说，已到了不得不放下济世衷肠之时。听天由命是人生最后的选择，也是最无奈的选择。不是当事人想如此选择，而是面前只有这一个选择。所以，与其说此时的苏轼已看透人生，倒不如说他对前途再无冀求。

在今天客观来看，不管苏轼自己有多么大的政治抱负，除了留下那些震古烁今的文学作品外，难说其创下过多大的政绩。就苏轼的为政一生来看，哪怕他在密州、徐州、杭州、颍州、扬州、定州等地为官时，修建过苏堤、抗击过洪水、拯救过风灾、创办过医坊、疏浚过河道等，这些虽得民众口碑，但与儒家"居天下之广居，立天下之正位，行天下之大道"的宏大理想相比，还是相差太远；哪怕他历经四朝，还做过宋哲宗侍读，却从未真正地辅佐其朝政，更未创建过彪炳青史的政治业绩，甚至当王安石变法引起他的反对时，最终所做的也不过是明哲保身地自请外任。就这点来说，政治上的苏轼不仅缺失奋不顾身的果毅一面，还不无软弱的一面。恰恰也因为如此，在今人眼里，苏轼才更具一个普通人的血肉，更具一个诗人不可缺失的天然性情。所以，苏轼的惠州之路，既是仕途失意的被贬之路，也是他一路展开的思想变化之路。

三

离开青阳县后，苏轼一行人继续朝西南逆流而行，于七月初经彭泽，抵达有"江湖锁钥，三省通衢"之称的湖口——该处为长江下游起点，烟波万顷的鄱阳湖在此汇合长江，气势非凡地一路往东。站在舟前四顾的苏轼，又一次看见了十年前到过的庐山，大河依旧翻滚，峰岭不改巍峨。这一次，苏轼没有停舟，只凝望眼前的"云物胜涌"而默然祈祷。没有人知道苏轼祈祷了什么，从他随手写下《过庐山下》诗中的"一时供坐笑，百态变立谈"来看，默祷后的苏轼心情已好上很多；但从随后的"虽云默祷应，顾有移文惭"句看，面对雄奇险秀的庐山，苏轼的"坐笑"真不过是"一时"，扑面而来的往事会使他的心情变得更为复杂，毕竟这不是他第一次面对庐山。

千百年来，这座有"匡庐奇秀甲天下"之誉的山脉不知吸引了多少文人墨客，就连诗仙李白也在这里情难自已地吟出了两首《望庐山瀑布》的诗歌，尤以"日照香炉生紫烟"为起句的第二首七绝堪为脍炙人口的唐诗名篇。不过，李白的笔锋胜在瑰丽与想象，远不如苏轼那首《题西林壁》具有发人深省的张力。

苏轼写下《题西林壁》那首诗时，还是宋神宗元丰七年（1084）五月。当时，在黄州度过四年零三个月的贬谪生涯后，"本意终老江湖"的苏轼被改授汝州团练副使。汝州在黄州以北，为送长子苏迈去饶州府德兴县任县尉一职和去筠州看望弟弟苏辙，苏轼反而有了南下顺道庐山之举。在船头屈指一算，那已是整整十年前的事了，苏轼当然不会忘记当年陪他游山的刘格和参寥二人。苏轼因欣赏刘格之才，曾于熙宁八年（1075）推荐刘格为官未果。其时，刘格正隐居庐山，听说苏轼来此，大喜过望主动充当向导。十年过去了，曾被苏轼视为"文词灿然可观，而立节强硬"的刘格已于三年前去世，年纪未到四十，令人扼腕；自庐山分别后就一直隐居杭州的参寥倒是一直书来信往，哪怕在此行路上，苏轼也时不时在苦恼中给其去信，老友虽帮不上什么忙，但有人愿听己倾诉，多少会让心里好受很多。

此刻面对庐山，苏轼脑中闪过的当然不会只有那些电光石火的往事，还会想起自己曾在此处写下的诗作。从令其险些丧命的"乌台诗案"到贬谪黄州，苏轼算是亲身领教了什么是"仕途即险途"。在心灰意懒的苦闷中，苏轼不得不将济世之心转化为寄情历史和山水。当改授汝州的诰命传来后，苏轼从宋神宗的诰词中"人才实难，不忍终弃"的八字中读到朝廷将重新起用自己的强烈信号。因此，在登览庐山时，苏轼从最初的"发意不欲作诗"到按捺不住地挥毫泼墨，已见其兴致勃勃——先写下略试笔锋的《初入庐山三首》后，又沿路写下《庐山二胜》等诗。当苏轼一行遍游诸峰各寺并最后到西林寺时，苏轼终于将庐山起伏如人生起伏的感悟，结晶为"不识庐山真面目，只缘身在此山中"的哲思之叹。

苏轼所说的"不识庐山"，不无嘲笑自己不识朝廷、不识人心、不识天下之意。苏轼真的不识吗？未必，只是人在浮世中，路途的险恶与人心的难测，时时超过预料；若非如此，又怎么会在十年后重蹈覆辙，再次踏上贬途。其中既有宋哲宗一力恢复宋神宗在位时的革新之举，更有章惇等政敌的居心叵测。当苏轼到惠州后，他还将进一步领教章惇对其不甘罢手的打击。此为后话。

湖风吹面，苏轼久立船头，要不要再登庐山的念头闪过，终于还是摇了摇头。对此刻的苏轼来说，十年前的感慨实在不忍再去面对，尽管自己真的是两次遭遇同样的命运，但所谓同样，也只是被贬的外在一致，内在的感受则取决于经历和年龄，取决于对命运里神秘莫测的种种未知。

苏轼看了看周围，船帆升得够高，江风吹得够猛，庐山远去了，自己真该收拾收拾心情，好好面对前方的滚滚激浪了。

四

一路舟行，日日面对长流东逝的大江，苏轼难免会像孔子那样对"逝者如斯夫"的似水流年感叹不已。人越有这样的感叹，就越会觉得自己在永恒面前的渺小和微不足道。为什么苏轼自认"上可以陪玉皇大帝，下可以陪悲田院乞儿"？理由就是他始终视自己为芸芸众生中的凡夫俗子。在黄州时，苏轼对人生能有"也无风雨也无晴"的指认，面对今日的一贬再贬，他也终究能在短暂的苦闷之后，有了"已达江上，耳目清快，幸不深念"的泰然处之。

从发生在分风浦的事情看，苏轼更未将自己看作名满天下的闻达之人。

按所拟路线，苏轼一行从庐山过都昌，又从都昌南下，拟赴豫章（今江西省南昌市）和庐陵（今江西省吉安市），再南下虔州。离都昌后不久，某夜错过宿头，索性在一个叫分风浦的地方夜泊。到三更天时，一阵人吼马嘶声从岸边传来。苏轼是被贬之人，自然敏感，如今太平盛世，难说会有成群结队的强人公然打劫，唯一可能怕是朝廷又追发诰命。苏轼当即起身看去，见前面火把盈天，足有数百官兵朝自己船只而来。惊魂不定间，苏轼赶紧上岸询问，带队将领称自己奉当地发运司命令，收回苏轼所坐官船。苏轼虽是被贬，毕竟还是朝廷任命的宁远军节度副使，而且其所坐之船是朝廷同意拨给其专用，与漕运无关，如何轮得到发运司来指手画脚？

"虎落平阳被犬欺"的故事时时都在上演，苏轼遇到的也不过是自然之事。得知情况后，苏轼被逼无奈，只得低声下气地请求对方允许自己连夜动身，"至星江就聚落买舟可乎"。苏轼自然知道，发运司此举是为拍章惇马屁所为。忍气吞声之下，苏轼只得连夜启程，急匆匆赶往星江。

过了凄惶不安的下半夜后，船上的早餐还没做熟，就已到达豫章吴城驿。自古以来，处长江之南的豫章就有"襟三江而带五湖"之称，为重要的水陆交通枢纽。从唐朝诗人王翰留下的"豫章南去帆冲雨，彭蠡西来浪接天"（《登吴城山望湖亭》）诗句也能看出，此地为四通八达的汇聚之地，也是自然而然的分别之地。

过了豫章，前面就是茫无边际的险山恶水了。

被小人暗算的经历没有影响到苏轼的心情，毕竟宦海数十年，没有哪种嘴脸不曾见识。对此时此刻的苏轼来说，经受的打击只来自朝廷，以及自己建功立业的梦想东流。因此，当苏轼走上吴城山，步入山中有名的望湖亭时，见眼前天地苍茫，身在其间的自己却逃不脱颠沛流离的命运，委实叹息难抑。过了此地，不仅朝廷早已不可见，连中原也不再可见。面对政治失意与故园难归的百感交集，苏轼像要对已行之路做个总结似的在亭间木牌上写下一首五律《望湖亭》：

八月渡长湖，萧条万象疏。

秋风片帆急，暮霭一山孤。

许国心犹在，康时术已虚。

岷峨家万里，投老得归无？

在苏轼的作品中，这首诗既不婉约，也不豪放，只有一种深沉的内心感念。从年龄上看，苏轼已近花甲，从现实上看正一步步接近心中没底的南荒，即使朝廷抛弃了自己，但仍然"许国心犹在"。后世读者读这些诗句时，不能不钦敬苏轼始终如一的热忱，它也是苏轼"君子人格"的体现。所谓"君子人格"，就是在儒家思想浸染之下，对国家抱有义不容辞的责任担当。荀子早就说过，"故天地生君子，君子理天地。君子者，天地之参也"（《荀子·王制》）。像苏轼这样饱读经史之人，在天地间走得越久、行得越远、见得越多，其君子人格就越健全，也就越渴望自己的人生不致虚度。没有谁愿意自己的人生虚度，但不论怎样，人生毕竟不只包含"国家道义"。所以，在苏轼急转而下的诗句中，又令人隐约看出，与屈原等先贤对"圣史王道"紧抱不放的内心不同，对《易传》有过深研的苏轼更能"生之谓性"，将目光更多地集中在从自身辐射开来的生活本身。

因此，当写下"岷峨家万里"时，苏轼不可能不想到三十七年之前的自己。那时，苏轼自己金榜题名，正到达人生的第一个高峰，以为用才华推开的仕途大门将理所当然地通往自己的云中之志；那时，自己对未来有过多少"不与梨花同梦"的预想。但走到今天，又究竟做过些什么呢？答案说不出，就只能摇头苦笑了。对苏轼而言，数十年宦海浮沉，该经历的都已经历，人在天涯已久，还真想知道今天的故乡是什么模样了。还记得当年踌躇满志，离家不久后曾写过"故乡飘已远，往意浩无边"（《初发嘉州》），那时虽有惆怅，却没有悲伤，更多的则是对前程的期许。但青春的志存高远，只换来今天的天涯沦落。一丝苦涩在苏轼心中涌起，曾经不无豪气的"征马去无还"已转为"投老得归无"的凄凉和感伤了：人终究是要落叶归根的，此去惠州，只怕再也见不到一生难忘的眉山和岷山了，再也见不到年少时的门庭与屋檐了。"但恐岁月去飘忽"（《辛丑十一月十九日既与子由别于郑州西门之外》），这是什么时候的诗句？想起来了，还是三十三年前的嘉祐六年（1061）十一月自己出任签书凤翔府判官厅公事时所作，当时弟弟苏辙送自己到郑州西门分别——那也是自己与弟弟第一次分开。当年写下这首诗，是害怕岁月无情，此刻却终于体会岁月是真的无情啊：父母已去世多年，发妻王弗也去世多年，他们的墓地都在故地眉山，还能见到吗？弟弟苏辙也老了，不知今生还能不能再见……

天色黯淡，苏轼朝故乡的方向望去良久，此地和故乡越来越远，和要到达的惠州则越来越近。没错，哪里的人生不是人生？实在没必要如在黄州时那样"多情应笑我"了，更何况自己不早就写过"早知身世两聱牙"和"云翻海若家"吗？眼前这片江水，它的白沙翠竹和故乡有什么两样？精神蓦然感到解脱的苏轼又写下一首七律《江西》，起句就是"江西山水真吾邦"。这种四海为家的恣情恣意，既源于苏轼的本身性格，也是他对人生的再次直面。从中确能看出，与政治相比，苏轼更为钟情的，始终是念兹在兹的生活本身。

五

按发运司要求，缴还官船后的苏轼在豫章雇船前行，南下庐陵和虔州。此时，苏轼已逐渐摆脱人生最难摆脱的政治失意心绪，朝廷还有什么打击都能坦然接受了，屈原叹息过的"黄钟毁弃，瓦釜雷鸣，谗人高张，贤士无名"不就一直是历史从未改变过的主题？不过，坦然只是苏轼的人生态度，不会是越来越艰险的漫长路途。

从"嗟我妇子行水泥"句能看出，苏轼去虔州的水路称得上惊心动魄。

离开庐陵，苏轼一行面对的就是从虔州到岑县、从岑县到万安县的三百里水路，距离不算长，也不算短，但由章、贡二水合而为一后的激流凶险无比，水底怪石交错，被当地人称为"赣石"。一路下来，前赴后继的十八个险滩随时能吞没船只，其中水势最为湍急的是到万安县的最后一滩——"黄公滩"。该滩石多浪恶，凶险无比，苏轼索性在诗作中将"黄公滩"改名为"惶恐滩"。到南宋文天祥写下名垂不朽的《过零丁洋》时，诗中出现的便也是"惶恐滩头说惶恐"之句了。不过，苏轼、文天祥二人都写到"惶恐"，内中含义却差别巨大。文天祥的"惶恐"是面对国破家亡，在苏轼这里，是一段"十八滩头一叶身"的死里逃生之旅。在激流暴起数丈的危险关头，苏轼也顾不上自己五十九岁的衰龄，充当起了扳桨摇橹的水手。当众人进入虔州境后，心有余悸的苏轼不觉发出"便合与官充水手，此生何止略知津"（《八月七日初入赣过惶恐滩》）的感慨。

终于可以喘一口气了。苏轼在虔州待了半个多月，游郁孤台、观报恩寺、歇尘外亭，得以暂休身心。此外，有两件事值得一说。

第一件事是一个叫曾安止的熙宁六年（1073）进士在此任宣德郎，听闻天下才子苏轼到来，大喜过望，当即邀请苏轼过府上一叙。曾安止为官清廉，无论曾在丰县任主簿，还是后到彭泽当县令，都极为重视农业，常常亲自下田了解农作物，尤其熟悉水稻的生长情况，并特意撰写了一部五卷本的《禾谱》。苏轼翻阅之下，见书中对各种水稻资源和附近地区农业状况记载得清清楚楚，唯一觉得"有所缺"的是该书"不谱农器"。当下兴致一起，苏轼谈起曾在武昌亲眼见过农夫们骑用一种叫"秧马"的农器，其物"以榆枣为腹欲其滑，以楸桐为背欲其轻，腹如小舟，昂其首尾"，可"雀跃于泥中……日行千畦"，尤其"较之伛偻而作者"可达到"劳佚相绝矣"的效果。

曾安止见苏轼不仅学富五车，还见多识广，心下更加佩服。二人谈得投机，苏轼索性笔锋蘸墨，写下一首二十多行的《秧马歌》，对"秧马"及其功能做了形象的描写，并附于《禾谱》之末。写完诗后，苏轼又笔录多份寄给各地的县衙官员，希望他们仿制使用。果然，紧邻惠州的博罗县县令林天和意外收到诗后，即命农人试验，终使惠州农人都使用秧马，将农作的效率提高不少。是以，苏轼还未到惠州，就已惠及该地。

第二件事是苏轼想起自己十二岁时，父亲苏洵曾游览此地，回去后谈起在该地天竺寺见到白居易留下的亲笔诗，称其"笔势奇逸，墨迹如新"，如今四十七年过去，没想到自己也会到父亲曾来过的游览之地。心情难捺的苏轼一路寻至天竺山中的天竺寺，却发现"诗已亡，有石刻存耳"。当苏轼抚摸石刻，想起亡故的父亲时，不禁

"感涕不已"，遂挥毫写下一首题为《天竺寺》的七律：

> 香山居士留遗迹，天竺禅师有故家。
>
> 空咏连珠吟叠璧，已亡飞鸟失惊蛇。
>
> 林深野桂寒无子，雨浥山姜病有花。
>
> 四十七年真一梦，天涯流落泪横斜。

当读者读到"四十七年真一梦，天涯流落涕横斜"之句时，难免会想起苏轼在黄州执笔《念奴娇·赤壁怀古》时已发出过的"人生如梦"的感叹。在苏轼那里，当年的感叹起点是历史风云，如今的感叹则因父亲而起。抚今追昔，父亲当年的教诲与其带自己和弟弟苏辙千里赴京的赶考往事，仍是历历在目的鲜活记忆。如今父亲已去世经年，自己和弟弟也老了，四十七年前的往事仍清晰如昨。但感叹能改变什么吗？什么都不能。好在，惠州已经不远，在自己前面展开的，还有一段最艰难也最险阻的行程。"天涯流落"写起来容易，不亲身抵达，不可能知道"天涯"的真实含义。

六

中国地理显著的特征之一，就是长江将大陆南北分开，却不是长江以南的版图都可称为江南。横亘在湖南、广东、广西、江西四省间的越城岭、都庞岭、萌渚岭、骑田岭、大庾岭构成的五岭山脉将江南更南之地阻隔在富庶中原之外，是以五岭以南不称江南，而称岭南。在古代，岭南烟瘴弥漫，疟疾横行，为闻之色变的蛮荒之地。

现在，横亘在苏轼面前的，就是五岭中的大庾岭。

该岭位于大余县南，南雄市北。以岭为界，中原文明与南国蛮荒划出了鲜明的界限。这就表明，越过大庾岭后，苏轼很难接收到中原的信息，展开在他眼前的将是未开化的野蛮之地。南宋绍兴二年（1132）状元张无垢在《横浦集》中以"人苦峻极"四字来说明其凶险。同时，张无垢还给出了大庾岭的具体数据，"北路广八尺，长一百九丈，南路广一丈二尺，长三百十五丈，复夹道种松，以休行旅，遂成车马之途"。苏轼所走的，正是这条非人工开凿的路，是行人经年累月踏出的"车马之途"。

很难想象，在山高坡险的路上，年近花甲的苏轼将该如何一步步行走。从苏轼的一路行程来看，有过失落，有过感伤，有过追念，有过生死间的间不容发。在崇山峻岭的危路上，他会有什么样的感受？一首写在岭峰龙泉钟上的《过大庾岭》五律，能见出苏轼当时心境：

> 一念失垢污，身心洞清净。
>
> 浩然天地间，惟我独也正。
>
> 今日岭上行，身世永相忘。
>
> 仙人拊我顶，结发授长生。

这首诗令人惊讶之处就是"浩然天地间，惟我独也正"的自述让读者看到了苏轼在饱受政治毒打和旅途艰辛之后，将自己与章惇等人做出了泾渭分明的划分——也不仅仅是章惇，还包括历史上所有如章惇之流的人。苏轼这一近似精神胜利法的自白既安慰了自己，也让后人看到其所处的眼前现实——山高岭陡，人与天空无限接近。从李白那里化用来的"仙人抚我顶，结发授长生"之句，已表明苏轼超越了自己在黄州写下前后《赤壁赋》时的自然领悟。与庄子一样，苏轼从来不缺"独与天地精神往来"的超拔。正是有了这一超拔，艰难才没有使苏轼低头，反而锤炼了他"浩然天地间"的个体人格。比较苏轼在黄州之时，赤壁让他面对了历史，现在的大庾岭则让他面对了"不为尧存，不为桀亡"的至高天下。孔子曾发出过"不怨天，不尤人，下学而上达，知我者，其天乎"的感叹，人只有超然物外才能进退自如。这不仅是士大夫，也是一个思想个体所能到达的最高精神境界，所以苏轼才能做到常人难以做到的"身世永相忘"。其中虽不无苏轼以为自己将埋骨惠州之感，也让所有人看到——在中国历史上，自屈原后的无论哪朝哪代，士大夫经受的痛苦从来就是洗礼，它最终给人带来的，是真正的脱胎换骨。不过，与屈原的方向不同，苏轼一路心慕山水，不论其清秀还是险恶，都使他逐渐摆脱了孟子"存其心，养其性，所以事天也"的政治教诲，脱胎换骨地到了"千万为道自爱"的个人境界。

像要为其提供证明一样，在岭路上，苏轼遇到了两个道士。得知眼前须发皆白的老人是天下闻名的才子苏轼后，两道士相视而笑，说了句"文章岂解能荣辱，富贵从来有盛衰"。这就是潜伏在人世间的生活谜底。自幼接触道教、到黄州也重新研习过道教的苏轼感慨地说道："何处山林间无有道之士乎？"更令苏轼意外和惊喜的是，一路陪伴而行的三子苏过竟也在父亲的感染和沿途的领悟中，有了对道家的信仰，苏轼极为赞赏地为其写下"小儿少年有奇志"的诗行。这也充分说明，与儒家的"政治王道"相比，苏轼以全部心灵接受的已是道家宣扬的"自然常道"了。

翻越大庾岭的时间是九月。过岭之后，苏轼的行程好走了很多，先抵韶州，然后是英州、清远、广州、东莞、石龙和道教圣地罗浮山。一路上，苏轼逢山入庙、遇水寻观，无处不题诗。在苏轼那里，除了道家思想，佛老思想也日占上风，尤其过岭之后"投老得归无"的感时伤世消失了，反而逐渐有了"而今只有花含笑"的超脱面对。在《发广州》诗中，"天涯未觉远，处处各樵渔"一句更能使人体会，苏轼的确已放下了"如欲平治天下，当今之世，舍我其谁也"的政治激情，也放下了自屈原开始就不息相承的"为君王焦虑"之心，对自己脚下大地展开了义无反顾的追求。

那时的广州自非今天的经济发达之地，"处处各樵渔"是其最鲜明的写照。游走樵渔，原本就是苏轼早年流露过的理想生活，也是中国古代失意文人群体或追慕或实践过的现实生活。在黄州时，苏轼就因"扁舟草屦，放浪山水间"而获得内心慰藉，如今经生历死后更为看重渔樵生活所反映的旷达和随遇而安。当苏轼发现"天涯未觉远"，也就是他终于从自身深处体会，生活从来就不远，甚至他一直隐秘渴望的生活恰恰就呈现在自己的流放生涯当中。

绍圣元年（1094）十月初二，历经数千里风霜的苏轼终于到达惠州——一个注定将留下他"平生功业"的第二处贬所。

七

当年被贬黄州，苏轼写过一首《初到黄州》的七律，到惠州城后他也同样写下了一首《十月二日初到惠州》的七律。这两首诗很能见出苏轼的内心深化。初到黄州，不无"老来事业转荒唐"（《初到黄州》)的自嘲；进惠州后，面对"父老相携迎此翁"（《十月二日初到惠州》)的盛况，由此生发的第一个念头已成"岭南万户皆春色，会有幽人客寓公"的盎然兴致。这就说明，第二次遭贬的苏轼虽历千辛万苦才抵惠州，结果却不再是失落和迷茫。当然，不是有人相迎就令苏轼瞬间做到荣辱两忘，而是内心已随千里长途有了巨大变化；这些变化结合起他原本就豁达的本性，形成了常人不具有的思想走向。"岭南万户皆春色"，很能异曲同工地对应苏轼"眼前见天下无一不好人"的坦荡之心。对苏轼而言，既然政治给了他巨大的磨难，又要和他一刀两断，他能做的就是以佛老的无境之境来观照内心和眼前的生活本身。所以，"试问岭南应不好，却道，此心安处是吾乡"的旷达自适就成为苏轼心境的真实写照。

对章惇等"合志邪谋"的人来说，将苏轼贬谪惠州，自然弹冠相庆，却不料苏轼在惠州三年下来，竟然"不辞长作岭南人"（《惠州一绝》)了。对于诗中之意，苏轼当然不仅仅是说自己在惠州可"日啖荔枝三百颗"，驱使其走到彻底达观之境的首先是佛、道思想的浸润。另外，惠州知州詹范和苏轼当年在黄州遇到的知州徐君猷一样，也因仰慕苏轼的不世才华而使二人成为常常邀坐对饮的好友，詹范还特意将刚入惠州的苏轼安排到谪官无权居住的三司行衙中的合江楼住了半月之久。在詹范之外，苍梧知州李安、程乡县令侯晋叔、归善主簿谭汲来、博罗县令林天和（率先接受使用秧马的县令)、推官柯常，以及虔州鹤田处士王原、赖仙芝，僧人昙颖、行全，道士何宗一等地方官和隐士名士都纷纷前来拜访，陪苏轼寻访名山古刹、诗词唱和，乃至苏轼在给参寥的信中已从出发时心灰意冷的"一饱之外，亦无所须"变成了"参寥闻此一笑，当不复忧我也"的心安自足。

既正常又意外的是，章惇将苏轼贬谪岭南后并不满足。为将苏轼逼入绝境，章惇特地任命了一个叫程之才的人为广南提刑。所谓提刑，就是专管司法刑狱和巡察贼盗等事，堪为掌地方大权之人。章惇的如意算盘是利用程之才来借刀杀人。程之才原为苏轼的姐夫，当年苏轼的三姐十六岁嫁入程家后却饱受虐待，两年后不明不白地去世，怀丧女之痛的苏洵自是又伤又怒，严令苏门断绝和程家的任何往来。该事发生在宋仁宗皇祐四年（1052），苏轼尚只十七岁。如今四十二年过去，苏轼没料到自己竟会落到程之才手上，更没料到的是，程之才在接到苏轼的信后急不可待地回复，说他早就想有机会和苏家沟通隔阂。事情结果是，程之才与苏轼见面后，嘱咐当地让苏轼从居住的嘉祐寺重新搬回到合江楼。

追慕苏轼才情的人，最后都无不喜爱他的性格。有一次，一个道号叫昙秀的旧相识从扬州来看望苏轼。临别时，苏轼问道："山里的其他道人见你回去了，一定会找你要东西，你打算给些什么呢？"昙秀不无洒脱地答道："鹅城清风，鹤龄明月，就是我要送给他们每个人的礼物，就怕他们没地方放。"苏轼说道："不如我写些字给你带回去，每人一幅，这就是《法严经》中说的，书中有福祸之意。"

这个故事印证了苏轼在惠州已超然物外、世事洞明，但洞明归洞明，未必等于人有出世之想。清代大学士纪晓岚就判定，苏轼在惠州时并无真正归隐之心。纪晓岚说得还真没错，不论苏轼如何以佛、道思想修炼自己，终究没忘记儒家时时劝说的"隐居以求其志，行义以达其道"。在惠州三年，有两件事成为苏轼的主要生活：一是制药，二是酿酒。因岭南为瘴毒之地，早在宋仁宗朝就喜弄医药的苏轼在此潜心搜药，替人治病，"用姜、葱、豉三物，浓煮热呷，无不效者"。面对络绎不绝的患者，苏轼见求即赠。有人问苏轼"劳己以为人"的理由是什么时，苏轼的回答是"病者得药，吾为之体轻；饮者困于酒，吾为之醺适。盖专以自为也"。

不仅为人治病，苏轼还见东江竹桥易坏，决心将其改建为一座船桥，当费用不够时，连自己朝服上的犀带也捐了出去；当惠州新建海会禅院（今永福寺）时，苏轼又节衣缩食，资助三十缗钱。当时，海会禅院前有一山坡，左边长堤以丰湖为界，积聚为一个鱼塘。苏轼倾尽钱物，又得程之才和弟弟苏辙解囊，买下了该鱼塘，但目的是将塘内的鱼群放生。凡此种种，使得苏轼最后在惠州"居三年，泊然无所蒂芥，人无贤愚，皆得其欢心"。

就在苏轼彻底融入惠州生活后，命运却没打算放过他，一桩意外的打击再次降临了。

第十五章 天涯海角

——平生生死梦，三者无劣优

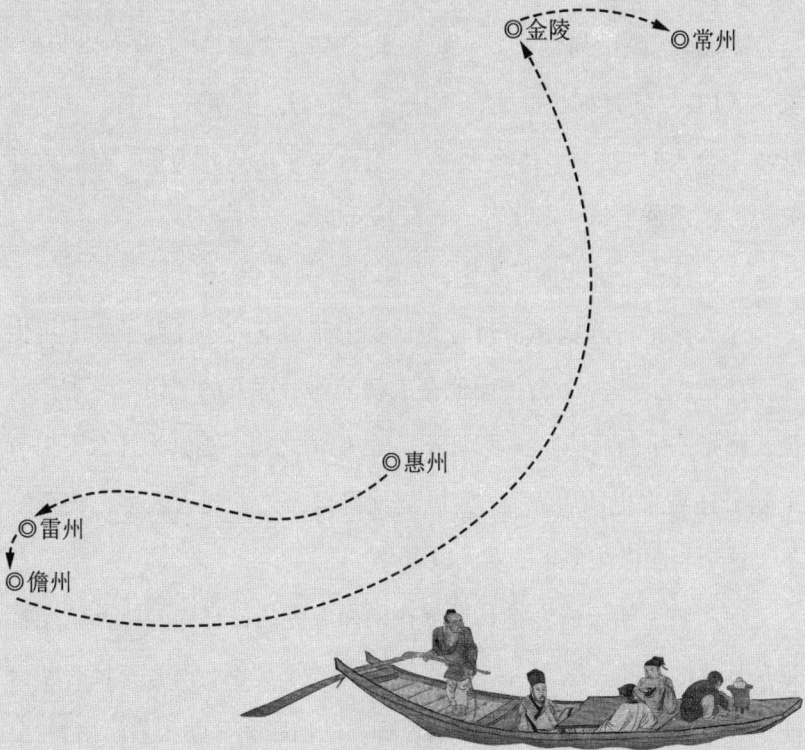

◎金陵　　◎常州

◎惠州

◎雷州

◎儋州

一

对苏轼的晚年来说，宋哲宗绍圣三年（1096）七月五日无疑是他痛不欲生的一天。这一天，陪伴苏轼二十三年的侍妾王朝云病逝，时年三十四岁。

两年前被贬惠州，陪苏轼千里投荒的，除了三子苏过还有侍妾王朝云，而且王朝云是主动要与苏轼赴惠州患难。对苏轼来说，王朝云早非单纯的侍妾，而是比两位亡妻更能进入自己精神世界的红颜知己。明代毛晋在《东坡笔记》中记录的一则故事很能见出二人间的灵犀相通："东坡一日退朝，食罢，扪腹徐行，顾谓侍儿曰：'汝辈且道，是中何物？'一婢遽曰：'都是文章。'东坡不以为然。又一人曰：'满腹都是机械。'坡亦未以为当。至朝云乃曰：'学士一肚皮不合入时宜。'坡捧腹大笑。"毛晋的原文到此为止，有后人补充说苏轼还赞了句"知我者，唯有朝云也"。

这句补充，既非捕风捉影，更不是牵强附会。

今人只记得苏轼在密州时为亡妻王弗写下的《江城子（十年生死两茫茫）》，很少人会传诵他在王朝云死后写下的"伤心一念偿前债，弹指三生断后缘"（《悼朝云》）的伤情之句。苏轼为什么不想与王朝云还有来生"后缘"？大概是觉得自己欠王朝云太多，甚至给不了这个相濡以沫多年的女人以名分。

除依照王朝云遗言将其安葬在栖禅寺旁的松林中外，苏轼还特意在其墓地建起一座"六如亭"，并亲笔写下"不合时宜，惟有朝云能识我；独弹古调，每逢暮雨倍思卿"的楹联和《朝云墓志铭》。至葬后三日，苏轼又做法事追荐，再写《荐朝云疏》一文，其中"伏愿山中一草一木，皆被佛光；今夜少香少花，遍周法界。湖山安吉，坟墓永坚"句能见出苏轼凄怆欲绝的内心，也见出他对王朝云不舍的痛苦。

晚年的生离死别，堪为最难迈过的人生之坎。对苏轼如何摆脱当时的巨大痛苦，《宋史》是从其三子苏过的表现来着墨的，"独过侍之，凡生理昼夜寒暑所须者，一身百为，不知其难"。终于，在苏过"一身百为"的照顾下，苏轼算是平复了一些心情。此外，苏轼对陶渊明诗作的投入阅读也有难以估量的作用。

早在十六年前的元丰二年（1079），苏轼第一次被贬谪到黄州时，他就集中精力再次认真研读陶渊明的诗作和思想，乃至发出"只渊明，是前生"的感叹。这就表明，苏轼对陶渊明的走近是使他摆脱苦痛的有效方式。或许，苏轼从自己漫长的宦海沉浮中已然发现，不论儒家将圣史王道阐论得如何动人心弦，终究绕开了个体生命的欠缺和无用——圣人给人的教诲是"哀而不伤"，但哀伤本就是个体的切肤感受，又如何真正做得到"不伤"？

时至今日，苏轼已见过太多的悲苦和死亡，圣史王道无法解决的问题在陶渊明那里得到了极其干脆的唾弃——很明显，面对圣人和儒生们孜孜以求的圣史王道，陶渊明已不屑一顾地转过身去，为自己开辟了拒绝人生苦涩的道路。因此，与陶渊明越是融合，越使苏轼感到痛苦的远离。毫不奇怪，当苏轼在翌年（绍圣四年，1097）编成一部由一百零九首"和陶诗"结成的集子后，会在序言中后悔自己"吾真有此病，而不早自知，平生出仕，以犯世患"，并表示"此所以深服渊明，欲以晚节师范其万一也"。

正是对陶渊明做到了"师范其万一"，苏轼才终于承受住了王朝云之死带来的重创，还承受住了随后接二连三的打击——王朝云死后仅过四天，一直对自己颇多照顾的惠州知州詹范被朝廷免职。此外，既觉安慰又觉凄凉的事是，苏轼在惠州白鹤峰营建的住宅已动工四个月了。两年前到惠州时，詹范因仰慕苏轼之名，将其安排在三司行衙中的合江楼住了半月；当苏轼后来搬至嘉祐寺住到第二年三月十九日时，程之才又再次将他安排回合江楼居住。到绍圣二年（1095）四月二十日时，苏轼觉自己终是流放之人，"占行衙，法不得久居"，决定在白鹤峰自建住宅。当时的苏轼必然也想起了自己十六年前在黄州所建的"东坡雪堂"，当年建"雪堂"是觉得自己不会离开黄州了，不料建堂后仅过两年就接到调离黄州的诰命。如今孤苦在惠州的苏轼从内心觉得，这一次怕是"中原北望无归日"了，不如在此再建房屋，以便"俯仰了此生"。苏轼唯一没料到的是，比自己年轻二十五岁的王朝云会死在自己前面，还来不及住进尚未落成的新居。

到绍圣四年（1097）二月十四日白鹤峰的新居落成，苏轼从合江楼迁入后，就开始了"闭门隐几坐烧香"的日子。过得大约月余，某日染恙卧榻的苏轼起来后觉四周安静，心有所感，顺手写下了一首名为《纵笔》的七绝：

> 白头萧散满霜风，小阁藤床寄病容。
> 报道先生春睡美，道人轻打五更钟。

这首诗不无陶渊明式的冲远淡泊，导致的后果却是一声晴天霹雳。当诗作以不可思议的速度传到京师后，将苏轼一手贬谪岭南的宰相章惇读过此诗，咬牙切齿地说道："苏某尚尔快活耶！"意思是，我将你贬到蛮荒之地，你在那里过的居然是快活日子。"是可忍孰不可忍"的章惇随即起身，查看哪里才能将苏轼的"春睡美"剥蚀得一干二净。

没过多久，四月十七日，已接替詹范为惠州知州的方子容亲来白鹤峰传达诰命，宣布了苏轼的下一个人生驿站——责授琼州别驾，移昌化军安置，也就是发配儋州。诰命还特别强调，苏轼必须在八天内离开，往儋州赴任。

第三天，即四月十九日，内心凄惶不已的苏轼告别了王朝云墓和刚刚入住不久的白鹤峰新居，与一直照顾自己的三子苏过再次动身前往儋州。当年从定州到惠州，历经风雨颠簸的四千多里行程，而这一次路程稍近，但也仍逾千里。路程不算什么，令人心生悲凉的是，儋州与大陆海峡相望，已是名副其实的天涯海角。苏轼凄然觉得，自己此生再也不可能重回中原了，毕竟宋哲宗年轻，章惇得势，朝中早已没有为自己求情的大臣，即使有人心感不平，也不会去冒忤逆当今天子和权臣的政治风险。

回首前尘，十七年前（元丰二年，1079）自己被贬黄州，三年前（绍圣元年，1094）被贬惠州，如今（绍圣四年，1097）再贬儋州，真是一次比一次遥远，也一次比一次辛酸。别过惠州后，苏轼和苏过踏上了前往儋州的艰辛路程。

二

苏轼父子动身后的第一站，是惠州北上数十里之外的博罗县。

三年来，博罗县令林天和与苏轼颇为交厚。在苏轼初到惠州时，林天和就曾亲自登门拜访，一见如故的结果是其在惠州一连住了十天之久。此刻与林天和见面，苏轼才知动身前给广州知州王古（字敏仲）去函，希望对方帮忙将自己的薄俸折为盘缠的信函为何未见回复。原来，王古已被贬至袁州（今江西省宜春市袁州区）。苏轼没料到自己遭变，身边的友人也同样遭变，怆痛之下，与苏过前往广州。

其时，苏轼的长子苏迈已携其三子在广州迎候。祖孙三代相聚江边，苏迈与几个儿子都痛哭不已，一生豁达的苏轼也忍不住感伤。在给王古的留函中，苏轼坦言自己"今到海南，首当作棺，次便作墓……死则葬海外……生不挈家，死不扶柩"。从中可见，苏轼对前往儋州，已不存丝毫返回之想。

与苏迈一家告别后，苏轼和苏过取道距广州三百三十里外的新会，再过新州（今广东省新兴县）时已是五月。苏轼父子二人溯江而上，进入广西境内。刚到梧州，苏轼就得到消息，弟弟苏辙也在晚自己十余天后的四月二十八日遭贬，责授化州别驾，雷州安置。苏轼闻讯后，禁不住悲喜交加，悲的是弟弟也遭厄运，喜的是自己终于可以和弟弟再见一面了。苏轼还记得自己在被贬惠州途中，曾特意从陈留绕道临汝和苏辙话别，屈指一算这已是三年前的事了。在苏轼那里，苏辙实为"岂独为吾弟，要是贤友生"的平生知己，不仅在仕途上，二人在文学上也惺惺相惜。

眼下，苏辙携妻史氏和幼子苏远夫妇一行刚到距梧州百余里外的藤州（今广西藤县）。苏轼急不可待，请人快马送信，要苏辙等候自己。接信后，苏辙也急不可待，立即北转梧州相迎。五月十一日，三年未见的苏轼、苏辙兄弟终于在藤州与梧州之间重逢。二人虽在遭贬途中，能有此意外重逢，都不觉生出苦中有甜之感。苏轼情难自已，写下一首《吾谪海南，子由雷州被命即行，了不相知至梧乃闻》的诗作，其中"江边父老能说子，白须红颊如君长。莫嫌琼雷隔云海，圣恩尚许遥相望"等句能让人体会苏轼当时的喜悦之感，毕竟自己要去的琼州和弟弟要去的雷州虽"隔云海"，终还可以"遥相望"。这是他由衷感到的"圣恩"，也是自己在愁苦中获得的一丝安慰。

南宋陆游在《老学庵笔记》中记录了苏轼兄弟见面后共进饮食的一幕。当时地处荒僻的藤、梧间自无珍馐美馔，苏轼、苏辙兄弟二人就在路边小摊买些汤饼充饥。苏辙毕竟过惯了锦衣玉食的日子，对眼前粗劣无比的汤饼实是无法下咽。苏轼不然，见弟弟放下筷子愁眉苦脸地叹息，当即三两口将汤饼吃得干净，还说了句"九三郎，尔尚欲咀嚼耶"，说罢后大笑而起。苏轼的意思很明确，这些汤饼原本就不值得细细品尝，人在什么境况就该过什么日子。后来秦观听到这件事后，以"此先生饮酒但饮湿而已"一句作评。秦观不愧为"苏门四学士"之一，对苏轼了解太深，知其面临逆境总能以最好的方式坦然应对。苏轼的"大笑"，也是他随遇而安的性格体现。

有了苏辙同行，苏轼心情大好。为多些相聚时日，一行人索性放慢行程，沿途登江月楼、俯临秀江、观浮金亭、过流杯桥、游洗夫人庙，处处题诗。苏轼还兴致勃勃地教苏辙的幼子苏远作诗。六月五日，一行人到达雷州。有点意外的是，他们在途中虽接到过雷州知州张逢的信函，还是没想到后者竟会亲率手下官员到城门相迎。身为雷州知州的张逢就像苏轼曾在黄州和惠州遇到的徐君猷和詹范一样，对能亲见名满天下的苏氏兄弟，兴奋非常。翌日，张逢正式设宴接风，将苏轼一行安排进"延入馆舍"居住，礼遇有加。

不过，雷州既然是苏辙贬地，也就表明，它还是苏轼和弟弟的分别之地。

在雷州住了五日，苏轼愁闷早消，唯一感到痛苦的是久治不愈的痔疮又犯了，整夜呻吟不止，与其同一房间的苏辙也"终夕不寐"，以背诵陶渊明的诗歌来安慰兄长并劝其从此戒酒。感念之下，苏轼写下《和陶·止酒》一诗赠与苏辙。

六月十一日，张逢、冯大钧等官员和苏辙一起将苏轼送至徐闻县郊外。自藤、梧间与苏辙见面至今，恰好整整一个月，这是苏轼经王朝云病逝、再遭贬谪的打击后，终感愉悦的一个月。面对凄凉晚景，还能在韶华早逝、百味遍尝的晚年与弟弟"相逢山谷间，一月同起卧"（《和陶·止酒》），实是莫大的慰藉。现在展开在苏轼面前的，是波涛汹涌的琼州海峡。苏轼与苏辙都不会想到，这是他们今生的最后一次见面。天涯海角从来不是地名，而是内心的旷远感受。登舟时，苏轼终究是旷达，对弟弟笑道："岂所谓道不行，乘桴浮于海者耶！"

话中的"道不行，乘桴浮于海"（《论语·公冶长》）是孔子之言，意思是遇到世路不通，就乘木筏出海。苏轼借用于此，真的是恰如其分。

风帆升起，海水扬波，岸上的弟弟苏辙和留下来的三子苏过看不见了，从未离开过的大陆也看不见了，比惠州更荒凉的琼州近了。从苏轼后来写给参寥的信中能知，短短百余里海路，居然"海舶遇风，如在高山上坠深谷中"，足见当日风浪之大，令人惊心动魄。终于，经过平生第一次艰苦海程后，苏轼踏上了以为将会埋骨于斯的不毛之地。

三

与今天的旅游胜地不同，千年前的海南人迹罕至。早在秦始皇时期，海南便属南方三郡中的象郡边界。到汉武帝时，则直接在海南置珠崖和儋耳二郡，说明海南自古属中国领地。到宋朝时，海南设琼、崖、儋、万四州。琼州东向往崖州，西北向经澄迈，至两百多里外的儋州，沿途人烟稀少，处处高山深洞，是不折不扣的化外之地。

苏轼在琼州上岸后，没有像抵雷州时那样有当地官吏率众相迎，尽管任琼州安抚的张景温是自己旧日相识。从苏轼托言中"以病不果上谒，愧负深矣"的句子能判断，张景温只是派一个叫黄宣义的琼州倅（卒）来安慰和挽留苏轼。大概因为与弟弟刚刚分手，苏轼心情低落，不如尽快赶往儋州，遂以患病为由，婉言相谢，只托黄宣义给雷州知州张逢带去一信，简短的"某已到琼，过海无虞，皆托馀（余）庇"十二字也能见出苏轼的心情委实苦闷。

因痔痛难挨，不能骑马的苏轼只得雇轿而行。到澄迈休歇几日后，苏轼再启程往儋州。一路绕山过洞，轿子摇摇晃晃，身心俱疲的苏轼在轿中睡去。诗人毕竟是诗人，苏轼在梦中忽得两句诗，陡然惊醒后即命轿夫停轿，然后登上旁边的山峰环顾，见眼前层峦错落、深谷嶙峋，极目远望海水茫茫，果然是山穷水尽之所，一种中原不见、故土难归的日暮途穷感涌上心头。恰在此时，一阵急雨飞来，苏轼再也按捺不住，写下了自己到海南后的第一首诗，诗题很长，为《行琼、儋间，肩舆坐睡。梦中得句云：千山动鳞甲，万谷酣笙钟。觉而遇清风急雨，戏作此数句》，诗也不短。如下：

> 四州环一岛，百洞蟠其中。
>
> 我行西北隅，如度月半弓。
>
> 登高望中原，但见积水空。
>
> 此生当安归，四顾真途穷。
>
> 眇观大瀛海，坐咏谈天翁。
>
> 茫茫太仓中，一米谁雌雄。
>
> 幽怀忽破散，永啸来天风。
>
> 千山动鳞甲，万谷酣笙钟。
>
> 安知非群仙，钧天宴未终。
>
> 喜我归有期，举酒属青童。
>
> 急雨岂无意，催诗走群龙。
>
> 梦云忽变色，笑电亦改容。
>
> 应怪东坡老，颜衰语徒工。
>
> 久矣此妙声，不闻蓬莱宫。

苏轼的复杂心情在这首诗中体现得淋漓尽致：既有"此生当安归，四顾真途穷"的绝望之感，也有"安知非群仙，钧天宴未终"的自我安慰；既有"梦云忽变色，笑电亦改容"的眼前现实，也有在"应怪东坡老，颜衰语徒工"的发泄后以"久矣此妙声，不闻蓬莱宫"的自嘲来对应内心的千回百转。

但苏轼的内心归内心，感受归感受，他毕竟不能躲在一首诗中来"喜我归有期"，而且这时候说"归期"，已不无低头认命之意。

苏轼要去的儋州已经不远，此刻真正能做的也只有把到儋州之日视作"归期"，才能提前使自己获得心安之感。

路途实在难行，从琼州至儋州不过两百多里，苏轼竟轿行了半月之久，到七月二日方至。儋州此地距京师开封有整整七千二百八十五里，在大宋一朝恐没有比这更远的贬谪之地了。当然，对于贬谪之地来说，愈远就愈荒蛮。今《儋县志》对该地的描写令人触目惊心，"盖地极炎热，而海风甚寒。山中多雨多雾，林木阴翳。燥湿之气不能远，蒸而为云，停而为水，莫不有毒……水之毒者，灌于胸腹肺腑，其不死者几希矣"。面对这一"非人所居"的绝地，贺铸将其形象地描写为"人烟寂绝鬼门关，更指儋州杳莽间"（《潘豳老出十数诗皆有怀苏儋州者因赋二首·其一》）。

在给雷州知州张逢的第二封信中，苏轼笔下已是凄凉无比的"久逃空谷，日就灰槁而已"。

不再有前途，也不再有友人。初到儋州，笼罩在苏轼心头的是无边无际的感伤和寂寞。

四

经过十余日"杜门默坐"之后，苏轼开始检视自己，他终于发现实因自己"学道未至"，才会"静极生愁"。苏轼回想十六年前的元丰二年（1079）被贬黄州时，那时的苦恼驱使他在天庆观借来三间道堂，入内静坐了七七四十九天，出关后才觉得精神上有了解脱，大概是对道家思想有所领悟所致。今日才体会，所谓道学还是其次，主要原因是黄州虽系贬地，自己却从知州徐君猷那里得到了"相待如骨肉"的厚谊，并接二连三地有了一大批朋友；如今在儋州，不仅没有一个熟人，连当地的土话也听不懂，谈何与人交流？道家讲究的"自然无为"不是不懂，此刻却终于承认，自己的修习还不够炉火纯青，如果能真正做到"无为"，就不会有"日就灰槁"的空虚了。

摆不脱内心的空虚，无异于内心已经死亡。苏轼虽年过花甲，却生命力旺盛，所以摆脱空虚就是他真正要做的第一件事，面对一岛环海、四顾无人的现实，继续求助陶渊明就成为唯一的出路。颇堪玩味的是，苏轼不仅在因梦而作的第一首诗中将抵儋州之日视为"归期"，还将抵儋后写下的第一首"和陶诗"直截了当地题为《和陶·还旧居》。

将从未到过的天涯海角视为"旧居"，既是无奈，也是无奈中的抉择。从苏轼《和陶·还旧居》诗的"不敢梦故山，恐兴坟墓悲。生世本暂寓，此身念念非"等句来看，苏轼难说在瞬间就完成了解脱。千里外的眉山故乡有父亲苏洵和发妻王弗的坟墓，他们永远在那里安居了，自己虽还活着，却已体会到此生不过是暂寓尘世。所以，不论这首诗有怎样的伤感，终究还是有一种精神的强行超越。更神奇的是，写下这首诗当晚，苏轼居然就梦见了"旧居"，只是梦中的旧居不是眉山，而是离开不久的白鹤峰新居。苏轼将未住两个月的白鹤峰新居视为旧居，再次说明他走到哪里就将哪里视为故居的自然随性。

谁都希望人生能够随性，但往往会忽略能使生活随性的物质和自由前提。一个人若像苏轼这样，不仅面临物资匮乏，栖身地也在荒凉的现实之中，要做到随性，几乎是不可能的事。因此，苏轼才与普通人有了区别。当苏轼从梦中醒来，又索性提笔，写下一首《夜梦》。从"夜梦嬉游童子如，父师检责惊走书"的起句来看，很难想象苏轼的梦境还会与童年有关，与父亲苏洵和当年的授课老师有关。虽然做个梦证明不了什么，但起码能说明，苏轼的梦境里有一种出人意料的安详。就此来看，陶渊明对苏轼的影响已不仅仅是诗作，在他内心里，陶诗比道家思想和佛老思想有更直接的抚慰效果。

但困顿中的抚慰究竟能持续多久？更何况，这是以其绝大的毅力强求而来的抚慰。对所有人来说，环境永远是最大的现实。苏轼可以在精神上以陶渊明为寄托，对现实环境却无时无刻不产生强烈的绝望感，海南终究不比中原。没过几天，从未体会过海岛生活的苏轼，终于在"天气卑湿，地气蒸溽"而导致没有哪种物件不腐烂的环境中痛感"人非金石，其何能久"——今天觉得海南的空气舒适的人，自无法体会苏轼那个时代齐头并进的"一呼之温，一吸之凉，相续无有间断"的暑热寒凉。即使苏轼很快发现海南是一块长寿之地，活到八九十岁的人比比皆是，还是觉得身在如此环境，长寿者不过是"如蚕鼠生于其中，兀然受之而已"，活得再久又有什么可羡慕的？

就天性和经历来说，无论环境如何恶劣，也很难将苏轼彻底击垮，但儋州实在是令人难忍之地。在给惠州友人程儒的回信中，苏轼忍不住将苦恼悉数倾吐，"此间食无肉，病无药，居无室，出无友，冬无炭，夏无寒泉，然亦未易悉数，大率皆无耳"。这是比黄州和惠州更恶劣的现实，也是大宋版图内最令人苦不堪言的绝望之地。苏轼本性既好食肉，又精于美食之道，想起在惠州时，那里美食虽不多，但还可以自己发明。譬如，惠州市集上每天会杀只羊，苏轼作为贬官，"不敢与仕者争"，就买下无人要的羊脊骨，他的做法是先煮熟了，趁热捞出，然后滤干，再渍酒撒盐后放在火上烧烤，竟能剔上一整天——津津有味地吃骨头间的微肉。兴致益然之下，苏轼还给弟弟苏辙去信，称"意甚喜之，如食蟹螯"，同时不无得意地宣称"没齿而不得骨，岂复知此味乎"。如今在海南，既无羊脊骨让其自制美食，同时还骇然发现，当地不仅"土人顿顿食薯芋"，还对他"荐以薰鼠烧蝙蝠"——向来洒脱的苏轼听到吃老鼠和蝙蝠的建议后，无论如何也做不到亲口品尝。

就这样，过得近半年"以日为岁"的愁苦生活后，苏轼终于精神一振地等来了意外。

五

事情是十一月时，新任昌化军使张中到任。张中是宋神宗熙宁三年（1070）进士，位列及第第四人。金榜高中，自然应属仕途通畅之人，但他在明州象山县当县尉时，救过一条高丽人的船只。救人救船原本是好事，但张中一时兴起，与船上一个叫朴寅亮的高丽人倡和诗被停官。从此，张中难以再起用，混到二十多年后的今天，被打发到无人愿来的荒岛任职。

不无沮丧的张中意外得知，名震天下的才子苏轼竟然也在儋州，不由得大喜过望。像张中这样饱读诗书又远离朝廷争斗的人，只有他才会对苏轼的大名由衷震撼——这是纯粹的敬仰，没有被朝廷派系左右，也就没有丝毫功利之心。张中到儋州的第一件事就是拜见苏轼，同时还带来了雷州知州张逢给苏轼的信函。对苏轼来说，这是冥冥中的运数，三次被贬，三地官员都对其心怀敬意，也使他在世态炎凉中体会到一丝温暖。

第一次拜见时，张中就对苏轼的住所大为震惊。近半年来，苏轼的茅屋就像他在诗中写过的那样，"如今破茅屋，一夕或三迁。风雨睡不知，黄叶满枕前"（《和陶·怨诗示庞邓》）。张中的仕途虽然不畅，却终究没住过苏轼这样的陋屋，当即下令，命军士修建一座"伦江驿"的馆舍给苏轼居住。张中还特意将馆址选在自己官衙附近，以便每日登门。在张中眼里，苏轼乃当今首屈一指的名士，以前只闻其名、不见其人，从未想过自己能有与之交往的机会，如今有此良机，自是由衷喜悦。

张中果然日日登门，不仅对苏轼执礼恭敬，还在伦江驿修毕后于元符元年（1098）正月十五日，将留在雷州的苏过召至儋州。很快，张中与苏过成了无话不谈的莫逆之交和棋友，每日问候过苏轼后，便与苏过一枰相对，专心对弈。苏轼对天下之艺，堪为无所不知和无所不晓，唯一有所不逮的就是下棋。棋坛一直有"二十岁不成国手，终生无望"一说，意思是下围棋需从童年开始严格训练。苏轼虽喜棋，却"素不解棋"，始终棋艺平平，远非苏过和张中的对手。但棋艺低不等于兴趣低。听从苏辙"不要读书"的劝告后，下棋和看苏过、张中二人下棋就成为苏轼难得的清闲光阴。旁观日久，苏轼从"不闻人声，时闻落子。纹枰坐对，谁究其味"的观察领悟中，写下了世人津津乐道的"胜亦欣然，败亦可喜"的棋道哲学。个人的生活哲学无不来自当事人经历的人生，它也是苏轼用一生结晶出的人生哲学，他也才在常人难忍的环境中获得坦然和平静。

此外，得张中介绍，苏轼逐渐认识了一些当地土著如黎子云、符林等人。尤其第一次去黎子云家时，苏轼惊喜不已地在其书架上见到几册《柳宗元集》。当时，仓促至儋州的苏轼正苦于手中无书，当即借来日诵不止，后在给程天侔的信中还谈到他自己手边"惟陶渊明一集，柳子厚诗文数策，常置左右，目为二友"。除终于添有《柳宗元集》可读外，苏轼还逐渐恢复了在山水间散步和入寺进庙的习惯。从"莫作天涯万里意，溪边自有舞雩风"（《被酒独行遍至子云威徽先觉四黎之舍三首·其二》）等诗句看，苏轼算是摆脱了初至儋州的愁闷，心情一天比一天好了起来。

然而，不是所有官员都像雷州知州张逢和昌化军使张中一样仰慕苏轼。在张中刚上任不久的十一月二十九日，广西经略安抚司走马承受段讽就将张逢优待苏轼、苏辙兄弟之事上报朝廷。章惇闻讯大怒，当即于元符元年（1098）二月请旨，诏提举荆湖南路常平董必、河北路转运副使吕升卿往雷州按察。董必素以心狠手辣著称，吕升卿乃吕惠卿弟弟，与苏轼兄弟结仇怨已久。章惇特意派遣董必、吕升卿二人前往，不无欲取苏轼性命之意。幸好，知枢密院事曾布闻讯后即刻上禀宋哲宗，认为不可派吕升卿按察，万一苏轼兄弟听闻仇人来查自己，一旦"望风引决……岂不有伤仁政"。左司谏陈次升也进言宋哲宗道："元祐臣僚，今乃欲杀之耶？"宋哲宗答道："朕遵祖宗遗志，未尝杀戮大臣，其释勿治。"

宋哲宗之言，算是保住了苏轼、苏辙兄弟性命。对章惇来说，杀苏轼兄弟是一选，让他们生不如死也是一选，遵旨后，即命董必前往雷州按察。

董必到雷州后，无须多费周折，事情已清清楚楚地摆在面前。

三月二十四日，董必写下奏书，称"朝请郎知雷州张逢于辙初到州日，同本州官吏门接。次日为具召之，馆于监司行衙……"。这就是将张逢率众出迎及翌日设宴接风，以及将苏辙安排到行衙居住之事进行了禀报。朝廷诏令立下，贬苏辙移循州（今广东省龙川县）安置，张逢被免职，给苏辙修缮过住宅的海康县令陈谔也遭改调处罚。

董必一边调查苏辙，一边得知张中在儋州为苏轼建"伦江驿"一事，当即要亲自渡海查治。幸好，董必手下有个叫彭子民的幕官天良未泯，以"人人家各有子若孙"一言劝其为后代积德，后者才收住了落井下石之心。但事情既已听闻，董必也不可能装聋作哑，遂派一小使臣渡海，探询儋州之况。使臣到后，没有过多为难，只以"流人不得住官宅"的朝廷规定命苏轼父子搬出伦江驿了事。一年后，朝廷给张中的免职处罚也终于到来。已迁至城南南污池侧造屋的苏轼深知是自己连累张中，又心伤分别之苦，凄怆不已地写下《和陶·与殷晋安别》一诗赠与张中。没想到，苏轼诗中的"恐无再见日"竟一语成谶。在张中离开儋州后不久，苏轼就收到了张中病逝的噩耗。

六

搬出伦江驿不算什么，给苏轼带来真正打击的，是得知苏辙被贬往循州的消息。在苏轼看来，对自己兄弟友善的地方官尚不能自保，又更何况戴罪己身？自己与弟弟诗名再盛，也不过是任人宰割的对象。当朝廷颁布的"新政"消息传来，苏轼更加不寒而栗。

所谓"新政"，就是中书舍人蹇序辰受章惇指使于元月上疏，称司马光虽去世多年，但其乱典刑、改法度、讪宗庙、睥两宫的行为"踪迹深秘，包藏祸心"，须将散于各处的章疏案牍汇辑收藏，尤其追随司马光的旧党言行，更应"选官编类，入为一帙，置之一府，以示天下后世大戒"。宋哲宗准奏后，摇身变为主事的塞序辰立即下令，四处收集元祐群臣的章奏文书一篇篇审阅，只要是反对熙宁、元丰新法的上书大臣无不严惩——短短数月，遭流放的官员达数千人之多。面对权力，拍马屁的自然少不了，譬如虔州知州钟正甫就在二月十三日上言说道："伏闻朝廷以司马光、吕公著、苏轼、苏辙等悖逆罪状，命官置局，编录成书，以正邦刑……"从中可见，此次"命官置局"的打击对象，除已去世的司马光和吕公著外，活着的就是以苏轼兄弟为主要核心了。

苏轼的不寒而栗就在这里，倘若天涯海角都不能成为自己的最后贬地，那么就只剩下死路一条了。随着苏辙被贬，传来的消息无不令苏轼心情沉重："苏门四学士"中秦观原已从郴州贬至横州，如今又再贬雷州；张耒和晁补之也被降为监当官。苏轼在此前发出的"孤生知永弃，末路嗟长勤"（《和陶·与殷晋安别》）的悲叹，既是给张中的送别之言，也未尝不是面对来日危机的刻骨伤痛。

虽然朝廷没再追加苏轼罪名，但在命运眼里觉得自己给苏轼的才华太多，与之匹配的苦痛就嫌不够。紧接着，令人发狂的消息再传孤岛。一生极重友情的苏轼遭贬之后，曾经的官场朋友都避之不及，参寥是始终与其保持往来的友人之一。当得知苏轼被贬至儋州后，参寥立即写来书信，告知将带徒弟法颖来看望。自古落难见真情，苏轼大为感动，但知路险途危，尤其海上风暴恐怖，于是赶紧复信，劝其"若是至人无一事，冒此险做甚么？千万勿萌此意"。但事情已由不得参寥做主了，当时天下皆知，朝廷的"命官置局"是为专门对付苏轼，乃至有人连参寥也一并告发，子虚乌有的罪名便是"冒用度牒"。结果，参寥还来不及动身前往儋州，就被勒令还俗发配兖州（今山东省济宁市）。

此外，还有一个叫钱济明的常州晋陵人，于元祐年间和苏轼交情厚密。前番本欲与董必同来雷州的吕升卿弟弟吕温卿正任浙江运使，索性将钱济明锁拿下狱。对苏轼来说，自己的苦痛可以承受，没想到接二连三地连累到友人，内心实感怆痛。由此可见，此时的苏轼不仅在生存上被逼入绝境，在精神上也被逼入绝境，"此生念念随泡影，莫认家山作本元"（《庚辰岁人日作，时闻黄河已复北流，老臣旧数》）的当时诗句，颇能令人感受到他凄凉至极的内心。

七

有无可奈何的风雨，就有无可奈何的人生。对此时的苏轼来说，道家思想和佛家思想都不再令他感到解脱，何况他已心甘情愿地承认自己"学道未至"。当人觉得思想缥缈时，就会觉得每天的生活无比现实，生活也迟早会让每个活着的人感受它的分量。在年过花甲的苏轼那里，已无日不体会到思想是思想、生活是生活。对于思想和生活，二者既谈不上泾渭分明，也说不上彼此融合，只能说它们常常处于分散、对立、纠缠、聚合的循环当中。世人常问的我是谁、从哪里来、到何处去，既是哲学中的哲学，也是生活中的生活。苏轼越是深入陶诗，就越觉得陶渊明才是真正的生活智者。于是，苏轼将全部身心继续投到陶渊明身上，并提笔写下《和陶·归去来辞》。

其引言很是直接，"子瞻谪居昌化，追和渊明《归去来辞》，盖以无何有之乡为家，虽在海外，未尝不归云尔"。

这是苏轼对自己在儋州写下的第一首诗的深化，言明写此和诗是体会到人生漫长，不知何处为家，却不得不处处为家，此刻孤悬海外，海外便是归所。与两年前上岛时写下第一首诗中的"喜我归有期"相比，苏轼已无丝毫自欺欺人的幻想。从起笔的"归去来兮，吾方南迁安得归。卧江海之涧洞，吊鼓角之凄悲。迹泥蟠而愈深，时电往而莫追"来看，苏轼已彻底接受了"南迁安得归"的现实。时光如电，一切不可追回。文末的"已矣乎，吾生有命归有时，我初无行亦无留"更让人发现，苏轼对人生"无行亦无留"的真相有了刻骨入髓的体认。

今人总说苏轼性格豁达豪迈，豪迈的确不假，但要揭开人生的真相，已不是性格豪不豪迈的问题，而是能不能深入的问题。从苏轼的毕生作品看，时时处处都反映了性格，到最后也超越了性格。每多一次被贬，对其内心就多一次塑造——虽然这话说来有点残忍，但它又的确是苏轼连遭贬谪和内心经历的双重现实。从苏轼写在黄州的"也无风雨也无晴"（《定风波（莫听穿林打叶声）》）的诗句看，可以说他那时对人生已有了深入领悟；再从他写在惠州的"我愿天公怜赤子，莫生尤物为疮痏"（《荔枝叹》）的诗句看，又可见他对人生依然抱有隐秘的期待，尤其随后的"雨顺风调百谷登，民不饥寒为上瑞"之句更表明他仍抱有为民请命的入世之心。当苏轼来到天涯海角的儋州，岁已至晚年，身已至孤岛，所有该经历的都已经历，甚至罕有人经历的也都亲历了。对苏轼而言，很多事看似源于政治伤害，但政治与伤害，从来就是人生的组成部分，既然是组成部分，也就是必须接受的部分。从苏轼当时写下的《试笔自书》来看，苏轼不仅有了接受之意，还有了他人难及的大彻大悟：

> 吾始至南海，环视天水无际，凄然伤之，曰："何时得出此岛耶？"已而思之，天地在积水中，九州在大瀛海中，中国在少海中，有生孰不在岛者？覆盆水于地，芥浮于水，蚁附于芥，茫然不知所济。少焉水涸，蚁即径去，见其类，出涕曰："几不复与子相见，岂知俯仰之间，有方轨八达之路乎？"念此可以一笑。戊寅九月十二日，与客饮薄酒小醉，信笔书此纸。

短短一百余言，将人与现实的本质写得透彻无比，尤其以蚁作喻令人涌起莫名的虚无。苏轼自己并不虚无，至少没人否认他说出的不是真知，真知的效用就是击败虚无。面对无穷宇宙和无穷时空，天地难道不是如岛屿般在一摊积水之中？九州难道不是如岛屿般在大瀛海中？中国难道不是如岛屿般在四海之中？人总是听到要有超越视野的教诲，不论说的人如何语重心长，听的人如何虚心受教，一旦视野如苏轼这样穷尽无穷，最终只会觉得人的渺小，甚至难免会像蝼蚁般发出"岂知俯仰之间，有方轨八达之路乎"的茫然追问。

面对这篇《试笔自书》，它和陶渊明有没有关系呢？当然有。

陶渊明笔下的"人生无根蒂，飘如陌上尘"与苏轼的"天地在积水中，九州在大瀛海中，中国在少海中，有生孰不在岛者"没有什么分别，而且陶渊明随后的"分散逐风转，此已非常身"更不可能不唤起苏轼的由衷共鸣——对苏轼来说，的确"此已非常身"。尽管陶渊明、苏轼二人的现实遭遇大相径庭，性格也千差万别，但他们都在滚滚红尘中亮出了鲜明一致的态度。回头再看苏轼的《和陶·归去来辞》，也就令人无法忽略其中的"归去来兮，请终老于斯游。我先人之敝庐，复舍此而焉求"之句。正是有此看透人生的一问，苏轼才会将该文写毕后寄给弟弟苏辙，希望弟弟也和一篇。不过，苏辙因迁至循州，一时无暇顾及。直到苏轼去世后，苏辙在整理家书中重读此稿才"泣而和之"。此为后话不叙。

八

看透了人生，不等于就在现实中有了超脱。此时，苏轼唯有全身心投入写作，才能进一步排遣笼罩心头的孤寂，也才能忘情于尘世，忘情于伤痛。对于与自己相依为命的三子苏过，苏轼发现他年纪虽轻，对庄子思想已颇多接受。虽然苏轼自己的思想不无齐物色彩，却毕竟知儒学才是正统，便劝说苏过先抄《唐书》、后抄《汉书》。在给程儒的信中，苏轼颇为欣慰地将苏过的抄书行为称为"穷儿暴富"，并表示自己若非年老目昏心疲，也想将这些典籍抄诵。

虽未亲抄典籍，苏轼已彻底沉下心来，翻出在黄州时所作的《易传》。这还是苏洵曾计划完成的著作，但天不假年，苏洵于五十八岁时病逝于京师，临终前嘱咐苏轼完成自己的遗愿。但官务倥偬，苏轼哪有闲时？到黄州为贬官时，苏轼才未受牵绊，于"东坡雪堂"中脱出九卷《易传》未定稿。如今年纪虽老，却长岁空闲，正好可将《易传》定稿。终于完成《易传》之后，苏轼又全力以赴，投入对《书传》的撰写，至元符三年（1100）五月终于呕心沥血完成十三卷。加上早在黄州完成的《论语说》（已佚）五卷，苏轼以半生心力，脱稿了三种皇皇学术巨著。面对皓首穷经的心血，苏轼不无自负地给苏伯固去信说道："某凡百如昨，但抚视《易》《书》《论语》三书，即觉此生不虚过……其他何足道？"

但在世人眼里，其他足以称道并超越三种巨著的，是苏轼自己的诗文创作。早在完成《书传》之前，就有一个叫刘沔的人因极爱苏轼作品，并四处搜集，竟编成了多达二十卷的《苏轼诗文集》寄至儋州。这是苏轼即便自己动念也不知何时才能着手的编辑工作，收读之下，感慨万千：一方面，他知道自己的毕生声名就建立在这些文字之上，毕生的磨难却也来源于此；另一方面，自己履痕遍及南北，随手写下的文字散于各处，万没料到有人会"默随其后，掇拾编缀"。就刘沔寄来的二十卷诗文来看，其中竟"无一篇伪作，又少谬误"，从中既见刘沔付出心血之多，也见出苏轼诗文在当时的影响之巨。

在给刘沔的回信中，苏轼心情不无复杂地写道："轼平生以语言文字见知于世，亦以此取疾于人，得失相补，不如不作之安也。以此常欲焚弃笔砚，为暗默人，而习气宿业，未能尽去……"

这句话令人想起苏轼贬谪黄州时发出的"平生文字为吾累"的感叹，但感叹归感叹，随着黄州生活的安定，不再行文的念头很快让位于日复一日的奋力笔耕；到被贬惠州时，又发出"某一饱之外，亦无所须"的痛定思痛，结果还是因诗再贬。到儋州之后，苏轼没再如前两次被贬时那样，宣称不再动笔，这不是苏轼自认的"习气宿业，未能尽去"，而是他终于知道，当自己的一生抱负不可能完成于仕途中时，文字就不再是"为吾累"的不祥之物，而是与自己"得失相补"的全部人生。苏轼在儋州的创作数量难说比得上在黄州之时，尤其词作可考者不足十阕，但质量之高，使南宋奉议郎朱弁在影响至今的《风月堂诗话》中直言说道："东坡文章，至黄州以后，人莫能及，唯黄鲁直诗，时可以抗衡；晚年过海，则虽鲁直亦瞠若乎其后矣。"

语言和艺术的登峰造极，是源于经历的大起大落，也是人最终能从痛苦中披荆斩棘的唯一武器。对苏轼来说，痛苦不是简单的遭遇流放，而是重新认识生、认识死、认识天地和宇宙、认识人到极限后所能领悟的一切。

苏轼在儋州的确到达了自己人生的极限，不仅年龄与经历决定了他的思想高峰，生活的一点一滴也得亲身深入，就连写作的墨水也得学会自造。面对窘境，苏轼不仅未怨天尤人，还兴致勃勃地就地取材收烟煤造墨，结果"足以了一世之用"。由此可见，苏轼此时已达万事不萦怀的超然之境。不过，再超然的人，一旦面对奇迹，仍免不了思绪震动。奇迹发生在《书传》将要脱稿的元符三年（1100）暮春时，早不做离开荒岛之想的苏轼，猝然面对了能重归中原的人生改变。

九

消息于二三月间传来。这不是屡次称"独元祐臣僚不赦"的章惇良心发现，而是年仅二十五岁的宋哲宗于正月初九驾崩。朝廷慌乱，急需立新帝，因宋哲宗未留子嗣，立何人为帝就成为向太后与章惇之间的交锋。章惇先后议立简王赵似和申王赵佖，但都被向太后否决，后者主张立端王赵佶。当章惇说出"端王轻佻，不可以君天下"之言后，被曾布厉声呵斥；蔡卞、许将等人也见风使舵，支持向太后立端王赵佶。最终赵佶登位，是为史上"诸事皆能，独不能为君耳"的宋徽宗。

一朝天子一朝臣，苏轼对苏过说道："吾归无疑矣。"

宋徽宗即位后果然大赦天下，他一边安抚性地封章惇为申国公，一边叙复元祐臣僚——被章惇流放各地的范纯仁、刘奉世、吕希纯、吴安诗、韩川等人陆续官复原职。在诰命于五月中旬到儋州前，苏轼已得秦观来函，知自己将移往廉州（今广西北海市）安置。同时，苏轼得知弟弟苏辙被授濠州（今安徽省凤阳县）团练副使，移岳州（今湖南省岳阳市）安置。对苏辙来说，可北过岭南了；对苏轼来说，则终于可离开四顾途穷的孤岛，重归中原了。苏轼在给朝廷写过谢上表后，又动手给秦观回函，告知自己的登舟日期及经行路线，并说明自己欲在廉州终老的愿望。

告别儋州，苏轼与过海来见的吴复古同行，先抵澄迈，再过琼山。此时已六十四岁的苏轼悲欣交集地写下了"余生欲老海南村，帝遣巫阳招我魂。杳杳天低鹘没处，青山一发是中原"（《澄迈驿通潮阁二首·其一》）的劫后余生之句。到六月二十日晚间，连夜渡琼州海峡的苏轼眼望青天碧涛，再也难耐自己一生颠簸的万千感慨，又提笔写下一首《六月二十日夜渡海》的七律：

> 参横斗转欲三更，苦雨终风也解晴。
>
> 云散月明谁点缀？天容海色本澄清。
>
> 空余鲁叟乘桴意，粗识轩辕奏乐声。
>
> 九死南荒吾不恨，兹游奇绝冠平生。

这是表明苏轼已解开全部痛苦和束缚的一首诗，也是其性格再次得到淋漓展现的一首诗。对于死里逃生的人，往往有后怕之感，在苏轼这里不仅没有后怕，相反有种自己一生没有辜负人之所以为人的感觉。人生平淡的总羡慕人生壮阔的，只走寻常小路的也总羡慕走过崇山峻岭的，但极少有人或甘愿或被迫去走崇山峻岭的一生。对苏轼来说，能活到今日，已不是简单一句"性格豁达"就可以来对应的一生起落。就性格而言，苏轼固然豁达，但也只有从真正的天涯海角归来，才能最终体会什么是经历、什么是活着。

苏轼终老廉州的愿望并没有实现。八月二十四日，朝廷诰命传至，迁苏轼为舒州（今安徽省安庆市）团练副使，移永州安置。曾经千里南下，如今重新北上，心情不错的苏轼再抵广州、过英州、经蒙里（今韶关市曲江区），重翻大庾岭。南宋曾敏行在《独醒杂志》中写有一则故事，说苏轼当时走到岭上，在一村店休息时见到一老翁出来。在得知眼前人是苏轼后，老翁作揖说道："我闻人害公者百端，今日北归，是天佑善人也。"苏轼谢过老翁好意，在店壁上写下"鹤骨霜髯心已灰，青松合抱手亲栽。问翁大庾岭头住，曾见南迁几个回"（《赠岭上老人》）一诗相赠，寥寥二十八字，横越南下北归的七年，不尽沧海桑田之感。

过岭之前，苏轼在英州时就已得旨，"复朝奉郎……任便居住"。后四字表明，苏轼可以不用长途跋涉地去湖南永州了。于是，心情振奋的苏轼过岭之后，又至虔州，一路旧地重游，恍如来世今生同时经历。当苏轼再到豫章吴城山时，已跨年到了建中靖国元年（1101）四月，从英州获赦的刘安世也赶来相见，二人携手再上庐山。险秀如常的庐山依然没变，十七年前游过的栖贤寺和开先寺却已"殆亡其半"，令人唏嘘；唯彼时写过《题西林壁》的苏轼已遍阅人生，今日登临，已不再有"不识庐山真面目"之感了。

下山后，苏轼又舟发皖江，经舒州，过当涂，于五月一日到达金陵（今南京）。如今沿路处处旧地重临，处处旧友重逢，无处不感慨，无处不题诗。因与程之元和钱济明有约，苏轼又前往镇江，三人在金山相聚结伴登山，步入金山寺游览。与寺内方丈一同用饭后，苏轼三人再到妙高台室内饮茶。意外的是，室内墙上竟有幅苏轼的画像。一问方知，画下此像的是一个来自成都中和院的僧人。苏轼细细看去，只觉一个昨天的自己正与今天的自己对视，越看越觉得画中人在询问自己到此有何感受一般。

百感交集的苏轼在画像上题诗一首：

心似已灰之木，身如不系之舟。

问汝平生功业，黄州惠州儋州。

从意气风发的少年到两鬓斑白的晚年，这首诗（《自题金山画像》）便是苏轼一生的回顾和总结。将三处贬地视为"平生功业"之所，是想表明他自己不惧人生的低谷吗？当然不是。在苏轼宦海浮沉的一生中，学过道、问过佛、习过经，目的无非是希望自己最终懂得人生，唯在三处贬地，自己的思想才一次次破茧成蝶。在陶渊明那里，苏轼理解了淡泊；但在天涯海角，他发现了真实。若没有三处贬地，苏轼不会深入地理解陶渊明，更不会发现除了脚下的大地，没有任何地方会有真实；正因为自己懂得了真实，生命中才有真实的参寥、王箴、杜舆、王复古、巢谷——为了去儋州看苏轼，巢谷病死在舟车劳顿的途中——这些震撼人心的事情在行为人那里只觉平凡。这也就无怪离开金山寺一个多月后，苏轼病逝常州时会在最后坦然写下一句"死生亦细故尔"。当钱济明最后问苏轼"端明平生学佛，此日如何？"时，苏轼的回答是"此语亦不受"。不受的原因无他，佛家所言的度人不过是人临死时乞求慰藉。苏轼的一生已不需要慰藉。回到苏轼离开儋州时写下的《别海南黎民表》一诗，早见其对人生的彻悟已在天涯海角获得：

> 我本海南民，寄生西蜀州。
>
> 忽然跨海去，譬如事远游。
>
> 平生生死梦，三者无劣优。
>
> 知君不再见，欲去且少留。

将自己视为海南之民，将故乡视为寄生之所，即便生死也无劣优，这就是苏轼对生活底牌的翻开。它印证了苏轼一生的胸襟和本色，印证了他对四海为家的真正体认，做到这一点是因为他终于发现，所谓"人生"，不过是一场"譬如事远游"的过程。千年后的今天，谁还给出过更好的回答？

附录

苏东坡年表

宋仁宗景祐三年（1036），十二月十九日，苏轼出生于四川眉
州。父，苏洵；母，程氏。

庆历三年（1043），苏轼八岁。入眉山天庆观，师从道士
张易简读书。

庆历五年（1045），苏轼十岁。母程氏亲授苏轼、苏辙兄
弟以书。

至和元年（1054），苏轼十九岁。娶王弗为妻。

嘉祐元年（1056），苏轼二十一岁。随父苏洵至雅州，拜
雷简夫。三月，与弟弟苏辙随父至
成都拜张方平，赴京应考。七月，榜
出，列第二。

嘉祐二年（1057），苏轼二十二岁。正月，应省试，欧阳
修置苏轼第二。殿试中乙科。四月，
闻母逝，返蜀。

嘉祐四年（1059），苏轼二十四岁。十月，苏洵父子三人
携眷离眉州，取水路赴京。

嘉祐六年（1061），苏轼二十六岁。八月，入三等，除大理评事、签书凤翔府判官。十二月，抵凤翔任。

宋英宗治平二年（1065），苏轼三十岁。二月，还朝，除判登闻鼓院。五月，妻王弗去世。

治平三年（1066），苏轼三十一岁。四月，父苏洵去世，与弟弟苏辙扶枢归蜀。

治平四年（1067），苏轼三十二岁。宋英宗卒，宋神宗即位。四月，还故里。十月，葬父。

宋神宗熙宁元年（1068），苏轼三十三岁。七月，除丧，续娶王弗堂妹王闰之。返京。

熙宁二年（1069），苏轼三十四岁。二月，抵京，授判官告院。王安石拜相变法。八月，为国子监举人考试官，所出考题为王安石怒。十二月，为开封府推官，上《谏买浙灯状》，宋神宗纳。上书论新法不便。

熙宁三年（1070），苏轼三十五岁。二月，再上书，论新法不可行。八月，谢景温上书，诬告苏轼贩卖私盐。

熙宁四年（1071），苏轼三十六岁。六月，任杭州通判。十一月，抵杭州。

熙宁七年（1074），苏轼三十九岁。九月，移知密州。十二月，到密州任。

熙宁九年（1076），苏轼四十一岁。八月十五日，作《水调歌头（明月几时有）》词。十二月，罢密州，赴京。

熙宁十年（1077），苏轼四十二岁。四月，到徐州任。七月，黄河决堤。九月，徐州防洪。

元丰二年（1079），苏轼四十四岁。三月，罢徐州，知湖州。八月，"乌台诗案"爆发，入开封御史台监狱。

元丰三年（1080），苏轼四十五岁。贬谪黄州。二月一日，至黄州，作《初到黄州》诗。

元丰五年（1082），苏轼四十七岁。二月，建"东坡雪堂"，自号"东坡居士"。五月，作《念奴娇·赤壁怀古》词，并撰《前赤壁赋》。十月，撰《后赤壁赋》。

元丰七年（1084），苏轼四十九岁。四月，离黄州。六月，抵金陵，与王安石冰释前嫌。

元丰八年（1085），苏轼五十岁。三月，宋神宗驾崩，宋哲宗即位，太皇太后高滔滔"垂帘听政"。十二月，抵京。

宋哲宗元祐元年（1086），苏轼五十一岁。朝廷废新法，复旧法。九月，司马光去世。

元祐四年（1089），苏轼五十四岁。三月，以龙图阁学士为杭州知州。七月三日，到杭州任。

元祐五年（1090），苏轼五十五岁。疏浚西湖。五月，始筑堤。

元祐六年（1091），苏轼五十六岁。三月，离杭州，赋
　　　《八声甘州》赠参寥。八月，至颍州
　　　任。十二月，疏颍州西湖。

元祐七年（1092），苏轼五十七岁。正月，任扬州知州。
　　　三月，抵扬州，始撰《和陶诗》。七
　　　月，上书奏《论仓法札子》。八月，诏
　　　令入京。九月，抵开封，侍读宋哲宗。

元祐八年（1093），苏轼五十八岁。八月，王闰之病逝。
　　　九月，太皇太后高滔滔薨逝，赴定
　　　州任。

绍圣元年（1094），苏轼五十九岁。四月，贬谪惠州。
　　　十二月初，抵惠州。

绍圣三年（1096），苏轼六十一岁。四月，在白鹤峰自建
　　　住宅。七月，侍妾王朝云病逝。

绍圣四年（1097），苏轼六十二岁。二月，搬入白鹤峰新
　　　居。四月，贬儋州。六月，渡琼州海
　　　峡。七月，抵儋州。十一月，昌化军
　　　使张中到任，为苏轼建"伦江驿"。

绍圣五年/元符元年（1098），苏轼六十三岁。二月，章
　　　惇命董必按察苏轼、苏辙兄弟。三
　　　月，苏辙被贬循州，苏轼搬出"伦江
　　　驿"。撰《易传》《书传》《论语说》
　　　（已佚）。

元符三年（1100），苏轼六十五岁。正月，宋哲宗驾崩，宋徽宗登基。五月，得赦令，迁舒州。六月，离儋州，渡海回中原。八月，过岭南。

宋徽宗建中靖国元年（1101），苏轼六十六岁。四月，至虔州，重登庐山。五月，至金陵。七月二十八日，卒于常州。

参 考 文 献

［1］《宋史》，中华书局，1977年版。

［2］《宋史纪事本末》，中华书局，2015年版。

［3］《苏轼诗集》，中华书局，1982年版。

［4］《苏轼文集》，中华书局，1986年版。

［5］《苏轼词编年校注》，中华书局，2002年版。

［6］《苏轼及其作品选》，上海古籍出版社，1998年版。

［7］《苏轼年谱》，中华书局，1998年版。

［8］《东坡笔记》，有正书局，1924年版。

［9］《东坡志林》，中华书局，1981年版。

［10］《东轩笔录》，中华书局，1983年版。

［11］《东坡乐府笺》，上海古籍出版社，2017年版。

［12］《东坡易传》，上海古籍出版社，1989年版。

［13］《苏辙集》，中华书局，1990年版。

［14］《苏洵苏辙散文选集》，上海古籍出版社，1997年版。

［15］《欧阳修散文选集》，上海古籍出版社，1997年版。

［16］《王安石文集》，中华书局，2021年版。

［17］《王安石年谱三种》，中华书局，1994年版。

［18］《避暑录话》，中华书局，1985年版。

［19］《独醒杂志》，上海古籍出版社，1986年版。

［20］《冷斋夜话　风月堂诗话　环溪诗话》，中华书局，1988年版。

［21］《老学庵笔记》，中华书局，2019年版。

［22］《殷芸小说》，上海古籍出版社，1984年版。

［23］《曲洧旧闻》，中华书局，1985年版。

［24］《朱子语类》，岳麓书社，1997年版。

［25］《燕翼诒谋录　墨庄漫录》，上海古籍出版社，2012年版。

［26］《铁围山丛谈》，上海古籍出版社，2012年版。

［27］《济南先生师友谈记》，商务印书馆，1936年版。

［28］《苕溪渔隐丛话》，人民文学出版社，1981年版。

［29］《春渚纪闻》，中华书局，1983年版。

［30］《参寥子诗集》，上海古籍出版社，2017年版。

［31］《北窗炙輠录》，上海古籍出版社，2012年版。

［32］《汉书》，中华书局，2012年版。

［33］《孟子》，中华书局，2010年版。

［34］《周易》，岳麓书社，2011年版。

［35］《论语》，岳麓书社，2011年版。

［36］《退斋笔录　却扫编》，商务印书馆，1936年版。

［37］《后山集》，商务印书馆，1937年版。

［38］《鸡肋编　贵耳集》，上海古籍出版社，2012年版。

［39］《邵氏闻见录》，中华书局，1983年版。

[40]《邵氏闻见后录》，中华书局，1983年版。

[41]《二程遗书》，上海古籍出版社，2000年版。

[42]《默记 燕翼诒谋录》，中华书局，1981年版。

[43]《侯鲭录 墨客挥犀 续墨客挥犀》，中华书局，1997年版。

[44]《蓼花洲闲录》，商务印书馆，1936年。

[45]《入蜀记校注》，湖北人民出版社，2004年版。

[46]《屈原集校注》，中华书局，1996年版。

[47]《陶渊明集笺注》，中华书局，2011年版。

[48]《李太白全集》，中华书局，2015年版。

[49]《陆九渊集》，中华书局，1980年版。

[50]《梦溪笔谈》，中华书局，1989年版。

[51]《东坡乌台诗案 诗谳 龙筋凤髓判》，商务印书馆，1939年版。

[52]《泊宅编》，中华书局，1983年版。

[53]《诚斋诗话》，复印本，年代不详。

[54]《续资治通鉴》，岳麓书社，1992年版。

[55]《岁时广记》，中华书局，2020年版。

[56]《甕牖闲评》，中华书局，2007年版。

[57]《咸淳临安志》，浙江古籍出版社，2012年版。

[58]《全宋笔记·第七编》，大象出版社，2016年版。

[59]《东京梦华录 梦粱录》，江苏凤凰文艺出版社，2019年版。

[60]《观林诗话及其他三种》，商务印书馆，1936年版。

[61]《太平治迹统类》，成文出版社，1966年版。

［62］《后山谈丛　高斋漫录》，中华书局，1985年版。

［63］《道山清话　万柳溪边旧话》，中华书局，1985年版。

［64］《太平寰宇记》，中华书局，2007年版。

后　记

动手写苏东坡，我的最初想法是就他那句"问汝平生功业，黄州惠州儋州"写三篇与之对应的随笔。当三篇完成后，把苏东坡的全部生平写出的念头却已不可抑制。于是我回头从本书第一章写起，认认真真地面对苏东坡的每个重要人生阶段。

随着写作的深入，我逐渐体会到若不深入苏东坡的经历，很难说能真正理解苏东坡的作品，哪怕那些耳熟能详的诗词——譬如《念奴娇·赤壁怀古》。难道真能离开苏东坡的数十年经历而去进行纯粹的文字赏读吗？我以为不能。中国历史太长，传之于世的诗人和作品数不胜数，极为现实的是一个喜爱古典文学的读者很难去了解每一位历史人物的生平，于是仅仅面对作品就成为很多读者习惯成自然的选择。

但苏东坡不应被如此选择，正如李白、杜甫、文天祥等人不应被如此选择一样。更不应忽略的是，历史上越是伟大的人物，其作品就越与其生平有紧密的勾连。所以，阅读苏东坡的生平，与阅读他的作品同样重要，甚至更为重要。

鉴于坊间的苏东坡传记众多，为了避免重复和冲突，我选择的方式是将他每个人生阶段的重要作品和其经历糅合来写。所以，这本书当然不是小说，也不是完全严格意义上的传统式传记，而是一部写苏轼一生经历和作品的随笔式传记。为了保证材料的准确，我未参考任何一部现当代作家撰写的关于苏东坡的书籍，完全以《宋史》《宋史纪事本末》《苏轼年谱》《苏轼诗集》《苏轼文集》《苏轼词编年校注》《续资治通鉴》，以及《苕溪渔隐丛话》《铁围山丛谈》《避暑录话》《岁时广记》等六十多部宋人笔记作为参考文献。在写法上，算是我的一种尝试，是否成功，得由读者说了算。

全书脱稿后，我填了一阕《蝶恋花》，它是献给苏东坡的，也是献给每一位读者的：

> 倜傥千秋谁为冠？翻遍书中，屈指东坡算。
> 已为当时天下羡，谁人及得身腰半？
>
> 万里山川曾踏遍。奇绝兹游，九死南荒叹。
> 华发苍颜霜雪伴，风流尽是沧桑换。

这是苏东坡的一生给我的最强感受，因此我总觉得本书是一部可不断延长和不断进行丰富的作品。但愿异日，我能奉献出一部更具厚度与深度的关于苏东坡的作品。此外，本书部分篇章曾在《西部》《绿洲》《雨花》《四川文学》《山花》《文艺报》等报刊发表过，收入时都做了程度不一的修订，以求上下文的叙述统一。由衷盼望，得到方家和读者们的批评指正。

远　人

2022 年 6 月 13 日凌晨于黄江